学校课程发展
精品丛书

丛书主编
舒小红 杨四耕

主编
舒小红

育人目标与课程逻辑

华东师范大学出版社
·上海·

图书在版编目（CIP）数据

育人目标与课程逻辑/舒小红主编. —上海：华东师范大学出版社，2020

（学校课程发展精品丛书）

ISBN 978-7-5760-0640-7

Ⅰ.①育… Ⅱ.①舒… Ⅲ.①中小学教育-人才培养-关系-课程建设-研究 Ⅳ.①G63②G632.3

中国版本图书馆CIP数据核字（2020）第164629号

学校课程发展精品丛书
育人目标与课程逻辑

丛书主编	舒小红　杨四耕
主　　编	舒小红
责任编辑	刘　佳
项目编辑	林青荻
特约审读	李　鑫
责任校对	朱玉媛　时东明
装帧设计	高静芳
出版发行	华东师范大学出版社
社　　址	上海市中山北路3663号　邮编 200062
网　　址	www.ecnupress.com.cn
电　　话	021-60821666　行政传真 021-62572105
客服电话	021-62865537　门市（邮购）电话 021-62869887
地　　址	上海市中山北路3663号华东师范大学校内先锋路口
网　　店	http://hdsdcbs.tmall.com/
印 刷 者	上海展强印刷有限公司
开　　本	787×1092　16开
印　　张	17.5
字　　数	272千字
版　　次	2021年2月第1版
印　　次	2021年2月第1次
书　　号	ISBN 978-7-5760-0640-7
定　　价	52.00元
出版人	王　焰

（如发现本版图书有印订质量问题，请寄回本社客服中心调换或电话021-62865537联系）

丛书编委会

主　　编：舒小红　杨四耕
副 主 编：周　林　汪智星
成　　员：(按姓氏笔画为序)
　　　　　万远芳　王玉燕　李美荣　杨　舸　杨四耕　邹　娟
　　　　　汪智星　张　蕾　罗先凤　周　林　胡乐红　秦文英
　　　　　徐耀志　高友明　崔春华　章　明　舒小红

本书编委会

主　　编：舒小红
执行主编：周　林　汪智星　徐耀志
副 主 编：王玉燕　汤志标　吴红雨　胡乐红　胡金香　黄涟微
　　　　　程　晔　谭时干
编　　委：代俏梅　朱艳婷　朱　梅　刘文娟　李芸芳　杨芳芳
　　　　　周焱燚　钟鸣丽　涂汉洪　章雯燕　詹　滟　蔡　豪
　　　　　漆　舟　熊丹琳　熊　倩　熊　婷

丛书总序

区域课程改革既受国家课程改革政策影响,又与学校课程变革主体意愿相关。无论是国家课程改革的落地,还是学校课程变革的统领,都和区域这个中间环节密不可分。就区域课程改革推进模式而言,主要有"自上而下"的空降模式、"自下而上"的草根模式和"平行主体"的分布模式等三种。从宏观角度看,自上而下的课程变革层级设计是最有效的;从微观角度看,自下而上的课程变革主体参与是最重要的;从文化角度看,平行主体的课程变革激励分享是最有意义的。面对各种课程变革模式,如何取长补短是区域课程改革的路径选择和实践智慧。

美国当代教育改革家约翰·I.古德莱德(John I. Goodlad)和克莱因(M. Frances Klein)、肯尼思·A.泰伊(Kenneth A. Tye)提出"课程层级论"思想,他们将课程分为五个层级:(1) 理想的课程,由研究机构、学术团体和课程专家倡导的、以纯粹形式呈现的课程形态。这类课程是否产生实际影响,主要看它是否为官方所采纳;(2) 正式的课程,是获得州和地方学校委员会同意,由学校和教师采用的课程,也就是列入学校课程表的课程;(3) 领悟的课程,指头脑中领悟的、理解的课程,被官方采纳的正式课程会以学科形式呈现,经教师理解和领悟进入实施状态;(4) 实施的课程,教师根据具体的教育情境,对"领悟的课程"作出调整使之成为"实施的课程",进入课堂教学;(5) 体验的课程,这是学生实际体验到的课程,尽管经历了同样的课程与学习,但不同学生会获得不同的学习体验,该层次的课程是对整个课程组织流转的最终检验和落实。[①]

在古德莱德看来,上述五个课程层级,每个课程层级都必须进行三个方面的探究:一是实质性探究,包含对课程目标、学科内容以及教材等课程实体要素的本质和价值研究;二是社会性探究,包括对人类发展过程的研究,通过"政治—社会"研

[①] John I. Goodlad and Associates (eds.). Curriculum Inquiry: the study of curriculum practice[M]. New York: McGraw Hill, 1979: 344-350.

究看到利益倾向及其因果关联;三是专业性探究,主要从"技术—专业"角度考察个体或群体对课程的设计、维护和评价,进而改进、推动或者更新课程。[①] 前两个方面主要探究课程的价值与原理,后一个方面主要探究课程的技术与实践。古德莱德认为每个层级的课程都必须对其本质与价值、政治与社会、技术与专业进行细节性地审视和实践化处理,才能真正促使课程一层一层地垂直落地。

古德莱德"课程层级论"揭示了课程从理论形态到实践形态的运动过程,使人们对课程概念的理解从静态角度转换到动态角度,真正把课程看成是层次化、系统化和生态化的复杂系统,使我们既看到课程的宏观系统,又看到课程的微观层面;既关注原理的探究,又关注实践的落实,对课程从哪里来,要到哪里去,从时间流上考察清楚了。

按照古德莱德"课程层级论"思想,课程改革从区域布局到学生学习整个自上而下的"课程链"有五个层级:(1) 区域层面,代表国家,推行"理想的课程";(2) 学校层面,基于本校,规划"正式的课程";(3) 科组层面,立足学科,设计"理解的课程";(4) 教师层面,深耕课堂,创生"实施的课程";(5) 学生层面,聚焦学习,获得"经验的课程"。每个课程层级内部有一个"势能储层"。按照《简明不列颠百科全书》的解释:势能是由系统各部分的相对位置所决定的储能,势能是系统的特性而不是单个物体或质点的性质。[②] 势能是个状态量,是相互作用的物体所共有的。我们用"势能储层"这个概念来表达在一个课程层级内的若干要素之间的相互作用情况,每个课程层级就是一个"势能储层",该层级内部各要素,如资源、环境、主体等相互作用,产生一定的"能量",进而推动着课程变革进一步落地,形成区域课程改革的瀑布模型(见图 1)。

1. 区域层面:代表国家,推行"理想的课程"

区域层面如何以国家课程政策为依据,以学科课程标准为基础,整合性地推进"理想的课程"落地?课程是最重要的改革载体,区域课程改革必须立足实际,基于"五育并举"的要求,把对学校发展、教师发展以及学生发展产生影响的各种因素及

---

① (瑞典)胡森,(德)波斯尔斯韦特.教育大百科全书 第7卷[M].重庆:西南师范大学出版社,2006:109.
② 姜椿芳.简明不列颠百科全书 第7卷[M].北京:中国大百科全书出版社,1986:323.

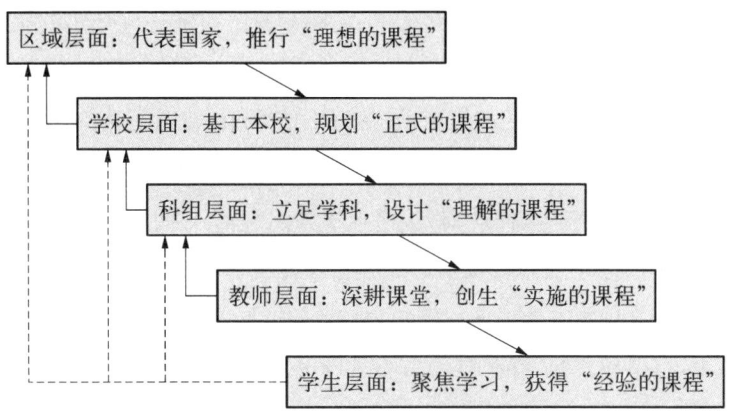

图 1 区域课程改革的瀑布模型图

资源进行整合考虑,建构系统的区域课程变革框架。南昌市东湖区组织各层面专家学者以及校长头脑风暴,广泛听取意见,对区域课程改革进行了梳理和归纳,通过充分调查研究,出台了《南昌市东湖区教育科技体育局关于提升中小学课程品质的指导意见》。这是一份"理想的课程"如何落地的宣言书,该指导意见从意义、目标、重点工作和保障措施四个方面为区域课程改革提供操作性指导意见,其目标在于"实践导向、精细设计,以点带面、聚焦特色,整合力量、共同发展",优化工作机制,整合教研、科研、培训、督导等方面的力量,培育一批有推广价值的课程改革经验,促进区域课程品质整体提升;重点工作聚焦在完善课程体系,加强课程建设,改进课程实施,促进课堂转型,构建多元评价体系等方面;本着"先行试点、积极探索、逐步推广、全面推进"的要求,积极稳妥地推进中小学课程改革,提升学校课程品质。应该说,通过区域课程改革政策设计,系统规划了区域课程改革,提高了区域课程改革的理解力和设计力。

2. 学校层面:基于本校,规划"正式的课程"

学校层面如何立足本校实际,推进课程深度变革呢?这一课程层级可以研制学校整体课程规划为抓手,规划"正式的课程",进而提升学校课程领导力。南昌市东湖区每所学校均以校长为核心组建学校课程领导小组。学校课程领导小组牵头研制学校整体课程规划,建立与学校内涵发展相匹配的课程体系,提升学校课程品质。学校整体课程规划关注以下七个关键问题:(1) 分析学校课程情境,明确学校课程变革的家底;(2) 确定学校课程哲学,把握学校课程变革的价值取向;(3) 厘定学校课程目标,引领学校课程方向;(4) 设计学校课程框架,建构学校课程体系;(5) 布局学校课程实施,转变课程育人方式;(6) 改进学校课程评价,提升学校课程品质;(7) 探索学校课程管理,保障课程扎实落地。学校根据自身实际情况,以内涵发展为中心,通过整体课程规划,优化学校课程结构,设计适合学生发展的课程体系,有逻辑地推进学校课程变革。[①] 学校课程变革是一个不断研究、深化的过程,学校整体课程规划本质上是以校长为核心的领导团队关于课程的价值判断力、目标厘定力、框架建构力、实施推动力和管理保障力的探索过程,是课程领导团队通过研究系统规划"正式的课程"的过程。

3. 科组层面：立足学科,设计"理解的课程"

学校是有明确职能分工的科层组织,学科教研组是其中最重要的业务组织。学科教研组层面如何立足学科,设计"理解的课程",便是这一课程层级需要思考的问题。在南昌市东湖区,我们推进学校学科教研组研制学科课程群建设方案,促进教师理解课程的真谛,进入课程领域,发现课程的意义。立足学校与学科实际,学科课程群建设方案主要从以下六个维度进行设计：(1) 确定学科课程哲学,把握学科课程价值观;(2) 厘定学科课程目标,细化学科核心素养要求;(3) 设计学科课程框架,活化学科课程内容;(4) 布局学科课程实施,转变学科学习方式;(5) 改进学科课程评价,提升学科课程品质;(6) 探索学科课程管理,保障学科课程落实。实践证明,学科是中小学教师的专业家园,学科教研组组长是学科课程建设的带头人,是学科课程的主要决策者。通过学科课程群建设方案的设计,带领学科教师走进课程世界,在课程实践中不断建构分享型组织文化,是一所学校课程变革的一个重要维度。

4. 教师层面：深耕课堂,创生"实施的课程"

教师即课程,教师的课程理解决定着教师的教学行为。教师创生课程是专业自主权发挥的体现,是个性化教学生成的重要标志。有学者认为"教师即课程"有两个内涵：其一,教师是课程的内在要素,是课程的有机组成部分;其二,教师是课

---

① 杨四耕.学校课程变革的逻辑与深度[J].中小学教育(人大复印资料),2016(7)：45-47.

程的创造者,创造课程是教师的责任。① 立足课堂教学,教师创生着最现实、最富有实践感的课程,也就是"实施的课程",其中包含师生关系在内的隐性课程、学科知识的经验再现课程以及拓展延伸的生成课程等表现形态。在南昌市东湖区,我们倡导教师从四个方面激活课程:一是培育课程敏感,让教师在课堂教学中,富有学科育人意识,有迅速捕捉课程资源的机智,充分发展课程的意义;二是提出教学主张,让教师把握学科本质,深化课程理解,对学科课程的理解,在一定意义上就是对学科本质的探寻;三是立足儿童成长,让课堂洋溢生命感,让课程成为给予儿童最重要的礼物,成为支持学生的创造和生长的资源;四是激活课程创生,在鲜活的教育情境中创生课程,践行"教师即课程"的美好追求。从静态知识观到生成课程观,从知识的预设到课程的创生,教师在课堂教学中充分发挥课程实施的主体创造性,实现对课程的情景性理解和把握,全面增值课程的育人价值,这就是"深耕课堂"的意涵,这就创生了"实施的课程"。

5. 学生层面:聚焦学习,获得"经验的课程"

"经验的课程"是学生实际体验到的课程,是儿童经验的改组和改造,是课程运行的最终归宿和效果落实。为了丰富学生的学习经历,促进儿童获得有价值的"经验的课程",在南昌市东湖区,我们强调以下四点。其一,准确把握学科知识的育人价值。学科知识是系统化的人类经验,有其特别的价值。我们倡导以生动的事实与学科知识有机结合的"课程微处理",让儿童从经验中学习,"行动就变成尝试,变成一次寻找世界真相的实验;而承受的结果就变成教训——发现事物之间的联结"。② 其二,实现学科知识和学生经验的全面联结。课程既包括静态的知识体系,也包括动态的学习过程,知识体系和经验世界共同构成了课程的风景,促进二者的融通是经验增值的途径。没有学生的经验活动过程,学科知识只是"死的符号",是没有意义的。其三,寻找课程内容与学生经验的最佳结合点。学科知识中的概念归纳、逻辑推理、事理演绎,都必须以学生的生活经验为基点,使学科知识贴近儿童的生活体验,让知识逻辑变为学生可感的经验表达,促使琐碎的经验事实不

---

① 陈丽华.教师即课程:蕴涵与形式[J].课程·教材·教法,2010(6):10.
② (美)约翰·杜威.民主主义与教育[M].王承绪,译.北京:人民教育出版社,1990:149.

断地向系统的知识逻辑发展。其四,引导学生进行真实的经验探索和评述。经验是具体的尝试过程,学生不能在被动静听中获得经验,只有在亲自"做"的过程中才能发展出真实的经验。教学要为学生提供经验探索的环境,引导学生主动尝试、积极求索,在发现问题和解决问题中获得经验,表述和评价经验的形成过程和成果。

综上所述,区域课程改革是镶嵌于上述五个"课程层级"中的若干不同主体、不同事件和活动构成的系统运作过程,由上至下构成了一个瀑布式课程推进模型。瀑布给人雄伟、壮观的印象,大家可以想象一下这样的画面:瀑布的上方有个储水池,溪流源源不断地往储水池注水,当池面水位达到一定高度,就会在水池边沿溢出,形成壮观的瀑布场景。溪水倾泻到瀑布底端后,又流进了一个储水池,当水面达到一定高度后又会溢出流入下一个水池,如此一层层往下流动,形成连续的瀑布场景。区域课程变革过程也像这样一个瀑布流,在每个"课程层级"都需要经历"储能"的过程,就像溪水流入每一个储水池,都需要时间积累和事件增值,当水位达到一定高度才发生溢出效应。

事实上,区域课程改革是通过设计一系列阶段性项目任务而展开的,从问题界定到需求分析,从项目确定到策略选择,从项目推进到评估反馈,每一个阶段的项目任务都有明确的内容,都会产生瀑布效应。课程改革项目进程从一个阶段"流动"到下一个阶段,逐步落实与推进,并溅起无数"浪花",形成整体"水幕"的过程,我们可以称之为瀑布式课程改革过程。[①] 从深层次看,瀑布式课程改革是课程政策由外部向内部、由宏观向微观、由理念构建向实践创新转换的关键所在,整个过程包含界定问题、需求定位、项目聚焦、策略选择、触点变革、项目推广、评估反馈等阶段。通过瀑布式推进,区域课程改革氛围可以浓郁起来,课程改革项目可以落地有声。

杨四耕

2020 年 6 月 18 日于上海市教育科学研究院

[①] 杨四耕.区域课程改革的瀑布式推进[N].中国教师报,2017 - 8 - 16(13).

目录

前　言　　　　　　　　　　　　　　　　　　　　　　　　　　　　/ 001

第一章 | **根性培育：学校课程的原点回归**　　　　　　　　　　　/ 001

回归学校课程建设的原点就是要明晰学校的育人目标，即明确"培养什么样的人"的问题。学校课程的原点回归表达的是一种观照儿童的人文精神与信念，旨在让儿童教育回到原初的状态中去，打破知识教育的片面性，改变儿童的生存方式，尊重儿童的个人知识与经验，使儿童教育成为一种有意义的活动，使儿童教育充满生命的意蕴。

➡ **育人坐标　南昌市邮政路小学教育集团**　　　　　　　　　　/ 002
第一节　心向阳光才能根深叶茂　　　　　　　　　　　　　　　/ 003
第二节　让每一个孩子成为有根的人　　　　　　　　　　　　　/ 005
第三节　融入"树文化"元素的课程体系　　　　　　　　　　　　/ 007
第四节　为儿童成长提供肥沃土壤　　　　　　　　　　　　　　/ 011

第二章 | **灿烂精神：学校课程的立场确定**　　　　　　　　　　/ 029

精神灿烂，阐释的是学生对人生意义的追寻。人生的意义不是别人赋予我们的，而是自己创造的，人既可以是人生意义的创造者，也可以是人生意义的破坏者。教师通过课程引导学生创造人生的意义，追求崇高、纯粹、伟大等品格，创造教育的意义，创造学生当下和未来的意义，同时，培养教师自身的人格，让师生的精神共同灿烂。

➡ 育人坐标　南昌市十九中教育集团光明学校　　　　　　　　　／ 030
第一节　生命在这里闪光　　　　　　　　　　　　　　　　　／ 031
第二节　让每一个生命绽放光芒　　　　　　　　　　　　　　／ 033
第三节　点亮儿童心灯的课程体系　　　　　　　　　　　　　／ 037
第四节　让儿童沐浴在灿烂的阳光里　　　　　　　　　　　　／ 041

第三章 ｜ 雅致人生：学校课程的品质追求　　　　　　　　　／ 059

苏霍姆林斯基说："所有能使孩子得到美的享受、美的快乐和美的满足的东西，都具有一种奇特的教育力量。"让雅致人生成为学校课程的品质追求，教师就会在充实、丰富、纯洁、高尚的精神生活的观照下，成为最活跃的课程改革力量，创造"和而不同"、"各美其美"、"美美与共"的教育新境界。

➡ 育人坐标　南昌市豫章小学教育集团　　　　　　　　　　　／ 060
第一节　以美育美　以雅育雅　　　　　　　　　　　　　　　／ 061
第二节　向着"尚雅人生"智慧前行　　　　　　　　　　　　　／ 064
第三节　朝向"美雅"的课程体系　　　　　　　　　　　　　　／ 066
第四节　让儿童徜徉在最美的跑道　　　　　　　　　　　　　／ 077

第四章 ｜ 筑梦未来：学校课程的意义建构　　　　　　　　　／ 099

人之所以伟大，是因为他一直在设计着伟大的梦想；人之所以伟大，是因为他一直在实践着伟大的梦想；人之所以伟大，是因为他一直在创造着伟大的梦想。学校的课程建设不能只满足于传承，还应为孩子的梦想而创新，顺应时代需求和学生身心发展要求，重新解读育人目标，给予师生更多的成长机会，引领着每个孩子勇敢自信地追逐梦想。

➡ 育人坐标　南昌市东湖小学　　　　　　　　　　　　　　　／ 100
第一节　翔梦成就出彩人生　　　　　　　　　　　　　　　　／ 101
第二节　让每个孩子成为翔梦少年　　　　　　　　　　　　　／ 103

第三节　多彩的"翔梦岛"课程体系　　　　　　　　　　　／ 105
第四节　给孩子们一片展翅飞翔的天空　　　　　　　　　／ 108

第五章 | **美好人格：学校课程的价值取向**　　　　　　　／ 125

教育是人的教育，教育必须目中有人。正如苏霍姆林斯基所言，在教师的劳动中，"最核心的是把自己的学生视为活生生的人"。学校课程的价值取向应建立在敬重生命、珍爱生命的基础之上，唤醒学生的生命意识，发掘学生的生命潜能，激发学生的生命活力，拓展学生的生命宽度，从而使学生追求生命的意义、塑造美好的人格、实现生命的价值。

➡ **育人坐标　南昌市东湖区八一嘉实希望小学**　　　　　／ 126
第一节　在这里与最美的未来相遇　　　　　　　　　　　／ 127
第二节　乐享成长的嘉实少年　　　　　　　　　　　　　／ 129
第三节　生长型嘉实课程体系　　　　　　　　　　　　　／ 131
第四节　为儿童铺就厚实的成长基石　　　　　　　　　　／ 136

第六章 | **陶冶性灵：学校课程的人性诉求**　　　　　　　／ 147

当代教学的首要目标不应再局限于单纯的知识和技能的获得，而要上升到"陶冶性灵，学以成人"——使人作为未来社会有价值的存在的层面，保护那些使人成其为人的独特性、创造性、交互性、情感性以及人类尊严，即让学校课程成为有滋有味的真实生活，学生们自然沉浸其中，尽情探索、勇敢尝试、愉快交流，灵性生长。

➡ **育人坐标　南昌市北湖小学**　　　　　　　　　　　　／ 148
第一节　让儿童在创想实践中灵性生长　　　　　　　　　／ 149
第二节　让"五气"成为灵创少年的标志　　　　　　　　／ 151
第三节　激发禀赋的灵创课程体系　　　　　　　　　　　／ 153
第四节　为儿童搭建充满灵性的成长舞台　　　　　　　　／ 158

第七章 | 天性还原：学校课程的理性转向　　　　　　/ 193

快乐、自由、诗意地生存是童年的真谛，儿童本应是完整、具体、丰富、生成的个人，应获得人的尊严与价值。课程建设的目的不是简单地增加知识，而是基于生活的"唤醒"。不同的课程建构方式塑造着一个个有着独特个性的儿童。还原天性的课程建设会让师者发现：每一个儿童都是如此的可爱，其内心世界是如此的丰富。

➡ **育人坐标　南昌市东湖区出新幼儿园**　　　　　　　/ 194
第一节　还原每一个孩子的探究天性　　　　　　　　　/ 195
第二节　让每一个孩子成为出彩的创娃　　　　　　　　/ 199
第三节　释放潜能的"出新"课程体系　　　　　　　　/ 201
第四节　为儿童提供充足的成长养分　　　　　　　　　/ 212

第八章 | 保护天真：学校课程的人文启蒙　　　　　　/ 229

杜威指出，人的成长是各种能力慢慢成长的结果，儿童天性的发挥、能力的成长都是有一定的程序的。当"让儿童回归本真生活"成为学校课程的生态聚焦，不仅会使儿童过一种有意义的生活，而且也使儿童的生活充满教育学意蕴，进而让儿童踏上幸福之路，为儿童终身发展积蓄力量。

➡ **育人坐标　南昌市东湖幼儿园**　　　　　　　　　/ 230
第一节　让每一个孩子萌萌地与世界相遇　　　　　　　/ 231
第二节　让每一个孩子成为快乐的"小萌娃"　　　　　/ 234
第三节　生机勃发的"小萌娃"课程体系　　　　　　　/ 237
第四节　为儿童创造快乐的成长天地　　　　　　　　　/ 241

后　记　　　　　　　　　　　　　　　　　　　　/ 253

前言

面对日新月异的社会,全球许多国际组织、国家和地区都在思考如何培养未来的公民,以使其能够更好地适应未来的工作和生活。对于教育工作者来说,在制定育人目标的过程中,需要考虑不同方面的需求,比如如何应对时代与科技变革的挑战,如何满足区域经济与社会发展的需求,如何解决教育自身面临的问题等。

学校课程建设的顶层设计需要我们思考教育的本质,需要探讨"为谁培养人,培养什么人,如何培养人"三大问题,其核心是学校育人目标与课程逻辑的准确定位。可以说,确定育人目标,审视课程逻辑,是学校课程变革的起点。

纵观当下中小学的课程变革实践,很多学校热情很高,但质量堪忧的拼盘式、大杂烩或碎片化的课程改革普遍存在。究其原因,主要是学校育人目标的定位与课程逻辑的建构缺乏理性精神和系统思维,只见树木不见森林,主要表现为以下四个方面:一是缺乏个性。不少学校未结合实际制定育人目标,导致育人目标趋于雷同而缺乏学校的专属特质。二是空洞无物。盲目跟风,为定制育人目标而定制,缺乏对全面发展育人要求的实质性审视。三是没有灵魂。学校育人目标缺乏灵魂或核心,导致学校的课程建设追求数量的叠加,缺乏品质的提升。四是关联不够。学校育人课程的各要素相互关联不大且缺乏内在的逻辑,导致课程的结构不够严密。

针对学校课程变革实践的突出问题,学校要做好育人目标和课程逻辑的顶层设计,通过落实"五育并举",坚持"四个统一"和把握"三个关键",全面推进学校课程变革的深入发展。

一、落实"五育并举",守望课程初心

美国著名课程学者威廉·派纳(William F. Pinar)认为:"课程是一种特别复杂

的对话,课程不再是一个产品,更是一个过程。它已成为一个动词、一种行动、一种社会实践、一种个人意义及一个公众希望。"①那么,学校课程的初心究竟是什么?初心就是对学校育人目标的回答。育人目标的定位必须回归教育原点,教育原点就是从学校课程建设的实际出发,回答培养什么人的问题,这事关国家富强、民族振兴、社会进步、人民幸福,而且具有强烈的时代特性与现实需要。

近日颁发的《中共中央国务院关于深化教育教学改革全面提高义务教育质量的意见》中特别强调指出要坚持"五育"并举,落实立德树人根本任务。坚持"五育"并举,是落实素质教育的基本保障,是促进学生全面和谐发展的实践平台。高品质学校的育人目标定位一定是以促进人的全面和谐发展为出发点和归宿点的,高品质学生的样态应该是德智体美劳全面和谐发展,具有健全人格。"五育"不可偏废,因为德育不好是危险品,智育不好是次品,体育不好是废品,美育不好是赝品,劳动教育不好只能是样品。②

诚然,每个个体不可能"五育兼优",但高品质学校必须以德为先,必须坚持"五育并举",为学生的全面和谐发展提供更优的实践平台,促进其更优发展。正如江西省的科技特色示范学校南昌市北湖小学,依据学校科普育德、科普促智、科普强体、科普掘美、科普培能(劳)的特色发展思路,结合学校实际制定的"大气、正气、灵气、朝气、雅气"五气灵创少年的育人目标,既有科技特色校的专属特色,也很好地回应了时代需要的"五育并举"的培养目标。

总之,必须把握教育的原点——站在立德树人的高度,落实"五育并举",尊重学生立场,立足培育学生发展的核心素养,聆听学科专家的建议,制定适切的育人目标,整体统筹各级各类课程,建设有机、一体化的学校课程,尤其应科学合理地处理"课程数量"与"教育价值"的关系。

二、坚持"四个统一",创新课程样态

育人目标与课程逻辑,是课程设计必须坚持的价值取向和专业站位。对于学

---

① 威廉F.派纳,等.理解课程:历史与当代课程话语研究导论[M].张华等译.北京:教育科学出版社,2003:9.
② 李庆九.落实"五育"并举 促进学生全面和谐发展——兼谈高品质学校的核心指向及其行动方略[J].教育科学论坛,2019(29):9.

校课程而言,其结构决定了课程基本样态以及学校育人目标的达成。育人目标没有指向于人、包容学生个性差异,就难有高品质的学校课程,培养全面发展的学生更是无从谈起。育人目标与课程逻辑的顶层设计需要对各个层次、环节、方面和要素进行统筹规划,深化坚持"四个统一",全面创新课程的样态。

一是坚持顶层设计与一线实践的辩证统一。育人目标与课程逻辑的顶层设计要与学校的生源与环境现实吻合,反之将成为空中楼阁,无法践行。适切的育人目标加之严密的课程逻辑便于教师把握学校意图,提升学校课程的可操作性,使课程能够满足当地学生的多样化需求,个体差异得到全面充分的照顾。如南昌市豫章小学教育集团围绕"创造适合学生发展的教育"、"创造适合教师发展的管理"以及"创造适合学校发展的文化"等理念,提出"优质发展、品牌追求、美雅特色"之战略定位,由此而产生的育人目标为:培养日有所长、情有所爱、慧有所托、志有所远、体有所健、行有所美的儿童,即德才兼备的豫章美雅少年,符合校园周边生源实际,从而让集团教师在课程育人方面大有可为。在豫章小学教育集团举办的课程展示活动中,行走学习、项目学习等当下流行的课程样态都得以深度推进,师生显现出美雅成长的阳光风貌。

二是坚持局部设计与整体规划的辩证统一。学校既要重视具体课程的开发,更要重视课程逻辑的整体建构。在课程开发过程中,先有校级层面自上而下对育人目标与课程逻辑的顶层设计,做足做透整体的规划与思考,再有教师对局部具体课程的开发建设,便于课程开发者把握学校课程建设环节、层次、类别及要素之间的关联,对于相近知识点进行全面统筹整合,以开发出深受学生欢迎、教师乐教的特色课程。如南昌市邮政路小学教育集团架构的"心根课程"体系,包括树根课程、树干课程、树枝课程、树叶课程四大课程板块,其要素之间密切关联,树根深扎土壤,是树之根基,它代表的是国家基础课程;树干粗壮挺拔,是树之支撑,它代表的是学科拓展课程;树枝繁茂多姿,是树之风采,它代表的是团体活动课程;树叶形态各异,是树之特色,它代表的是个人荣誉课程。四个板块有机统一,形成全面丰富的课程种类,满足学生的课程需求,为学生发展提供适切的课程选择,为培养"诚实守信、善学乐思、健美怡情、创新奔涌"的阳光少年奠定了扎实基础。

三是坚持传承发展与开放创新的辩证统一。课程建设是每一所学校高质量发展的必经之路,如何做到课程建设的传承发展与开发创新的辩证统一是值得教育同仁思考的紧迫问题。当前,有些学校育人目标与课程逻辑没有考虑对学校文化的传承,一味标新立异,吸引眼球,导致教师无所适从,怨声载道。我们需要正视学校的文化传承,守正创新,在坚守学校特色课程的过程中,挖掘符合学校实际的新增长点,会同专业的力量,一同打造符合时代特征的品质课程,触及学生学习与发展的根本,以促进学生的全面成长、可持续学习与个性化发展。南昌市东湖小学是全市范围内唯一一所八一红军小学,红色革命传统需要代代留传,红色教育已成为学校课程发展的经典底色。与此同时,学校立足新时代,在传承发展中积极响应习总书记的号召,发扬伟大梦想精神,为培养实现中华民族伟大复兴的"翔梦少年"而开发"翔梦岛"课程体系,包含"践•梦课程"、"慧•梦课程"、"创•梦课程"、"健•梦课程"、"雅•梦课程"五大课程板块,其中"践•梦课程"则是传承红色基因,让孩子从小学会互助、分享、坚持与奉献的经典传统课程,成为学校"翔梦岛课程"的重要组成部分,和其他四个板块课程协调一致,共助学校确立的"有梦想、有主见、有情趣、有行动"的翔梦少年的育人目标的有效达成。

四是坚持全面多样与减负提质的辩证统一。 在推动义务教育均衡优质发展的时代,无论城市学校还是乡村学校,都希望通过课程的建设来推动教育的高质量发展。然而现实生活中,一方面城市热点学校不断新增种类繁多的校本课程,学生在课程需求上呈现"负担叠加,气喘吁吁"的过剩状态;一方面乡村或薄弱学校由于办学条件及办学理念的制约,往往心有余而力不足,根本没有校本课程,学生在课程需求上往往呈现"吃不饱,穿不暖"的饥寒状态。面对挑战,不论处于何种状态的学校都应积极作为,认真思考和回答"怎样的课程对学生最有意义",细致地甄选或开发能够帮助学生在学习与发展中打基础、提效能且深受学生欢迎的课程,力争做到全面多样与减负提质的辩证统一,让孩子们在"多样开发"或"精品提质"的课程建设过程中得到切实发展。南昌市东湖区八一嘉实希望小学在区域优质均衡发展中赢得主动,借助课程专家的力量,确立"嘉实教育"之哲学,立志培养"嘉德、笃思、艺馨、健实"的"嘉实少年",架构了"语实课程"、"博实课程"、"雅实课程"、"品实课程"、"健实课程"五大板块组成的学校课程,成为东湖教育的一支新生力量。

三、把握"三个关键",呈现课程精彩

回望区域课程变革的征程,学校在课程建设的顶层设计中普遍会遇到以下三个关键问题。

一是育人目标的制定。当前许多学校出现的校本课程开发难的问题在一定程度上源于学校缺乏清晰的育人目标。实现育人目标是学校存在的理由。育人目标指导着学校管理、课程变革、教学转型和教师发展,为学校运行提供机制与方向。有着清晰育人目标的学校能够根据育人目标制定学校课程规划,推进相应的课程管理。泰勒指出:学校领导和教师必须对育人目标的抉择做出明智的判断,要慎重考虑以下三个方面:(1) 对学生的研究;(2) 对校外当代社会生活的研究;(3) 学科专家的建议。[1] 为此,学校在制定育人目标时,可以邀请专家进行必要的指导,对学校的教育环境进行综合分析,明晰学校的特色、优势与不足,结合对学生需求的调查分析,形成学校独特的教育哲学,进而制定切合实际的育人目标。在这一过程中,学校还可加强校际之间的交流,倡导教师参与学校发展规划,激发教师的课程禀赋,形成上下贯通的课程建设机制。

南昌市十九中教育集团光明学校对于育人目标的制定正是综合分析了学校所处的全国优秀社区——光明社区(习近平总书记2016年2月视察该社区)的实际,邀请专家入校指导,进一步调研学生的需求,慎重确立了"灿烂教育"之哲学,意在让生命闪光,让人生灿烂,进而制定了培养"有情、有义、有胆、有识、有趣"的光明好少年的育人目标。在育人目标的引领下,学校通过大力实施"心灯式课程",有效激活了光明学子的禀赋,让其在学习的过程中找到了自己的闪光点,悦纳自我,不断成长。

二是教育哲学的确立。学校教育哲学的确立十分关键。一个深刻而又精准的教育哲学能很好地揭示教育的本质和意义。对教育哲学富有诗意的阐述,更能让教师明晰其蕴含的思想方法,进而直接促进学校课程建设各个环节、层次及要素之间的有效整合,有效助推品质课程改革的亮点闪现。正如南昌市出新幼儿园确立的教育哲学:"出新教育",其理念为:"出新教育"是阳光的教育,让每一个孩子充满

---

[1] 拉尔夫·泰勒.课程与教学的基本原理[M].施良方,译.北京:人民教育出版社,1994:3-25.

新希望;"出新教育"是创新的教育,让每一个孩子探究新发现;"出新教育"是超越的教育,让每一个老师迈上新台阶;"出新教育"是温馨的教育,让每一个家长收获新观念;"出新教育"是不忘初心的教育,让出新幼儿园再创新辉煌。对于"出新教育"教育哲学的深刻阐述,让每一位出新人直面挑战,躬身入局,以出新的教育、创新的教育、用心的教育,积极智造幼儿教育生长点,不忘初心继续前进,引领幼儿园积极向上发展,再谱生动的幼儿教育乐章。

三是课程逻辑的建构。现下很多学校都非常重视课程改革,但有些学校课程建设只是一门一门校本课程的累加,处于"事件"状态,没有形成"整体"气候,没有"体系"意识,缺乏逻辑。然而只有逻辑的课程结构才能直接指向学校育人目标的达成,因此学校在设计课程之初,就应基于学校的办学理念提出自己的课程理念,使课程理念与办学理念相吻合,推动基于理念的课程设计,由此建构合理的课程逻辑,使课程之间相互关联、形成整体,最终与课程实施与评价形成"连结"或"贯通",共同服务于学校专属育人目标的达成。正如南昌市东湖幼儿园确立的"萌教育"之教育哲学,提出"让每一个孩子萌萌地与世界相遇"这一课程理念,明确培养健康、聪慧、可爱、活泼的"小萌娃"的育人目标。其理念为:课程即文化相遇;课程即蓬勃生长;课程即个性滋养;课程即生命绽放。通过对课程理念的精准阐释,让教师明晰对课程的认知,有逻辑地推进课程变革,建构了涵盖小健将课程、小巧嘴课程、小天使课程、小博士课程、小达人课程五大类的"小萌娃课程"体系,实现了育人目标与课程实施的无缝对接。

问题不是坏事,问题是一种提醒,是前行的切入点。只要超前思考,整体把握,寻求破题解难的方法,问题便可迎刃而解,呈现课程别样的精彩。

几年的课程变革实践让我们深切地感受到:育人目标上连国家教育方针,下接学校文化与课程。可以肯定的是,学校课程的首要目标不是让学生在学校中表现出色,而是帮助他们生活得更好——为了学生当下的生活和未来的生活。

第一章
根性培育：学校课程的原点回归

回归学校课程建设的原点就是要明晰学校的育人目标,即明确"培养什么样的人"的问题。学校课程的原点回归表达的是一种观照儿童的人文精神与信念,旨在让儿童教育回到原初的状态中去,打破知识教育的片面性,改变儿童的生存方式,尊重儿童的个人知识与经验,使儿童教育成为一种有意义的活动,使儿童教育充满生命的意蕴。

人类的一切知识都受之于大自然的启蒙和恩惠。自然性是儿童的根性,大自然是滋养根性的土壤。只有当儿童在无限广阔的天地间自由呼吸的时候,才能获得他们生命的潜在能量,拥有生命的善根与慧根。教育要顺应自然,只要顺其天性而动,就能达成一种具有包容性的丰富的善。

回归学校课程建设的原点就是要明晰学校的育人目标,即明确"培养什么样的人"的问题。学校课程的原点回归表达的是一种关照儿童的人文精神与信念,旨在让儿童教育回到原初的状态中去,打破知识教育的片面性,改变儿童的生存方式,尊重儿童的个人知识与经验,使儿童教育成为一种有意义的活动,使儿童教育充满生命的意蕴。

一个孩子就是一棵树,学生在课程的滋养下,不断地吸收文化的精华、知识的营养、智慧的灵气,充沛根系,从而获得心灵的修炼和生命的成长。心根课程强调培养学生的核心素养,以统筹学校课程规划和建设的各个要素,进而有逻辑地推进学校课程变革。心根课程追求课程体系的整体性、丰富性、深刻性,就像培育一棵挺直健壮、枝繁叶茂、根深蒂固的大树,只要有意识地浇灌、修剪,不间断地接受大自然的考验,这棵课程之树,就能撑起一片教育的蓝天。

➡ 育人坐标
南昌市邮政路小学教育集团

南昌市邮政路小学创建于清光绪三十三年(1907年),是南昌市创办最早的小学之一。在一百多年的办学历程中,学校始终坚持在传承中谋发展、在发展中求创新的办学传统,书写着一页页精彩的篇章,以规范的办学方式和优质的办学质量赢得了社会的良好声誉,是一所在东湖区乃至南昌市都有较大影响力的学校。2009年7月,原凤凰坡小学整体并入邮政路小学,学校形成了"一校两部"的办学模式。

如今,学校占地面积9847.6平方米,有教学班55个,学生2515人,教职工151人。学校立足"为孩子立教,为时代立命"的核心价值观,秉承"诚实、善学、健美、创新"的校训,以"百年名校、百年树人"为宗旨,鲜明提出"一棵树、一片林"的办学愿景,发扬"坚忍不拔,昂扬向上"的学校精神。学校坚持走质量求生存、改革促发展、特色创品牌的内涵式发展之路,学术研究氛围浓厚,教风学风班风端正。多年来,学校先后荣获南昌市名校、南昌市德育示范学校、江西省现代教育技术示范学校、江西省校园文化特色学校、江西省语言文字规范化示范校、江西省现代信息技术装备先进学校、江西省首批建设中义务教育省级示范校、江西省人民群众满意学校、全国体育传统学校、全国中小学信息技术创新与实践活动先进单位、全国中小学信息技术道德教育实验学校等荣誉称号,语文和数学学科均被评为东湖区名科。

第一节 心向阳光才能根深叶茂

一、学校教育哲学

学校把以"树文化"为核心的学校文化建设作为特色办学方向,培养学生既具有大树一样坚忍不拔、昂扬向上的品格,又具有大树一样强健的体魄,为学生今后的人生奠定良好的基础。明代著名的思想家王阳明在《传习录》中有"种树者必培其根,种德者必养其心"之说,意思是种树必须培育它的根,教人以德行则必须教养他的思想,说明了浇树浇根、育人育心的道理。由此,我们提出"心根教育"的哲学。

"心根教育"是直抵内心与灵魂的教育,是激发灵性与智慧的教育,旨在为学生聪慧而高尚的人生奠基。因此,

——"心根教育"是春风化雨的教育,它是温润的,为学生的终身发展打下善良的根基。

——"心根教育"是精耕细作的教育,它是扎实的,为学生的终身发展打下智慧的根基。

——"心根教育"是静待花开的教育,它是长效的,为学生的终身发展打下幸福的根基。

基于上述教育哲学,我们将学校的办学理念确定为:让每一个孩子成为有根的人。

我们的教育信条

我们坚信,

每个孩子都是树;

我们坚信,

心向阳光才能根深叶茂;

我们坚信,

学校是儿童成长的肥沃土壤;

我们坚信,

教育是对幼苗耐心的浇灌与呵护;

我们坚信,

课程是生命成长丰富而又多元的养料;

我们坚信,

让每一个孩子成为有根的人是教育的神圣使命。

二、学校课程理念:心向阳光,根深叶茂

学校以国家课程校本化实施为基础,以特色校本课程的开发为补充,构建了与学生内在发展需求相一致的,有利于夯实学科基础、促进专业发展、提高核心素养、形成自主能力的课程体系。此课程体系以学校"树文化"为基础,其整体性、丰富性、深刻性,正像一棵挺直健壮、枝繁叶茂、根深蒂固的大树。我们认为:

——课程即扎实的根系。一棵树,只有根扎得深,才能枝繁叶茂。同样,课程要为学生发展夯实基础,要重在培养学生的核心素养,重在培养学生学会做人与学会学习。学生核心素养的提升是整个学校课程的灵魂,统筹学校课程规划和建设的各个要素。

——课程即能量的交换。树通过光合作用,吸收光能,释放氧气,这种能量交换是一个不断循环的开放的过程。同样,课程具有开放性、互动性、交互性、对话性,它是与时俱进的,是为学生的发展和终身学习服务的,其本质也是能量交换。

——课程即自由的伸展。不同的树有着不同的伸展姿态,真是千枝万叶各不同、千姿百态竞芬芳。课程的丰富性、多样性,恰似千姿百态的枝叶,它适应不同学生的发展需要,张扬学生的个性,丰盈学生的心灵。

第二节　让每一个孩子成为有根的人

根据新时代发展对未来人才培养的需要,按照国家基础教育的基本要求和当代中国学生核心素养的发展框架,结合学校的教育哲学,以培养全面发展的人为宗旨,学校提出自己的育人目标,并制定相应的课程目标。

一、学校育人目标

让每一个孩子成为有根的人是学校的育人追求,即通过诚实守信、善学乐思、健美怡情、创新奔涌的四大根性培育,让每一个孩子成为有根的人。

——诚实守信:讲诚信,做实事;

——善学乐思:善学习,爱思考;

——健美怡情:勤健身,有情趣;

——创新奔涌:乐探究,能创造。

二、学校课程目标

育人目标是通过课程目标达成的,为了实现育人目标,我们将"诚实守信、善学乐思、健美怡情、创新奔涌"这四个目标进行细化,形成了低、中、高年级的分级段课程目标。具体如下(见表1-1)。

表1-1 邮政路小学课程目标

育人目标	课程目标		
	低年级	中年级	高年级
诚实守信	遵守学校纪律,爱护校园环境,懂得文明礼仪,知道生活基本常识,培养良好习惯。同学之间互帮互助、团结友爱,形成爱班级、爱父母、爱教师的情感。	懂得基本的做人道理,养成良好的行为习惯。学会礼貌待人,热心帮助他人,养成对自己、对班级的责任感。拥有自信心,形成爱学校、爱社区的情感。	懂得为人处事的基本原则,树立正确积极向上的人生观。关心集体,乐于奉献,拥有强烈的社会责任感,形成较强的自信心,具有爱家乡、爱社会、爱国家的情感。
善学乐思	乐于动脑,掌握低年级文化课程标准规定的要求。基本养成听、说、读、写的良好习惯。培养勤复习、早预习的学习习惯。热爱生活,善于从日常生活中发现问题、提出问题,并能尝试探究问题的答案。	乐于动脑,掌握中年级文化课程标准规定的要求,培养浓厚的学习兴趣。进一步养成听、说、读、写的良好习惯,能注重联系实际,初步会将所学习的知识与技能运用于生活。热爱生活,能对自然界的现象或生活中的现象提出疑问,并能尝试独立去探究问题的答案。	乐于动脑,保持浓厚的学习兴趣,掌握高年级文化课程标准规定的要求,养成较好的听、说、读、写的习惯。能熟练地将所学运用于实践,促进学生学有所长。养成动脑、动手、动笔的学习习惯,培养坚韧的学习毅力。热爱生活,学习积极主动,对自己有信心,能独立思考,能表达自己的感受,表达有力的观点,有独特的解决问题的方法与策略。
健美怡情	积极参与各种体艺活动,通过广播体操、舞蹈等多种形式感受到体艺活动给自己的生活带来的乐趣。精力充沛,对生活充满热情与信心。会玩1—2项体育类游戏项目。	积极参与各种体艺活动,养成参与运动的兴趣和爱好,养成坚持锻炼的习惯,养成健康的生活方式,发扬体育精神,养成积极乐观、坚强自信的生活态度。基本掌握1—2项运动技能。	积极参与各种体艺活动,保持参与运动的兴趣和坚持运动的习惯,保持愉快的心情,使性格变得开朗大方,坚强自信;提升灵敏、力量、耐力、协调等身体素质,使动作更协调;通过国家体质健康测试,掌握2—3项体育运动技能,并成为特长项目。

续表

育人目标	课程目标		
	低年级	中年级	高年级
创新奔涌	知道与周围常见事物有关的浅显的科学知识，善于观察，能就感兴趣的内容提出问题，有好奇心，养成爱动脑筋的好习惯。遇到有兴趣但不太懂的事情喜欢问教师、问家长，会动手查资料、找答案。顺利完成课程任务，并能与他人分享学习的乐趣与成果。	能将科学知识应用于日常生活，逐渐养成科学的行为习惯和生活习惯。在活动中培养合作精神与探究能力，有丰富的想象力和一定的发散思维能力。能大胆提出复杂的有一定深度的问题，对所提出的问题进行比较和评价，并会探究问题，解答问题。	能够将课内外知识有机融合，拓展思维与活动空间，形成激情涌动、智慧喷薄的团队合力。通过发现、探究，能展示创新成果。了解科学探究的过程和方法，尝试应用于科学探究活动，逐步学会科学地看问题、想问题。形成大胆想象、尊重证据、敢于创新的科学态度和爱科学、爱家乡、爱祖国的情感。

第三节 融入"树文化"元素的课程体系

一、学校课程逻辑

学校基于"心根教育"的教育哲学以及学校课程目标，构建融入"树文化"元素的课程体系，即"心根课程"课程体系，包括树根课程、树干课程、树枝课程、树叶课程四大课程板块。以下是学校"心根课程"逻辑图(见图1-1)。

二、学校课程结构

完善的课程体系是促进学生成长的重要载体。学校按照"学科＋活动"两分法，融入"树文化"元素，将"心根课程"设置为四大课程领域。树根深扎土壤，是树之根基，它所代表的是国家基础课程；树干粗壮挺拔，是树之支撑，它所代表的是学科拓展课程；树枝繁茂多姿，是树之风采，它代表的是团体活动课程；树叶形态各异，是树之特色，它代表的是个人荣誉课程。丰富的课程种类，满足学生的课程需求，为学生发展提供适切的课程选择。以下是学校"心根课程"结构图(见图1-2)。

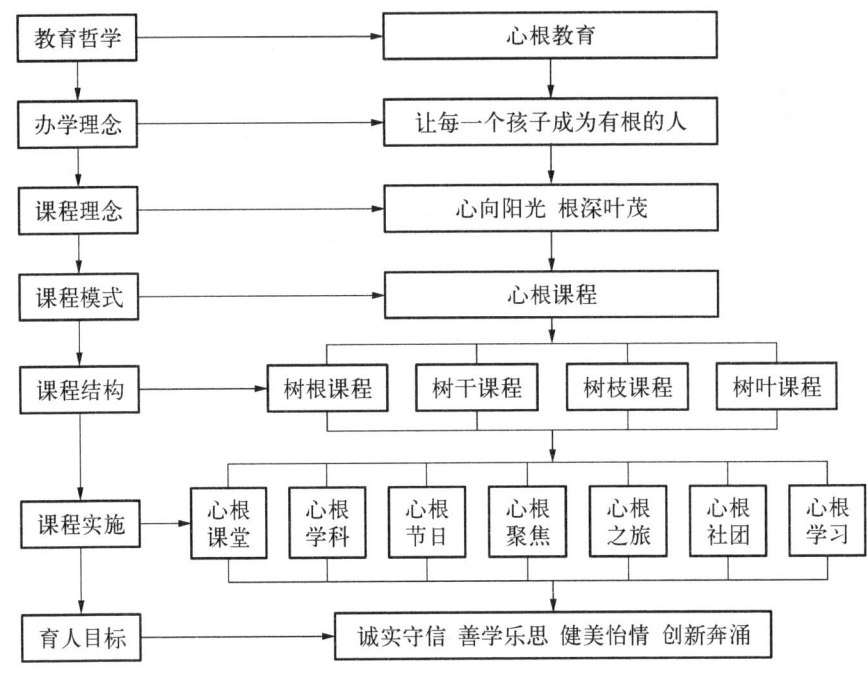

图 1-1 邮政路小学"心根课程"逻辑图

图 1-2 邮政路小学"心根课程"结构图

三、学校课程设置

根据国家基础课程安排,结合学校课程资源、课程门类,考虑学生的学习兴趣和发展需求,我们按照年级水平对课程内容进行系统建构,形成"心根课程"四大领域课程设置的具体框架(见表1-2)。

表1-2 邮政路小学"心根课程"设置表

年级 \ 课程	树根课程	树干课程	树枝课程	树叶课程
一年级	道德与法治 语文 数学 科学 音乐 体育 美术	拼音达人秀 汉字趣味多 走近三字经 小小生活超市 与时间赛跑 奔跑吧,伙伴! 跳跃吧,少年! DIY水果拼盘 捏橡皮泥 小小演唱会 小小炫舞台 乐高里的小心思 彩虹糖的小秘密	传统节日活动 现代节日活动 认养一盆绿 我是小小设计师 绿树成阴子满枝 绿色心愿 寻访贺龙指挥部 雅韵书法 枫杨管乐 游戏跳绳 小创客空间	小小模特 珠心算能手 正反话达人 ……
二年级	道德与法治 语文 数学 科学 音乐 体育 美术	绘本推荐人 童话表演秀 古诗小学堂 拼搭小能手 拼剪小达人 球儿滚滚滚 跳绳甩甩甩 拼拼编编手真巧 涂涂画画心真灵 欣赏音乐会 纸飞机飞起来 科幻画画起来	传统节日活动 现代节日活动 认养一盆绿 装扮感恩树 绿色心愿 寻访省科技馆 雅韵书法 悠扬葫芦丝 游戏跳绳 护绿小使者	地理小达人 魔方巧转人 水中小超人 ……
三年级	道德与法治 语文 数学 英语 科学	句子变变变 成语猜猜猜 诗词赞赞赞 玩转月历 比眼力	传统节日活动 现代节日活动 认养一盆绿 千姿百态竞芬芳 装扮感恩树	小小演奏家 京剧娃娃 擂鼓达人 ……

续　表

课程 年级	树根课程	树干课程	树枝课程	树叶课程
三年级	音乐 体育 美术 综合实践	英语歌谣演唱会 身体字母PK 拍球小能手 小小画展 彩绘手工 唱响校歌 科学训练营 变废为宝	绿色心愿 寻访八一起义纪念馆 雅韵书法 魅力合唱 快乐乒乓 科技小制作	
四年级	道德与法治 语文 数学 英语 科学 音乐 体育 美术 综合实践	诗歌我来编 古诗我来写 名帖我来摹 观察物体学数学 数阵图 英语游戏林 口语训练营 体操秀出来 篮球转起来 纸杯纸盘大变身 拼图学问真不少 慧眼识乐器 乐声乐理学起来 电脑小行家 3D打印	传统节日活动 现代节日活动 认养一盆绿 枫韵远扬 千姿百态竞芬芳 绿色心愿 寻访滕王阁 雅韵书法 悠扬葫芦丝 快乐乒乓 乐在"棋"中 环保小卫士	小小围棋手 乐高大玩家 折纸高手 ……
五年级	道德与法治 语文 数学 英语 科学 音乐 体育 美术 综合实践	结实大作家 欣赏大部头 穿越唐宋元 快乐数独 巧算24点 英语风情展 枫杨英语角 银球飞扬 雏鹰田径 我来拍部动画片 一字一画皆中华 枫杨管乐屋 声音大聚会 向大海进发 自由天空行	传统节日活动 现代节日活动 认养一盆绿 枫韵远扬 绿色心愿 寻访新四军纪念馆 寻访省博物馆 雅韵书法 悠扬葫芦丝 枫杨管乐 阳光田径 激情篮球 创意巧手坊	双截棍小达人 击剑小淑女 快板手艺人 ……

续 表

课程\年级	树根课程	树干课程	树枝课程	树叶课程
六年级	道德与法治 语文 数学 英语 科学 音乐 体育 美术 综合实践	周游大世界 相约文言文 书写童年志 邮票上的数学问题 我是理财师 跟着英语去旅行 枫杨英语影院 激情篮球赛 童年运动会 手指尖的畅想 画笔下的世界 航天梦我的梦 科普之星	传统节日活动 现代节日活动 认养一盆绿 千枝万叶各不同 枫杨树下别母校 寻访八大山人纪念馆 雅韵书法 悠扬葫芦丝 阳光田径 航模任我飞	戏剧传承人 窗花手艺家 魔方巧转人 ……

第四节　为儿童成长提供肥沃土壤

学校通过建构"心根课堂"、建设"心根学科"、推进"心根节日"、推行"心根聚焦"、推动"心根之旅"、丰富"心根社团"、创新"心根学习"等方式,践行"心根教育"理念,多措并举地为儿童成长提供肥沃土壤,让儿童依托肥沃的土壤茁壮成长,进而推进各类课程有效实施。

一、建构"心根课堂",落实学科基础课程

课堂面对的是一个个活生生的个体,这些个体有着不同的生活经验和知识背景,有着不同的思维方式和学习习惯,有着不同的学习能力和丰富情感。因此,着力建构的"心根课堂",必须面向每一个活生生的个体,关注儿童的学习过程,注重学用结合,使孩子真正成为学习的主人。

(一)"心根课堂"的内涵与操作

"**心根课堂**"是丰实的课堂,关注学生,面向全体。"心根课堂"依据教学内容和

班级学生的实际,改变以教师为中心的教师与学生个体或教师与学生群体的单一课堂交往模式,形成师生之间、生生之间多向交流、多边互动的立体结构,真正做到面向全体学生,让每个学生都在原有基础上得到最大可能的发展。在致力于绝大多数中等水平学生发展的同时,还要使那些学有余力的优生脱颖而出,学有困难的学生学有所得,达到基本要求,使"心根课堂"成为每一位学生充分发挥自己能力的舞台。

"心根课堂"是扎实的课堂,关注过程,灵动教学。学生的学习不能只是接受现成的知识,而要用已有的知识和经验为基础去主动建构。在"心根课堂"中,凡是能让学生自己学会的,让学生去亲自体验,决不去教;凡是能让学生自己去做的,让学生亲自动手,决不替他做;凡是能让学生自己去说的,让学生自己动口,决不代他讲。给学生多一点思考的时间,多一些活动的空间,多一点表现自我的机会,多一点获得成功的愉快,真正使学生是学习的主人,而教师则是学习的组织者、引导者与合作者。

"心根课堂"是充实的课堂,注重应用,学用结合。"心根课堂"不仅让学生建构知识,还力图使他们懂得知识的来源和实际应用,使他们初步学会运用所学的知识和方法解决一些简单的实际问题。"心根课堂"充分挖掘教材中蕴涵的应用性因素,坚持从学生的生活经验和知识积累出发,使学生在实践和应用中体会学科与自然及人类社会的密切联系,了解学科的价值,增进对知识的理解和应用的信心,学会运用科学的思维方式去观察、分析现实社会,去解决日常生活和学习中的问题,形成勇于探索、勇于创新的科学精神。

"心根课堂"是真实的课堂,关注生命,着眼发展。我们所进行的教育应该是"完整的人的教育",课堂教学应成为师生人生中一段重要的生命经历,成为他们生命的有意义的构成部分。"心根课堂"营造生动、活泼、民主、和谐的课堂氛围,无论是课堂的引入、新知的展开、结论的获得、技能的形成,还是情意的发展、个性的展现,课堂的每一分钟都像磁石一样紧紧地吸引着学生的注意力。学生们除了学习知识,发展智能,还带着自身的情感、动机、需要等一并投入课堂,除了认知、情意方面得到发展,群体合作能力、行为习惯及交往意识与能力等多方面均得以发展。

(二)"心根课堂"的评价标准

根据"心根课堂"的内涵特点,学校从教学目标、教学内容、教学过程、教学效果等方面,制定"心根课堂"评价标准,引领课堂发展方向。具体如下(见表1-3)。

表1-3 邮政路小学"心根课堂"教学评价表

评价项目	具 体 要 求		四星级	三星级	二星级	一星级
教学目标	1. 目的明确,能针对学科特点和学生实际,确定符合儿童心理、符合儿童认知的要求; 2. 突出态度、情感、价值观在教学目标中的定位,把兴趣习惯等非智力因素纳入教学目标; 3. 教学重心定位于学生的可持续发展。					
教学内容	1. 准确把握教材,丰富拓展资源; 2. 重难点把握准确,并有所突破; 3. 关注学生学习经验和认知水平,内容儿童化、趣味化,是传播美的教育。					
教学过程	学生	1. 学习积极性高,情绪饱满,思维活跃;有竞争合作意识; 2. 通过动手实践、相互合作、尝试探索等手段,运用多种感官参与学习; 3. 为解决问题积极生动地搜集信息、整理信息,形成自己的假设、观点; 4. 有善于倾听他人意见的习惯,并进行正确的评价,勇于提出自己的观点,说出独特的感受。				
	教师	1. 情绪饱满,尊重学习;教育观念新,教学中运用新的教育教学理论、研究成果; 2. 能创设有利于学生个性发展的开放的学习环境,关注、尊重学生独特的情感体验; 3. 重视培养学生的创新意识、创造性思维和实践能力; 4. 重视引导学生独立探究,独立分析,主动合作,让学生在自主探索、动手实践和合作交流中掌握知识技能,提高素质;能合理利用现代教学资源。				
教学效果	1. 较好地完成教学目标; 2. 有积极的情感反应; 3. 不同层次的学生能感受到成功的喜悦,都有不同的收获; 4. 有主动学习的热情,体会到学习的快乐。					
总 评						
备 注						

"心根课堂"的评价主要通过学科组集体备课、课堂观察、主题教研、学生评教、教学展评等方式进行。

二、建设"心根学科",落实学科拓展课程

"心根学科"以学科基础课程为核心,以课程标准的目标分类为领域,根据学生发展需求,对学科基础课程进行拓展,构建课程群,帮助学生完善学科知识体系,提升学科素养,提高学习能力,激发学习潜能与兴趣。其基本呈现是构建"1+X"学科课程群。

(一)"心根学科"的建设路径

"心根学科"的建设路径为"1+X"学科课程群建设。"1"指的是一门基础型课程,"X"指的是围绕基础课程自主开发的基于儿童需求、指向核心素养、突出学科特点的多门延伸课程。教师基于各学科的特色追求,根据对学科的独特理解,对独特优势、独特资源的挖掘,开发课程,打造特色课程群。

1. "臻美语文"特色课程群建设。语文是一个兼具工具性和人文性的学科,文字词句的背后既是知识的习得,也是心灵的修养。语文课程群的建设,是根据孩子不同学段的学习水平制定的,力图大力弘扬优秀的传统文化,落实社会主义核心价值观的基本要求,体现民族特点,确保课程适合中国学生的实际学情,培养学生的家国情怀。除基础课程外,具体课程设置如下(见表1-4)。

表1-4 邮政路小学"臻美语文"课程设置表

一年级	拼读趣语文	拼音达人秀	四年级	书写美语文	诗歌我来编
		汉字趣味多			故事我来续
		走近三字经			名帖我来摹
二年级	悦读妙语文	绘本推荐人	五年级	触摸雅语文	结识大作家
		童话表演秀			鉴赏大部头
		古诗小学堂			穿越唐宋元
三年级	玩转巧语文	句子变变变	六年级	品味臻语文	周游大世界
		成语猜猜猜			相约文言文
		诗词赞赞赞			书写童年志

2. "奇趣英语"特色课程群建设。英语是一门国际语言,我们将英语课程群的建设目标定位于为同学们提供良好的英语沟通环境,营造浓厚的全英文交流氛围,集学习性、交流性于一体,增强学生对英语学科的热爱及对英语学习的积极性。除基础课程外,具体课程设置如下(见表1-5)。

表1-5 邮政路小学"奇趣英语"课程设置表

三年级	跟我一起玩起来	英语歌谣演唱会	五年级	品味多彩英语	英语风情屋
		身体字母PK台			枫杨英语角
四年级	英语达人秀出来	英语游戏林	六年级	英语带我看世界	跟着英语去旅行
		口语训练营			枫杨英语影院

3. "活力数学"特色课程群建设。学生的数学学习内容应当是现实的、有意义的、富有挑战性的,数学教育的发展趋势也表明,未来数学教育正朝着"大众数学"的方向不断迈进。为积极实施新的课程标准,除了抓好"课堂"这个主阵地外,我们还结合课标、教材和学生的生活实际,开拓更多元的数学学习课堂,感受数学魅力。除基础课程外,具体课程设置如下(见表1-6)。

表1-6 邮政路小学"活力数学"课程设置表

一年级	趣味数学	小小生活超市	四年级	巧思妙想	观察物体学数学
		与时间赛跑			数阵图
二年级	数学达人	拼搭小能手	五年级	智慧数学	快乐数独
		拼剪小达人			巧算24点
三年级	数学乐园	玩转月历	六年级	精打细算	邮票上的数学问题
		比眼力			我是理财师

4. "健美体育"特色课程群建设。努力创设民主、和谐的体育教学情境,有效运用自主学习、合作学习、探究学习与传授式教学等方法,引导学生在活动中富有个性地学习,不断丰富体育、艺术活动经验,学会体育学习和锻炼。除基础课程外,具体课程设置如下(见表1-7)。

表1-7 邮政路小学"健美体育"课程设置表

一年级	跑跳小能手	奔跑吧,伙伴!	四年级	健美训练营	体操秀出来
		跳跃吧,少年!			篮球转起来
二年级	成长我最棒	球儿,滚滚滚!	五年级	体育小健将	银球飞扬
		跳绳,甩甩甩!			雏鹰田径
三年级	运动真快乐	拍球小能手	六年级	活力体育星	激情篮球赛
		跑跳小达人			童年运动会

5."艺创美术"特色课程群建设。美术教学以"创想"为突破口,从学生实际出发,针对不同年龄层次学生的发展需要,在课堂中营造轻松的氛围,激起创新的火花,让学生收获快乐,感受艺术的魅力。除基础课程外,具体课程设置如下(见表1-8)。

表1-8 邮政路小学"艺创美术"课程设置表

一年级	好玩美术屋	DIY水果拼盘	四年级	画心飞扬	纸杯纸盘大变身
		捏活橡皮泥			拼图学问真不少
二年级	趣味手工坊	拼拼编编手真巧	五年级	魅力美术	我来拍部动画片
		涂涂画画心真灵			一字一画皆中华
三年级	快乐美术	小小画展	六年级	多元艺术	手指间的畅想
		彩绘手工			画笔下的世界

6."天使音乐"特色课程群建设。小天使合唱团是我校一张绚丽的名片,多年来,合唱团注重梯队建设,培养出一批批的优秀人才。曾参加国家级比赛并斩获佳绩。在大力做好合唱团建设的同时,开设乐团等其他形式的音乐课程,让学生乐享音乐。除基础课程外,具体课程设置如下(见表1-9)。

7."炫彩科学"特色课程群建设。人工智能时代,为了适应未来的新挑战,在建设科学课程群的过程中,我校依托科学课堂,课内外结合,向学生传递科学知识,训练操作技能,感受科学奥秘,根植科学梦想。除基础课程外,具体课程设置如下(见表1-10)。

表 1-9 邮政路小学"天使音乐"课程设置表

一年级	歌舞满校园	小小演唱会	四年级	音乐小顽童	慧眼识乐器
		小小炫舞台			乐声乐理学起来
二年级	音乐启蒙堂	欣赏音乐会	五年级	音乐伴我行	枫杨管乐屋
		天使合唱入门班			声音大聚会
三年级	校园好歌声	唱响校歌	六年级	童年与音乐	枫杨乐团
		合唱学习			天使合唱团

表 1-10 邮政路小学"炫彩科学"课程设置表

一年级	好玩的科学	乐高里的小心思	四年级	枫杨科学苑	电脑小行家
		彩虹糖的小秘密			3D打印
二年级	炫丽的科学	纸飞机飞起来	五年级	用科学探索世界	向大海进发
		科幻画画起来			自由天空行
三年级	科学就在身边	科学训练营	六年级	我的科学梦	航天梦我的梦
		变废为宝			科普之星

(二)"心根学科"的评价要求

1. 要有学科特色理念。学科特色是"心根学科"的核心所在,提炼独特的学科理念,形成学科特色,这是建设"心根学科"的首要任务。

2. 要有学科实施方案。学科实施方案是建设"心根学科"的路径和保障,方案应符合特色学科的理念,并且操作性要强。

3. 要有丰富的课程内容。只有丰富的课程内容才能满足学生日益发展的学习需求,才有满足学生多元发展需求的可能性。满足学生学习兴趣、充实学生学习生活、丰富学生学习体验的多元课程内容,是"心根学科"建设的基础。

4. 要有高品质的学科教学。高品质的学科教学是保证学科质量的基础。以正确的教学目标为前提,以丰富的课堂活动为主线,以提高学生的自学能力为保证,以深度的课后反思为助推,打造"心根学科"高品质教学的模式。

5. 要有有效的学法指导。有意识地进行学科学习及学法指导,把重点放在培养学生良好的学习习惯上,注重对他们进行学习方法、学习能力的指导和训练。注意教法和学法相结合,课内与课外相结合,聚焦"授之以渔"的教学理念,这是"心根课堂"建设的突出特色。

6. 要有扎实的学科教研。建立有效的学科团队教研机制是教学资源有效整合和推进课程有效实施的重要形式。学科团队进行有效教研有利于推动学校教学内容和方法的改进,有利于教学经验的交流,有利于增进学校各方面工作的协作,从而提高学科的品质,这是建设"心根学科"的中坚力量。

三、推进"心根节日",落实节庆文化课程

"心根节日"以学生特有的思想观念、心理素质、价值取向、思维方式等为核心,通过学习、实践与活动,感悟中国传统节日、现代节日文化。"心根节日"活动的开展,有利于传承、发扬节庆文化的精髓,有利于调动学生的兴趣,提高积极性、参与性,"寓教于乐"。通过课程活动,让学生寻获成长道路上的"真"知,感受成长过程中涵育的"善"情,体验并养成"美"行,实现"真善美"的生命体验和追求。

(一)"心根节日"的实施方法

为更好地开展节庆活动,我校将节庆活动分为两大块:"传统节日活动"、"现代节日活动",努力构建校本节庆文化课程。

1. 传统节日活动。传统节日具有丰富的文化内涵,民族的文化精神通过课程系统的传递,使传统文化变得可感可触,生动形象。我们以节日活动为依托,通过体验节日文化习俗,实现"精神寻根"。学校"心根节日"的"传统节日课程"设置如下(见表1-11)。

表1-11 邮政路小学"传统节日课程"设置表

月份	节日	主题	活动
二月	春节	喜迎新春	春节手抄报、写对联
二月	元宵节	欢乐闹元宵	赏花灯、猜灯谜、吃元宵

续表

月份	节日	主题	活动
四月	清明节	缅怀英烈	网上祭英烈、文明祭扫
六月	端午节	品味端午 传承文明	包粽子、讲爱国故事
九月	中秋节	中秋合家欢	吟诵赞美月亮的古诗词、彩绘月亮
十月	重阳节	敬老爱老代代传	慰问社区孤老

2. 现代节日活动。现代节日包含着人们对美好生活的寄托和希望,我们通过开展"现代节日活动",引导学生关注生活,增强生活仪式感。学校"心根节日"的"现代节日课程"设置如下(见表1-12)。

表1-12 邮政路小学"现代节日课程"设置表

时间	节日	主题	活动
一月	元旦	新年、新生活、新惊喜	1. 制作一份新年规划 2. 订下一个小小目标
五月	劳动节	今天我当家——当家小能手评比	1. 低年级自理能力比赛 2. 中年级钉纽扣比赛 3. 高年级剪贴画比赛
五月	母亲节	知母爱、感母恩、行孝心	1. 低年级组:贺卡设计比赛 2. 中年级组:和妈妈照一张合影,在合影上写下祝福 3. 高年级组:给妈妈的一封感恩信
六月	儿童节	欢度六一	开展"中国好家风 吟诵传美德"六一文艺汇演
八月	建军节	拥军爱军	1. 慰问军属 2. 学唱军歌 3. 开展"少年军校"活动
九月	教师节	岁月如歌,感念师恩	1. 出一版敬师黑板报 2. 摘抄尊师敬师名人警句 3. 说一句感谢老师的话

续　表

时间	节日	主题	活动
十月	国庆节	祝福祖国,放飞梦想	1. 听红色教育讲座 2. "我与伟大祖国共成长"主题征文活动 3. 爱国歌曲合唱比赛
十一月	感恩节	学会感恩,学会做人	1. 开展"感恩有你"主题班会 2. 开展一次"感恩自然"的环保教育

(二)"心根节日"课程评价

"心根节日"课程对课程主题、课程目标、课程内容、课程实施、课程方式等全过程进行整体评价。具体如下(见表1-13)。

表1-13　邮政路小学"心根节日"课程评价表

评价指标	评价内容	评价分值
主题	1. 主题鲜明,立意新颖,寓意深刻。 2. 主题具有针对性、科学性、实效性、教育性。 3. 根据节庆活动的内涵和教育意义确定主题。	
目标	1. 目标明确,有明确的导向和教育性。 2. 达到学生情感、态度、价值观的提升。 3. 学生有认识,有感悟,自我教育能力得到增强,能促进学生身心健康发展。	
内容	1. 贴近节日内涵,贴近学生实际生活,符合学生身心发展规律。 2. 紧扣主题,准确定位。 3. 分出层次,突出重点。	
实施	1. 活动设计合理,操作性强,体现综合效能。 2. 要依据所确定、分解、细化的具体内容选择活动。 3. 按照"近、亲、实"的原则选择活动。 4. 采取多种形式呈现。 5. 设置拓展性、开放性、能给学生思考空间的环节,引导学生体验和感悟节庆活动的内涵。 6. 面向全体学生,关注学生的个性和差异,注重培养学生的实践能力,教育作用明显。 7. 活动设计兼具传统与现代特征,同时突出课程的实践性、自主性、综合性、创造性和趣味性。	

续 表

评价指标	评价内容	评价分值
方式	1. 注重引导学生的节日感悟和体验。 2. 重视活动的群体性,要引导学生合作学习。 3. 能创设生动、活泼、有效的节庆活动氛围。	

四、推行"心根聚焦",落实专题教育课程

"树文化"是我校的校园文化建设核心,旨在培养学生具有大树一样不惧风雨、蓬勃向上的品格,同时又具有大树一样强健的体魄,为学生今后的人生奠定良好的基础。"心根聚焦"是以校园文化"树文化"为依托自主设计的校园文化课程,通过专题教育活动,将"树文化"的理念渗透其中,充满仪式感,增强学生的责任心和参与度。

(一)"心根聚焦"特色活动的实施方法

"心根聚焦"特色活动的实施方法见表1-14:

表1-14 "心根聚焦"特色活动设置表

时 间	主 题	活 动
一月	百年枫杨 枫韵远扬	校赋——"枫杨赋"吟诵比赛
三月	我们一起染绿春天	开展"认养一盆绿"活动
四月	千姿百态竞芬芳	1. "小树苗"解说员选拔比赛 2. 班级绿色角布置评比活动
五月	千枝万叶各不同	"新苗吐绿"优秀习作展
六月	枫杨树下话别母校	六年级毕业生开展毕业典礼
九月	我是小小设计师	"树文化"班徽设计比赛
十月	绿树成阴子满枝	一年级新生在枫杨树下光荣入队
十一月	装扮感恩树	制作感恩贺卡,悬挂于校内树枝上
十二月	绿色心愿 用心呵护	"养绿·护绿"周记评比

(二)"心根聚焦"的评价要求

"心根聚焦"的评价要求见表 1-15：

表 1-15 "心根聚焦"特色活动评价表

评价指标	评价内容	评价分值
主题	1. 突出"树文化"校园文化核心。 2. 主题具有环保性、科学性、教育性、实践性。 3. 围绕"树文化"的教育内涵确定活动主题。	
目标	1. 目标明确，有明确的导向性和教育性。 2. 达到学生情感、态度、价值观的转变。 3. 学生加深对校园"树文化"的认知与感悟，促进身心健康发展，综合能力得到提高。	
内容	1. 贴近校园文化，贴近学生实际生活，符合学生身心发展规律。 2. 紧扣"树文化"主题，凸显育人作用。 3. 分年级、分阶段实施，突出重点。	
实施	1. 情景设计合理，操作性强，能体现综合运用知识的能力。 2. 依据所确定、分解、细化的具体内容选择活动。 3. 引导学生从活动中体验和感悟，设置开放性、创造性、适合拓展延伸的活动。 4. 根据不同学段学生的学情特点，分层次设计活动。 5. 关注学生的个体差异，注重培养学生的实践能力。 6. 注重师生、生生互动，学生参与面广，充分体现学生主体作用。 7. 活动设计有特色有创意，体现品质课程的教育性和延伸性。	
方式	1. 新颖、独特、多样，让学生充分展示自我。 2. 突出活动的群体性，重视学生的感悟和体验。 3. 以学生为主体，引导学生深入感悟校园文化。	

五、推动"心根之旅"，落实研学旅行课程

利用地域优势开展"心根之旅"活动，从实践入手，引导学生了解历史，感受红色魅力，亲自探究家乡现存的文化传统，从生活中学习，在实践中开阔眼界，并由此加深对自己家乡的热爱，自发地继承家乡的文化传统并发扬光大。通过开展"心根之旅"活动，培养学生的社会责任感、使命感和自豪感，落实立德树人根本任务。

(一)"心根之旅"的实施方法

"心根之旅"的实施方法见表1-16:

表1-16 邮政路小学"心根之旅"的活动安排表

项目	主题	地点	目的
一	人文教育	江南三大名楼——滕王阁	了解、亲近家乡的人文古迹 培育热爱家乡的情感
二	红色教育	八一起义纪念馆	体验革命情怀 弘扬革命精神
三	红色教育	贺龙指挥部	了解革命历史 弘扬和培育民族精神
四	红色教育	新四军纪念馆	革命传统教育 继承爱国主义精神
五	科技之旅	江西省科技馆	感受科学的魅力 激发对科学的热爱
六	人文教育	八大山人纪念馆	了解家乡的历史名人 感受家乡悠久的历史和文化
七	探寻历史	江西省博物馆	了解家乡的历史 激发对家乡的热爱

通过活动,让学生了解家乡文化,增长知识,提高实践能力。充分利用寒暑假开展活动,可以以小组合作的方式为主,以个人单独进行为辅。小组合作范围可以从班级内部,逐步走向跨班级、跨年级、跨学校和跨区域等。要根据实际情况灵活运用各种组织方式。要引导学生根据兴趣、能力、特长、活动需要,明确分工,做到人尽其责,合理高效。既要让学生有独立思考的时间和空间,又要充分发挥合作学习的优势,重视培养学生的自主参与意识与合作沟通能力。鼓励学生利用信息技术手段突破时空界限,进行广泛的交流与密切合作。

(二)"心根之旅"的评价要求

"心根之旅"的评价要求见表1-17:

表 1-17 邮政路小学"心根之旅"的活动评价表

评价指标	评价内容	评价分值
主题	1. 主题明确，立意新颖。 2. 具有针对性、教育性、实践性。 3. 综合考量文化教育意义和位置远近因素，确定"文化寻访"目标。	
目标	1. 目标清晰，突出文化教育的主题。 2. 达到学生情感、态度、价值观的提升。 3. 学生体验与感悟家乡的人文与红色文化，培育红色基因，培养热爱家乡的真挚朴素感情。	
内容	1. 贴近本土，贴近文化，符合学生身心发展规律。 2. 紧扣主题，准确定位。 3. 分出层次，突出重点。	
实施	1. 系统设计课程，突出活动的教育性、创新性与实践性。 2. 依据所确定、分解、细化的具体内容选择活动。 3. 按照"近、亲、实"的原则选择活动。 4. 设置拓展性、开放性的活动，引导学生体验和感悟。 5. 关注学生的个性和差异，注重培养学生的思考能力，教育作用明显。 6. 丰富课程体验，注重学生的课程感受。 7. 充分准备，细致安排，做好活动紧急预案，充分保障学生人身安全。	
方式	1. 注重学生的感悟和体验。 2. 重视活动的群体性，引导学生培养合作和团体意识。 3. 创设生动、活泼、有效的活动氛围，将教育性与趣味性相结合。	

六、丰富"心根社团"，全面优化兴趣特长课程

丰富多彩的社团活动是我校校园文化建设的重要载体，是促进学生全面、和谐、有个性地发展的重要途径，是进一步深化课程改革、发展素质教育的重要体现。学校各社团以其思想性、艺术性、知识性、趣味性、多样性的特点吸引着学生积极参与。

(一)"心根社团"的主要类型

"心根社团"的主要类型见表 1-18：

表 1-18　邮政路小学"心根社团"课程设置表

社团类型	社团名称	实施方式
科学与技术	小创客空间	学生根据个人兴趣,自主选择一至两个社团,向班主任提出申请。社团辅导老师根据社团规模和学生特点进行综合考查,成立学生社团,组织训练,完成社团课程。
科学与技术	护绿小使者	
科学与技术	科技小制作	
科学与技术	环保小卫士	
科学与技术	创意巧手坊	
科学与技术	航模任我飞	
艺术与文化	天使合唱团	
艺术与文化	枫杨管乐团	
艺术与文化	悠扬葫芦丝	
艺术与文化	雅韵书法社	
艺术与文化	枫杨小主持	
艺术与文化	校园小记者	
体育与健康	激情篮球	
体育与健康	快乐乒乓	
体育与健康	游戏跳绳	
体育与健康	乐在棋中	
体育与健康	阳光田径	
体育与健康	智慧桥牌	

(二)"心根社团"的评价要求

"心根社团"的评价要求见表 1-19：

表 1-19　邮政路小学"心根社团"课程评价表

评价维度	评价内容	评价标准	评价方式
社团筹备	社团主题	主题健康积极,课程内容操作性强,符合学生年龄特点,准备充分,组织有序。	阶段性评价与过程性评价相结合。
社团筹备	活动方案		

续 表

评价维度	评价内容	评价标准	评价方式
活动过程	特长发展	积极参与社团活动,在活动过程中主动学习,自我特长不断发展。	注重过程性评价:不定期的短期小组展示交流与每学期一次活动成果展示相结合,评选优秀学员。 评价方式多元化:自评、小组评、师评、竞赛成果相结合。 通过社团成果展评、家长评议和各级竞赛成绩,评出优秀社团。
	活动过程		
活动效果	学习成果	学有所获,能积极自信地参加校内外展示交流和区、市、省级比赛。	
特色创新	活动亮点	社团成果展示得到家长认可,有创新、有亮点。	

七、创新"心根学习",落实个人荣誉课程

世界上没有完全相同的两片树叶,也不存在完全相同的两个人。每一个孩子都是与众不同的,都有自己独特的天赋特性、偏好和优势,也有不同于别人的弱点。个人荣誉课程就是为了满足这些具有不同需求的学生而设立的课程,提倡的是个性化和个别化教育,旨在满足个别学生的需求,突出个性特长,展示个体核心素养,为学生的健康成长提供张扬个性的空间,促进学生终身的持续发展。

(一)"心根学习"的操作范式

在教学实践中,我们发现,只有当课程与教学对学生有意义且符合学生的个性差异性时,效果才是最好的。为了建立有意义的个性化学习环境,教师必须为学生提供个人化的课程方案和多种形式的教学活动。学校借鉴上海市平凉路第三小学"契约学习"的有关做法,以签订"学习契约"的方式,为那些需要个性化学习的学生提供帮助,我们称之为"心根学习"。

上海市平凉路第三小学的"学习契约"就是教师根据课程标准和学生不同的兴趣、爱好和特长,由教师和学生共同签订的一份特殊"学习约定"。这份"学习约定"由教师、学生、家长共同协商,为孩子"量体裁衣",规划学习目标,定制学习计划。在履行"契约"的过程中,教师要为学生准备不同的学习资料,布置不同的弹性作业,学习结果由学生、家长和教师共同评价。由于学生的学习情况各不相同,所以

每一份"学习契约"都是根据学生的个体特点而度身定制的,它最大限度地满足了学生的个性化学习需求。[①] 我们在此基础上,形成了符合本校实际的做法:

1. 明确需求。学期初,以教师推荐、学生自愿、家长支持为原则,确定"心根学习"的对象。然后了解学生特点,明确学习需求,启动"心根学习"。

2. 确定目标。教师、学生和家长根据学生的学习兴趣、需求及现实水平,共同商讨,制定切实可行的目标。

3. 制订契约。结合学生实际,学生在教师指导下,与家长一起商定学习计划,制订学习契约。在制订契约的过程中,教师、家长引导学生对预期目标、资源保证等进行斟酌、验证,教师再逐一审核,确保契约的可行性。具体如下(见表1-20)。

表1-20 邮政路小学"心根学习"契约

课程名称					
学　　生			班　　级		
起始日期			结束日期		
学生现状分析及学习需求					
学习目标					
学习活动与进度安排					
评　价	自　评		家长评		教师评
签　名	学　生		家　长		教　师

4. 履行契约。家长指导或学生自主按照学习契约的要求开展学习;教师利用、开发和整合各种课程资源,为契约的履行提供支持,并给予即时的指导、点拨;教师、家长共同对其学习过程进行检查。教师适时通过测试、展示、观察等了解学生学习情况,及时做好学习资源的提供、策略的指导、目标和进度的修正、过程的调控等。

5. 契约评价。学期末,学生完成契约中的学习目标,学生、教师、家长三方共

[①] 郑小燕,商凌丽. 上海市杨浦区平凉路第三小学:让课程绽放于学生心灵[J]. 现代教学, 2018(11):14.

同对学习效果进行评价,学生实现个体发展。当一个单元的"心根学习"任务完成后,继续签约,进行下一个单元的"心根学习"。

(二)"心根学习"的评价要求

"心根学习"的评价要求见表1-21：

表1-21 邮政路小学"心根学习"评价表

评价维度	评价内容	评价标准	评价方式
过程性评价	学生参与"心根学习"的积极性	积极参与"心根学习",认真记录、整理学习的知识。	1. 根据学生在"心根学习"中的阶段表现,结合积极性、参与度等,划分等级进行记录。 2. 按照学习契约中的要求,对照实施标准,对活动实施的各个环节进行检测,根据活动完成情况,对"心根学习"的效度进行过程评估。 3. 举办"心根学习"成果评比展示,记入学生成长记录袋中,其结果纳入综合素质评价体系。 4. 通过问卷调查和座谈等方式,面向学生家长,对"心根学习"的效果进行评估。
	学生在"心根学习"过程中的资料收集、记录和整理		
目标性评价	活动完成的情况	教师的工作以及学生的活动完成能符合"心根学习"师生共同制定的目标。	
	教师工作的有效性评价		
发展性评价	学生参与"心根学习"之后的收获	在"心根学习"的同时提升自我效能感以及成就感,实现"心根学习"认知的深度体验。	
	"心根学习"过程中认知体验及情感体验		

总之,课程建设离不开学校文化的滋养。学校的"心根教育"教育哲学,应融汇在学校课程建设的各个层面,引领课程建设,引领教师发展,引领学校文化。

第二章

灿烂精神：学校课程的立场确定

精神灿烂,阐释的是学生对人生意义的追寻。人生的意义不是别人赋予我们的,而是自己创造的,人既可以是人生意义的创造者,也可以是人生意义的破坏者。教师通过课程引导学生创造人生的意义,追求崇高、纯粹、伟大等品格,创造教育的意义,创造学生当下和未来的意义,同时,培养教师自身的人格,让师生的精神共同灿烂。

精神灿烂,阐释的是学生对人生意义的追寻。人生的意义不是别人赋予我们的,而是自己创造的,人既可以是人生意义的创造者,也可以是人生意义的破坏者。教师通过课程引导学生创造人生的意义,追求崇高、纯粹、伟大等品格,创造教育的意义,创造学生当下和未来的意义,同时,培养教师自身的人格,让师生的精神共同灿烂。从伦理学上看,精神灿烂阐释的是教育的道德意义。教育是科学,要求真;教育是艺术,要求美;教育是事业,要求奉献和创造。这背后深蕴着一个重要判断:教育首先是立德事业,教师首先是道德教师。[①] 立德树人,让师生精神丰富起来,灿烂起来。从心理学上看,精神灿烂阐释了育人目标的新内涵:阳光灿烂绝不只是学生一个年龄阶段的特征,更为重要的是通过建设课程去丰富人的心理状态、精神状态。精神灿烂,让师生永远守望美好。

让每一个生命都成为灿烂的、等待绽放的花朵。心灯式课程建设,给孩子提供适合的土壤、阳光、养料和环境,让孩子自然地、不断地生长,绽放独特的美,闪耀光芒。"向阳而生,灿烂成长"的教育追求,遵循着"课程育人"的"辩证统一",即实施"刚柔并济"的课程管理,追求"和而不同"的课程文化,建构"动静相宜"的品质课程,打造"实活统一"的对话课堂,成就一所精神璀璨的校园。

➡ 育人坐标
南昌市十九中教育集团光明学校

南昌市十九中教育集团光明学校位于青山支路26号,是直属于南昌市东湖区教育科技体育局的九年一贯制义务教育学校。学校创办于1958年,前身为南昌发

[①] 成尚荣.做一个精神灿烂的人[J].教育,2018(6):9.

电厂子弟学校,2007年1月由东湖区人民政府接管,更名为南昌市光明学校。2018年5月,学校加入了南昌市十九中教育集团。学校现有教职工46人,其中,省学科带头人1人、省骨干教师1人、市学科带头人1人、市骨干教师3人、市教学能手1人;中小学高级教师14人。有16个教学班,其中包括小学12个班,中学4个班。在校生653名,其中小学生511名,中学生142名。近年来,学校被评为:南昌市心理健康教育示范校、中部八省心理健康教育示范校、南昌市文明单位、南昌市德育示范学校、南昌市绿色学校、全国校园足球示范校。

第一节　生命在这里闪光

一、学校教育哲学

我们的课程源于社区文化,传承办学历史,契合教育本质。南昌市光明社区是全国优秀社区。2016年2月,习近平总书记来到光明社区,实地视察社区工作并给予了肯定。社区群众欢欣鼓舞,社区面貌焕然一新。南昌市光明学校正是坐落在宁静温馨的光明社区里,继承了光明社区优秀的文化传统。"灿烂教育"的"灿烂",由"光明学校"中的"光明"一词引申而来。灿烂代表的是一种美好,一份希望。教育就是一种唤醒,是一种影响。基于个体实际,每天进步是一种"灿烂",认识自我是一种"灿烂",超越自我是一种"灿烂",彰显个性是一种"灿烂",欣赏他人是一种"灿烂"。

我们认为,"灿烂教育"是彰显美好的教育,要让每个孩子全面发展;"灿烂教育"是孕育希望的教育,要让每个孩子像星星一样璀璨;"灿烂教育"是唤醒生命的教育,要让每个生命像花朵一样绚丽;"灿烂教育"是超越自我的教育,要让师生奋发向上变得更加优秀。"灿烂教育"就是要让生命闪光,让人生灿烂;"灿烂教育"就是要唤醒个体的潜能,让学生在学习的过程中找到自己的闪光点,悦纳自我,不断成长。基于此,我们将学校的办学理念确定为:让生命绽放光芒。

我们的教育信条

我们坚信,

每一个生命都是灿烂的；
我们坚信，
每一个生命都是独一无二的；
我们坚信，
每一个孩子的个性都值得尊重；
我们坚信，
灿烂教育就是光明学校最美的教育；
我们坚信，
发现生命的闪光点是教育的神圣使命。

二、学校课程理念

每一个生命都是灿烂的，都是一朵等待绽放的花朵。学校课程建设，就是要给孩子提供适合的土壤、阳光、养料和环境，让孩子自然地、不断地生长，绽放独特的美，闪耀光芒。基于"灿烂教育"的教育哲学，我们将学校的课程理念确定为：生命，在这里闪光。这意味着：

——课程是生命的滋养。学校课程，犹如满汉全席，为孩子们生命成长提供了多种营养。同时，每一个孩子都是独特的，他们所需的营养也是因人而异的，他们有自主选择营养的权利和机会。丰富而灿烂的课程如春之雨露、夏之清风、冬之暖阳，为的是每一个孩子的秋之收获。

——课程是生命的场景。课程的价值追求就是生命的成长。课程的展开过程就是师生以其本真状态投入生命的过程。因此，生命呈现出的所有场景都是课程，包括学生的足迹所在，以及人际关系所在。课程应注重从学生的足迹所在和人际关系所在入手，发现课程、设计课程，让学生在真实的生命成长过程中得到发展。

——课程是丰富的经历。经历让孩子们的生命变得灿烂。课程旨在为孩子提供获得各种各样经历的机会和平台，在互动交流中、在体验操作中、在角色演练中获得发展。

——课程是个性的丰满。每一个孩子都是独一无二的，每一个生命都是闪光的。灿烂课程是为了帮助学生更好地认识自己,发现自己。同时,也会为学生提供展示的舞台,让每一个孩子树立自信、彰显个性。

总之,我们要为每一个灿烂的生命点赞,我们要为每一个生命点亮心灯。因此,我们将"灿烂教育"下的光明学校课程模式命名为"心灯式课程"。

第二节 让每一个生命绽放光芒

一、学校育人目标

"灿烂教育"旨在培养"有情、有义、有胆、有识、有趣"的光明好少年,让每一个生命绽放光芒。具体内涵如下:

有情:家国情怀。有情就是热爱学校,热爱家乡,热爱祖国,具有对中华民族的归属感、责任感和使命感,尊重不同国家和民族的文化差异,既有浓郁的民族情怀,又有开放的国际视野。

有义:正直诚信。有义就是做人做事要诚实守信,善良正义。在实践中树立正确的价值观、人生观和世界观。

有胆:阳光健康。有胆就是坚持参加体育锻炼,拥有一个强健的体魄。对生活充满热情,有阳光心态,正确对待自己和他人。

有识:智慧博学。有识就是热爱学习,有良好的学习习惯,具有探究意识和创新精神。既能牢固掌握课内知识,又能广泛涉猎课外知识,并熟练地将所学运用于实践,解决各种问题。

有趣:兴趣多元。有趣就是对艺术课程拥有浓厚的兴趣,将艺术与生活相结合,形成良好而广泛的兴趣爱好,初步具有一定审美情趣和美学观念,具有发现美、欣赏美、创造美的能力。

二、学校课程目标

"灿烂教育"是回归生命原点的教育追求,我们遵循着"灿烂教育"的"辩证统一",即实施"刚柔并济"的课程管理,追求"和而不同"的课程文化,建构"动静相宜"

的校本课程,打造"实活统一"的对话课堂。我们将"灿烂教育"育人目标细化成如下分年级课程目标,力求在课程教学中培养"有情、有义、有胆、有识、有趣"的光明好少年(见表2-1)。

表2-1 光明学校课程年级段目标表

目标\年段	低年级	中年级	高年级	七八年级	九年级
有情:家国情怀	1. 了解自己的学校,初步引导学生热爱自己的学校。 2. 初步认识家乡,对自己家乡有认同感。 3. 初步了解自己的祖国,热爱自己的祖国。	1. 认识自己的学校,引导学生热爱自己的学校。 2. 了解自己的家乡,熟悉家乡的风土人情,培养学生热爱家乡的情感。 3. 初步引导学生感受祖国山河的美好,初步形成对中华民族的归属感和自豪感。	1. 了解自己的学校校史和文化底蕴,热爱自己的学校。 2. 了解自己的家乡,熟悉家乡的风土人情,对家乡怀有浓厚的热爱之情。 3. 引导学生感受祖国山河的美好,具有对中华民族的归属感和自豪感,尊重不同国家和民族的文化差异,初步形成开放的国际视野。	1. 了解自己的学校校史和文化底蕴,热爱自己的学校。 2. 热爱家乡,能感受家乡的美,对家乡怀有赞美之情。 3. 热爱祖国,加强对青少年学生的中华优秀传统文化教育,以家国情怀教育、社会关爱教育和人格修养教育为重点,着力完善青少年的道德品质,培育理想人格。	1. 认同自己的学校校史和文化底蕴,热爱自己的学校,并能用自己的方式表达赞美之情。 2. 热爱家乡,能感受大自然的美,并用自己的方式表达赞美之情。 3. 热爱祖国,加强对青少年的中华优秀传统文化教育和家国情怀教育。激发内心深处的爱国、担当、责任等崇高情感,更注重自己的兴趣、特长,乃至人生规划、社会责任等。

续　表

目标\年段	低年级	中年级	高年级	七八年级	九年级
有义：正直诚信	1. 遵守小学生行为规范的要求，品行端正。 2. 明理诚信，逐步养成良好的思想品德。	1. 了解并熟记小学生行为规范的要求，遵守规则。 2. 理解做人要诚实守信的道理，通过观察感知生活中的诚信之美，并在实际生活中运用，学习做讲诚信的人。	1. 理解小学生行为规范的要求，遵守规则并能提醒他人遵守规则。 2. 理解做人要诚实守信的道理，学习做有诚信的人。结合自己生活中的事例，收集社会生活中关于诚信的事例，进行比较分析。在实践中树立正确的价值观、人生观和世界观。	1. 理解中学生行为规范的要求，遵守规则并能提醒他人遵守规则。 2. 为人正直真诚、有礼貌；能看得到别人的长处，善于赞美别人；有规则意识，守时诚信，能接受别人帮助，懂得感恩并学会尽自己的能力帮助别人。	1. 理解中学生行为规范的内涵，熟记中学生行为规范，遵守规则并能提醒他人遵守规则。 2. 为人诚实守信，树立正确的世界观、人生观和价值观，加强理想、法制、品德教育，明确学习目的，遵纪守法，遵守诚信公德，为"振兴中华、实现四化"而发奋读书。
有胆：阳光健康	1. 认真上好每一节体育课，认识到健康的重要性。 2. 乐于助人，拥有阳光健康的心态。	1. 多与同学做游戏，多参加体育运动，养成健康的体魄。 2. 了解自己的特点，发扬自己的优势，能够正确面对学习和生活中遇到的困难和问题，并尝试自己解决。	1. 坚持锻炼，形成热爱运动的生活方式。 2. 熟知自己的特点，发扬自己的优势，懂得正确面对学习和生活中遇到的困难和问题，具有一定的自我解决问题的能力，并尝试在困难和问题中总结、反思。	1. 发扬体育精神，养成坚持锻炼的习惯，形成热爱运动的生活方式和积极进取、乐观开朗的生活态度。 2. 对学习生活富有热情和兴趣，常抱有乐观心态，充满自信，遇到困难不气馁，养成善于思考的习惯。	1. 积极参加体育社团活动，坚持1至2项喜爱的体育健身项目；锻炼强健体魄，健康成长。 2. 培养阳光心态，认知自己的优点，自信大方，正确对待不足，努力改进，争取进步。

续 表

目标\年段	低年级	中年级	高年级	七八年级	九年级
有识：智慧博学	1. 上课认真听讲，养成按时按量完成作业的习惯。 2. 从小养成热爱书籍、热爱阅读的好习惯，从中体会到读书给自己带来的快乐。	1. 学会合理安排时间，养成良好学习习惯，课内知识灵活掌握。 2. 课外知识涉猎丰富。在学习和生活中具备一些基本技能。	1. 能合理安排时间，有良好的学习习惯，课内知识掌握扎实。 2. 课外知识涉猎丰富，在阅读中感受人物性格，体会作者的思想感情，初步领悟文章的基本表达方法。	1. 热爱学习，保持浓厚的学习兴趣。掌握初中相应年级段文化课程标准规定的要求。养成较好的听说读写的习惯。 2. 有探究意识，能熟练地将所学运用于实践，解决实际问题，形成良好的学习品质和思维品质。	1. 热爱学习，认真学习课堂知识，培养兴趣，增长见识。 2. 引导学生向先贤学习、向师长学习、向经典学习，培养求知欲，坚定学习的志趣。
有趣：兴趣多元	1. 认真学好美术、音乐课程，掌握小学生艺术类课程标准的要求。 2. 通过折、剪、画来完成一定物体造型，激发学生的审美情趣。	1. 在艺术课程中不断培养自己的兴趣，形成一项艺术特长。 2. 将艺术与生活相结合，充分发挥学生的创造力与想象力，逐步提高学生的艺术水平。	1. 对艺术课程拥有浓厚的兴趣，将艺术与生活相结合，充分发挥学生的想象力。 2. 具有一定的创造能力，能达到一定的艺术水平。初步培养学生欣赏美、创造美的能力。	1. 发掘学生在语言(言语)、数学(逻辑)、音乐、空间、运动、自我认识等方面的能力，培养学生的特长。 2. 形成良好而广泛的兴趣爱好，促进学生健康、全面发展。	1. 深入发掘学生多方面的能力，培养学生的特长。开设选修课、特色课，培养学生多元智能。 2. 改变学习方式，加强兴趣心理，把兴趣作为乐学的基点，引领学生走向可持续发展的学习之路。

第三节　点亮儿童心灯的课程体系

在学校"灿烂教育"的哲学引领下,依据"生命,在这里闪光"的课程理念,构建学校课程体系,让丰富多彩的课程点亮儿童心灯,实现育人目标。

一、学校课程逻辑

我们遵循灿烂教育哲学,秉承"让生命绽放光芒"的办学理念,探索心灯式课程模式,努力将六类课程特色化、校本化、整体化,形成"心灯式课程"逻辑架构,倾情为每一位儿童点亮心灯,从而让"生命,在这里闪光"的课程理念真正落地。具体如下(见图2-1)。

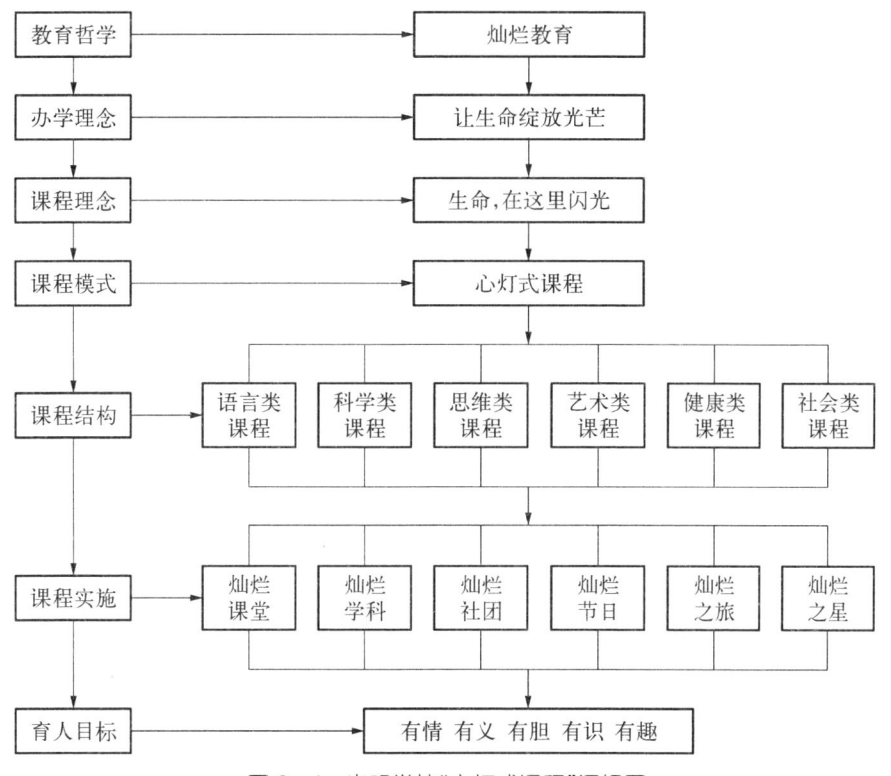

图2-1　光明学校"心灯式课程"逻辑图

二、学校课程结构

"心灯式课程"模式主要由"社会类课程"、"语言类课程"、"思维类课程"、"艺术类课程"、"科学类课程"、"健康类课程"构成。课程的结构框架如下(见图2-2)。

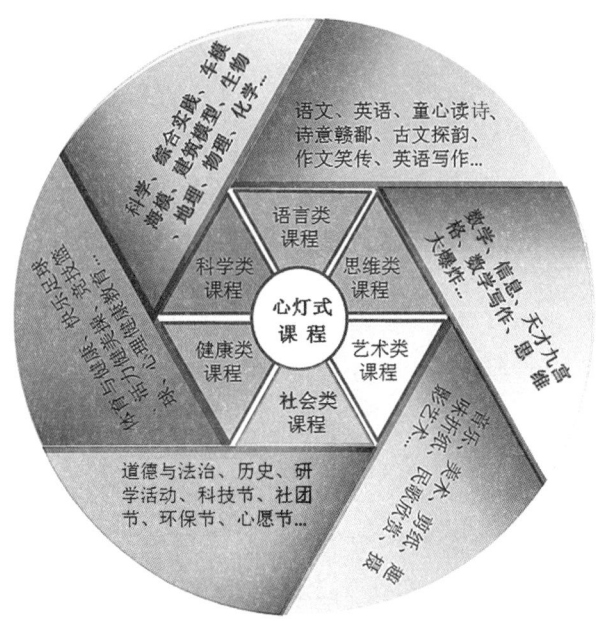

图2-2 光明学校"心灯式课程"结构图

"心灯式课程"通过系列特色课程的开发和实施,将新课程理念融入到课程建设之中,构建学校"灿烂教育"特色,努力实现"生命,在这里闪光"即"个个有价值,人人能成长,我们都是灿烂的明日之星"的课程愿景,在灿烂教育课程的建设与实施中,努力实施课程理念,推进课程改革。利用一切教育教学活动,努力培育学生成长的沃土,在课程、课堂、活动、评价等诸方面努力实现"灿烂教育"的使命:争做"五有"光明好少年,从而让每一个孩子成为祖国未来的栋梁。

三、学校课程设置

在"让生命绽放光芒"的办学理念引领下,在"生命在这里闪光"的课程理念指导下,我们努力做到让我们的孩子成长得更科学、更自然、更自信。"心灯式课程"主要分为六大类,即"语言类":在基础型课程中培养孩子的诵读能力、表达能力、写作能力、英语口语能力等;"思维类":在"动静结合"的拓展型课程中让孩子培养逻辑思维能力和创新能力;"艺术类":在追求艺术之美的过程中,让孩子亲近自然,体验生活,拥有一双发现美的眼睛,表现美的双手,培养孩子的审美能力;"科学类":在科学实践中培养学生的观察能力和动手能力,激发孩子对科学的浓厚兴趣;"社会类":让学生接触社会,体会小公民的职责与义务,培养公德意识;"健康类":通过体育活动和心理健康教育等,使学生拥有健康的体魄和阳光的心理。

我们设置如下分年级段课程(见表2-2):

表2-2 光明学校"心灯式课程"设置表

年级	类别	语言类课程	思维类课程	艺术类课程	科学类课程	社会类课程	健康类课程
一年级	上	语文 日有所诵 童心读诗	数学 信息 趣味变变变	音乐 美术 手撕贴画	科学 综合实践活动 观察植物	道德与法治 我对老师说 我是环保小卫士	体育与健康 活力健美操 花样短绳
一年级	下	语文 每周一诗 看图写话	数学 信息 口算精灵 巧搭配	音乐 美术 美丽花扇 趣味折纸	科学 综合实践活动 趣味七巧板	道德与法治 走进动物园 读书节	体育与健康 宝贝快站好 快乐小足球
二年级	上	语文 日有所诵 小小主持人	数学 信息 趣味搭配 图案我会变	音乐 美术 手指印画	科学 综合实践活动 建筑模型	道德与法治 教师节献礼 走进八大山人纪念馆	体育与健康 活力健美操 飞扬羽毛球
二年级	下	语文 每周一诗 说话写话	数学 信息 小小福尔摩斯 启航算盘手	音乐 美术 趣味吹画 灯会	科学 综合实践活动 观察昆虫	道德与法治 温馨服务在社区 环保节	体育与健康 投掷小健将 快乐小足球
三年级	上	语文 英语 英语入门 漂流日记	数学 信息 重复问题 电脑动漫	音乐 美术 剪纸入门	科学 综合实践活动 航海地理	道德与法治 祖国妈妈我爱你 走进滕王阁	体育与健康 活力健美操 快乐小足球
三年级	下	语文 英语 每周一诗 诗意赣鄱 自然拼读	数学 信息 排列问题 电脑动漫	音乐 美术 可爱线描 小小装饰家	科学 综合实践活动 有趣的植物标本	道德与法治 传统节日我知道 安全节	体育与健康 运球能手 花样长绳

续 表

年级	类别	语言类课程	思维类课程	艺术类课程	科学类课程	社会类课程	健康类课程
四年级	上	语文 英语 快乐英语 诗情画意	数学 信息 烙饼问题 抽奖中的学问	音乐 美术 立体剪纸 巧编妙织	科学 综合实践活动 航海模型	道德与法治 爱国歌曲比赛 走进八一起义纪念馆	体育与健康 活力健美操 快乐小足球
四年级	下	语文 英语 每周一词 诗意赣鄱 微型作文	数学 信息 鸡兔同笼 挑战大脑	音乐 美术 神奇彩泥 剪窗花	科学 综合实践活动 昆虫标本我来做	道德与法治 博物馆里真奇妙 科技节	体育与健康 军体拳 竞技篮球
五年级	上	语文 英语 非常口语 快乐阅读	数学 信息 魔力训练 拼图大赛	音乐 美术 精美贺卡 巧手雕塑家	科学 综合实践活动 宇宙奥秘	道德与法治 走进翠林高尔夫球场 设计秋游方案	体育与健康 活力健美操 快乐小足球 竞技篮球
五年级	下	语文 英语 每周一词 古文探韵	数学 信息 天才九宫格 拳头的体积	音乐 美术 创意剪纸 小小设计师	科学 综合实践活动 车辆模型	道德与法治 心愿节 新年新气象	体育与健康 有趣的拓展运动 接力跑
六年级	上	语文 英语 快乐英语阅读 作文笑传	数学 信息 思维大爆炸 小数点大学问	音乐 美术 创意图形 环保小卫士	科学 综合实践活动 航空模型	道德与法治 走进李渡酒厂 环保节	体育与健康 活力健美操 快乐小足球 竞技篮球
六年级	下	语文 英语 古文探韵 每周一曲 快乐英语写作	数学 信息 玩转数学 做时间的主人	音乐 美术 剪纸的应用 学做中国结	科学 综合实践活动 科技达人秀	道德与法治 饮食文化 社团节	体育与健康 我是健身达人 我运动我快乐
七年级	上	语文 英语 美式学舌 写作	数学 信息 无线电小制作	美术 音乐 图形联想 创意 即兴节奏创编	生物 地理 综合实践活动	道德与法治 历史 我看网络	体育与健康 中学生心理适应 军训

续 表

类别 年级		语言类课程	思维类课程	艺术类课程	科学类课程	社会类课程	健康类课程
七年级	下	语文 英语 英语课外阅读 脱口秀	数学 信息 课外实践社团	音乐 美术 即兴节奏创编 趣味剪纸	生物 地理 天空奥秘	道德与法治 历史 国防教育 中国人文	体育与健康 青春飞扬 灵动乒乓球
八年级	上	语文 英语 语文阅读欣赏 英语阅读	数学 趣味数学 "空"想大师	美术 音乐 趣味连环画 民歌欣赏	物理 生物 地理 从生活走向物理	道德与法治 历史 社会调查	体育与健康 青春期教育 灵动乒乓球
八年级	下	语文 英语 英语口语 英美知识大爆炸	数学 生活中的"圆" 数学应用家	音乐 美术 民歌欣赏 摄影艺术	物理 生物 地理 综合实践活动 生活中的简单机械	道德与法治 历史 塑造青春自我	体育与健康 体质我最强 长跑健身社团
九年级	上	语文 英语 语文朗诵社团 英语情景剧俱乐部	数学 数学写作 奇妙的函数原理	美术 音乐 剪纸组画	物理 化学 综合实践活动 奇妙的电磁现象	道德与法治 历史 时政风云	体育与健康 考前心理辅导 长跑健身社团
九年级	下	语文 英语 英语口语社团 英语写作俱乐部	数学 数学总动员 中考数学知识点	音乐 美术 包装设计师	物理 化学 化学实验操作 备战中考物理实验操作	道德与法治 历史 历史课外活动	体育与健康 我的收获 中考体育集训

第四节　让儿童沐浴在灿烂的阳光里

课程实施就是让学生经历快乐成长的过程,让教师享受教育幸福的历程,让学校彰显育人特色的进程。光明学校从"灿烂课堂"、"灿烂学科"、"灿烂节日"、"灿烂之旅"、"灿烂社团"、"灿烂之星"六方面入手,践行"灿烂教育——让生命绽放光芒"的理念,落实"心灯式课程",让每个儿童都沐浴在灿烂的阳光里,见证"生命,在这里闪光"的发生。课程评价就是引领"心灯式课程"开发的启明星,把握六大类课程设计的风向标,支撑课程实施效果的"伞骨架"。课程的实施与评价体现了学校对课程理念的贯彻与执行,是通过课程行动将课程的意识形态转化为老师和学生的行动的过程,从而实现课程内在的意义。

一、构建"灿烂课堂",扎实实施学科基础课程

"灿烂课堂"是我校"灿烂教育"文化基因的产物和实践创新。它明确指向全面育人的思想,让每一个孩子变得更灿烂;聚焦核心素养问题,培养学科思想,发展综合素养,在核心素养中求灿烂。在具体操作上,"灿烂课堂"的教学目标为:厘定是科学的、指向是学科的、描述是具体的、制定是适切的。

(一)"灿烂课堂"的具体操作

"灿烂课堂"的实施,是在日常教学的基础上,充分发挥学生的主体地位,满足学生探求知识的欲望;展现课堂教学的真实性,体现教师教学的艺术性,增进以课堂教学为主的教育综合效率。在具体操作上,"灿烂课堂"的教学内容基于教材,立足学科素养,将课程变得更丰富,学以致用。它将课堂自主权还给学生,倡导个性化、多样化学习,通过自主自学,合作探究,多元互动,达到和谐共生的课堂效果。结合学校自身情况,在"灿烂课堂"教学准备实施方面,具体计划如下:

1. 扎实开展青年教师培养工作。发挥老带新的传统,采取师徒结对方式,对青年教师,特别是有潜力的青年教师,通过跟踪听课、输送参赛、外出培训的方式,尽快促使青年教师成长为骨干教师,以优化"灿烂课堂"师资队伍。

2. 每周至少开展一次教研活动。活动形式有:听课评课(每周三开展一次听课评课活动),观课赏析活动(播放名师教学录像课,并进行学习赏析交流),专家培训(邀请省市专家来给教师做讲座),阅读好书交流会(开展阅读沙龙活动,推荐好

书),外出学习(参加国家以及外省的教育教学培训),静心阅读活动(开展阅读写作及交流活动),等等。做到不走过场,不流于形式,不浮于表面,努力将各种教研活动开展好,为"灿烂课堂"的实施打下坚实的基础。

3. 依托课题研究,促进家校合作,共创"灿烂课堂"。学校积极开展国家级课题《利用网络平台优化城区小学家庭教育的指导》的研究,通过开设家校育人群,开展网上家长沙龙,开通"光明在线"邮箱,邀请家庭教育专家来校讲座,举办家长沙龙等多种形式,促进家校合作,共同探讨"灿烂课堂"实施新举措。

4. 明确评价标准,规范课堂管理。制定明确的"灿烂课堂"评价标准,并以此规范教师课堂教学,提高"灿烂课堂"教学效果。

(二)"灿烂课堂"的评价要求

在"灿烂课堂"的建构实践中,学校基于对"灿烂"的内涵解读,设计了《光明学校"灿烂课堂"评价表》,具体标准如下(见表2-3)。

表2-3 光明学校"灿烂课堂"教学评价表

类　别	指标	标　准　解　读	效果
教学目标	明确	1. 紧扣课标和学段要求,体现教材特点,切合学情,简单、明确。	
		2. 有机渗透融合,具体、明确、可操作、可检测,直指核心素养。	
教学内容	生成	1. 主线清晰,重难点突出;结构合理,循序渐进。	
		2. 能够根据内容分配时间,单位时间效率高。	
		3. 课堂立足学科素养,教学内容丰富。	
教学方法	智慧	1. 将课堂自主权还给学生,倡导个性化、多样化学习,实行自主自学,合作探究,多元互动,和谐共生等多种学习方式。	
		2. 切实贯彻"以学定教"原则,最大程度地了解学生学习中遇到的问题,并对问题进行梳理归纳,聚焦问题。	
		3. 教师善于引导、鼓励学生质疑,培养学生的质疑能力。学生在课堂中敢于质疑,并表现出一定的质疑能力。	
		4. 学习目标问题化,以明确的学习任务作为启动和组织学生学习活动的操作把手,激发学生探究新知的热情。	

续 表

类　别	指标	标 准 解 读	效果
教学文化	灿烂	1. 用问题引领,指导学生探究,学生自主探究时间充分。	
		2. 教师参与学生探究活动,能兼顾到各个层面的学生。	
		3. 学生参与展示交流时,态度积极,参与面广,参与度深。	
		4. 学生在自学和展示的过程中,体现合作、探究、实践、质疑等学习方式;学生能够恰当评价;教师进行适时引导,关注有效生成,问题获得解决。	
本课的亮点:		独特的感受:	

二、建设"灿烂学科",积极推进学科拓展课程

"灿烂教育"以"灿烂学科"来推进学科特色课程的建设和实施。学科特色课程是指由教师根据国家基础课程来自主开发的课程,形成了"1+X"的课程群。"1"指的是一门基础型课程,"X"指的是教师围绕基础课程自主开发的基于儿童需求,指向核心素养,突出学科特点的多门延伸课程。

(一)"灿烂学科"的建设路径

为打造"灿烂学科1+X"课程群,我校紧抓"灿烂教育"育人目标,即有情:家国情怀;有义:正直诚信;有胆:阳光健康;有识:智慧博学;有趣:兴趣多元,进行课程设置。一方面通过挖掘学科内部或学科之间的逻辑来构建专业的学科课程群;另一方面充分利用地域特色来开发形成多门学科。[1] 教师根据对学科的独特理解,挖掘学科的独特优势、独特资源来开发课程,形成特色课程群。目前,分为语言类课程、思维类课程、艺术类课程、科学类课程、社会类课程、健康类课程这六大"灿烂学科",以此发掘学生特长,促进学生全面发展。以一年级为例,"1"即语文学科课程,"X"即在语言类课程中按照学段特点开发的一系列新学科,比如每周一诗、日有所诵、童心读诗、看图写话。以此类推,来开发所有年级课程。教师可自主申报

---

[1] 任学宝.核心素养培育要落实到学科教学的四个层次[J].人民教育,2017(Z1):55-59.

开发"X"课程,经课程领导小组评估后,按计划开展。

(二)"灿烂学科"的评价要求

"灿烂学科"是有效实施课程的主要途径,也是学校课程评价的主要靶点,学校通过教师和学生两个层面对"灿烂学科"的实施效果进行评价(见表 2-4、表 2-5)。

表 2-4 光明学校"灿烂学科"评价量化表(教师)

学科名称			
开 发 者		合 作 者	
实施对象		课时总数	
评价项目	评 价 要 求	评价分数	
学科开发目的意义 20%	与国家地方课程的联系密切	3	
	对学生各方面素质提高的意义	7	
	是否实现"五有"目标	5	
	对学生相关能力培养的意义	5	
学科目标的确立 20%	目标明确、清晰	7	
	知识目标、能力目标和情感目标	6	
	考虑到学力分层的因素,贯彻因材施教的原则	7	
学科内容 40%	内容组织得好,层次分明,教材框架清晰	10	
	内容科学、启发性强,突出能力	15	
	新科技、新观点、新教学思想含量高	15	
学科课程评价 20%	评价可操作性强,方法科学,具有激励性和制约作用	20	
评价结论		课程领导小组签字:	
建 议		课程指导专家签字:	

表2-5 光明学校"灿烂学科"评价量化表(学生)

评价项目	具体内容	评价等级 A	评价等级 B	评价等级 C	自评
情感态度	积极参与学科活动,自觉遵守纪律				
	善于观察、主动提出问题、建议				
	不怕困难、勇于克服				小组评价
合作交流	主动和同学配合、相互合作				
	乐于帮助同学、资源共享				
	认真倾听同学的观点和意见、大胆发表个人观点				
	对班级和小组的学习作出贡献				家长评价
学习技能	善于发现问题、提出问题,构思活动方案				
	会用多种方法搜集、处理信息				
	实践方法、方式多样				
实践活动	积极动脑、动口、动手参与				教师评价
	会与别人交往				
	活动有新意,能将多元化的兴趣拓展到其他学科				
	能把所学知识与实际相联系				
成果展示	论文、调查报告等				
	标本、竞赛、汇报、图片、视频				
	成果及获奖情况				

三、丰富"灿烂社团",全面优化兴趣爱好课程

社团是由具有共同爱好和特长的同学凝聚在一起而形成的。大家在共同目标的鼓舞下,集思广益,互相鼓励,互相配合,组织丰富多彩的社团活动,充满了创新的活力。开展"灿烂社团"课程是我校培养有情、有义、有胆、有识、有趣的新时代学生的需要。能够提升学生的主体性,注重学生的学习经验,促进学生全面、和谐而有个性地发展。

(一)"灿烂社团"的具体操作

"灿烂社团"主要是以"中外社团"、"思维体操"、"手工能手"、"运动健将"、"科技达人"、"艺术之星"为专题来组织开展社团活动。

1. 以"中外社团"为平台,推动语言类课程。 在语文和英语学习中让学生感受语言魅力、了解异邦文化,注重语言材料的积累和朗读能力的培养,关注兴趣的培养、态度的端正和习惯的养成。以有效的活动方式激发学生学习兴趣,以生活语境让学生感受异国文化,培养学生用英语交际的能力及合作意识。如,中文社团可以利用课本剧社团的"品三国 学成语"、"故事会"、"小绘本 大世界",朗诵社团的"诵经典诗文,写规范汉字"等活动,抓住语言文字中的核心素养,培养学生学语言、用语言的语感,孕育"灿烂学子"。外文社团可以通过"西方节日文化"、"西部风光"、"英语歌曲联唱"等英语社团活动,让孩子感受异域文化,促进文化交流。

2. 以"思维体操"为抓手,发展思维类课程。 思维体操社团重在让学生在熟悉的生活情境中理解数的意义;设计各种数学思维类的综合实践活动,让学生在解决实际问题的过程中,积累对运算的感性认识。让学生通过观察、动手操作等活动,获得对简单几何形体的直观经验,形成初步的空间观念。如,可以通过思维体操社团的"七巧板中的数学"、"新思维训练"、"快乐数字"、"小小数学家"等活动让学生逐步体会数学与日常生活的密切联系,初步了解数学的价值,感知数学知识的趣味性,感受数学思考的条理性,抓住理性思维的着力点,培养学生思维的能力。

3. 以"手工能手"为目标,落实社会类课程。 首先,研究表明,动手做得越多,能够学到的东西就越多。因此,手工活动是学生求知的途径,能够有效地促进大脑发育,同时还能够为学生带来精细动作能力的锻炼,使思维意识和肌肉运动统一协调,让学生的动手能力得到循序渐进的提高。其次,手工活动也能够培养学生的观察力、创造力、想象力。他们会在做手工的过程中逐渐养成细心观察周围事物的习惯,越来越精准地抓住事物的特征。从模仿到创作的手工活动,正是创造力不断提升的过程。再次,做手工能够让人变得更加乐观积极,生活充满乐趣。手工活动会带来丰富的故事环境,在这样的环境中,学生更容易排解各种不良情绪,每次手工活动相当于一次小规模的实现理想的历程,过程中充满各种因素,学生可以体验丰富的场景,提高沟通能力。无论是独自做手工,还是亲子手工,或是小朋友们的集体手工,其中都不会缺少交流,在过程中能够丰富人际交往经历。手工小礼物的互赠,更直接地增加了彼此之间的情感联系。基于开展手工活动的诸多益处,我校彩泥社团将彩泥制作与学生喜爱的元素紧密联系,创作出了"青青草原"、"加菲猫"、"吉祥龙"、"孔雀开屏"、"宝宝的满意早餐"、"母亲节的礼物"、"多彩水果"等一系列受学生欢迎的作品,使学科知识真正服务于学生的生活,产生真正的学习环境和氛围。

4. 以"运动健将"为主题,落实健康类课程。 为激发学生体育锻炼的热情,培养学生强健的体魄,磨炼学生坚毅的品格,我校开展了丰富多彩的体育社团活动。如:"篮球社团"、"乒乓球社团"、"足球社团"、"三棋社团"、"长跑健身社团"等,同时还积极举办各大赛事,开展全校趣味体育活动,评选出"运动健将"、"体育小明星"等体育达人,掀起全校"阳光运动"的高潮,营造出向上、灵动、健康、自信的体育活动氛围。

5. 以"科技达人"为契机,推进科学类课程。《国家中长期教育改革和发展规划纲要(2010—2020 年)》中指出,推进素质教育、培养创新精神仍然是纲要精神落实的战略主题之一。为了更好地落实纲要精神,提升光明学校学生的创新素养,我校开始实施"科技达人"计划。结合我校实际情况和办学特色,以光明学校课程规划方案为指导,形成"思维探究类"课程群。

通过"科技创新年"、"寻找科技达人"等社团活动,激发学生对科技的兴趣,提升合作能力和实践能力;在未来教室和智慧校园的平台上进行"创客教育",培养创新精神;利用"科幻画"、"科技小制作"、"海模"、"建模"、"车模"等特色社团,提高学生的科学素养及运用科学知识解决问题的能力。

6. 以"艺术之星"为舞台,实现艺术类课程。 以争当"艺术之星"活动为基础,构建"艺术审美"类课程。围绕保证学生艺术活动时间、拓展学生艺术活动空间、丰富学生艺术活动的原则,我校开展了"舞蹈社团"、"古筝社团"、"鼓号队社团"、"剪纸社团"。使艺、体相辅相成,有效浸润光明学子的美好心灵。

(二)"灿烂社团"的评价要求

"灿烂社团"主要是从社团机构与管理、活动组织与开展等方面进行评价

(见表 2-6)。

表 2-6 光明学校"灿烂社团"评价细目表

项目	"灿烂社团"指标	得分	评估方式
社团机构与管理	1. 社团管理体制完善,机构设置合理,制定符合学生实际的社团建设实施方案。		1. 实地查看 2. 材料核实 3. 师生座谈 4. 活动展示
	2. 建立、健全并严格执行社团各项规章制度。		
	3. 社团会员人数适中,规模适度,成员资料档案齐全。		
	4. 指导教师认真负责。		
	5. 学生社团要突出学生的主体性和创造性,使学生在社团活动中自治自理、健康发展。		
	6. 社团活动空间固定,环境良好,有相应的文化建设。		
	7. 经常并定期开展社团活动,组织有序、记录完善。		
活动组织和开展	8. 社团活动内容丰富,形式多样,体现实践性和综合性,有利于培养和锻炼学生多方面的素质,表现校园文化精神。		
	9. 社团成员或集体活动成果显著。		

四、创新"灿烂节日",努力营建节庆文化课程

"灿烂节日"课程是灿烂课程的一个子项目,需要丰富的课程内涵来支撑。为使校园文化氛围更加浓厚,我校以"传统节日课程"、"现代节日课程"、"校园节日课程"为互动主题,努力营建校园文化课程。

(一)"灿烂节日"的具体操作

1. 传统节日课程。 传统节日具有丰富的文化内涵,通过课程系统的传递,可以使传统文化变得可感可触,生动形象。因此,我们以节日课程为依托,通过体验节日文化习俗,开展"精神寻根"。学校"灿烂节日"的"传统节日课程"设置如下(见表 2-7)。

表2-7 光明学校"灿烂节日"之传统节日课程设置表

月份	节日	主题	活动
一月	春节	浓浓的团圆情	剪窗花、写对联、手抄报
一月	元宵节	烈烈的思乡情	赏花灯、猜灯谜、手抄报
三月	清明节	深深的思念情	献花、扫墓、网上祭英烈、手抄报
五月	端午节	强烈的爱国情	包粽子、念屈原、手抄报
八月	中秋节	淳淳的民族情	手抄报、绘月亮、讲故事
九月	重阳节	真真的敬老情	进社区、敬老人、献孝心

2. 现代节日课程。 现代节日包含着人们对美好生活的寄托和希望,我们开展"现代节日课程",引导学生关注生活,增强生活仪式感。学校"灿烂节日"的"现代节日课程"设置如下(见表2-8)。

表2-8 光明学校"灿烂节日"之现代节日课程设置表

时间	节日	主题	活动
一月	元旦	新年新气象	1. 制作一份新年规划 2. 订下一个小小目标
三月	妇女节	我爱妈妈	1. 亲手给妈妈制作一张贺卡 2. 对妈妈说一句暖心的话 3. 为妈妈做一件力所能及的事
五月	劳动节	劳动最光荣	1. 我是社区服务小能手 2. 我身边的劳动模范 3. 评选班级劳动小模范
六月	儿童节	少年强则国强	1. 亮亮我的成绩单 2. 才艺展示
七月	建党节	我是优秀少先队员	1. 学习党的历史 2. 学画党旗、党徽
八月	建军节	拥军爱军	1. 走进军队 2. 革命故事比赛
九月	教师节	老师,您辛苦了	1. 出一版敬师黑板报 2. 我给老师做贺卡 3. 说一句感谢老师的话

续　表

时间	节日	主题	活动
十月	国庆节	祖国妈妈我爱你	1. 学唱国歌 2. 国旗国旗我爱你 3. 爱国歌曲合唱比赛
十一月	感恩节	谢谢爱我的人	1. 对爱我的人说声"谢谢" 2. 为爱我的人做件力所能及的事
十二月	圣诞节	圣诞老人我来当	1. 亲手制作圣诞礼物 2. 分享我的礼物

3. 校园节日课程。校园节日是以学生的校园生活为依托，由学生自主设计的校园文化课程，节日课程充满了仪式感，增强了学生的责任心和参与度。学校"灿烂节日"的校园节日课程设置如下(见表2-9)。

表2-9　光明学校"灿烂节日"之校园节日课程设置表

月份	节日	主题	活动
一月	心愿节	我有一个小心愿	1. 制作心愿卡 2. 收集心愿箱
三月	好事节	我来学雷锋	1. "雷锋故事我来讲"故事会 2. 身边好人榜
四月	读书节	经典伴我成长	1. 每周一诗(词) 2. 阅读分享会 3. 经典片段剧表演、经典诵读
五月	环保节	我是环保小卫士	1. 垃圾分类我宣传 2. 节能减排我先行
六月	跳蚤节	我是小商人	将自己闲置的物品拿来义卖
九月	建筑节	了解我们的学校	1. 认一认学校的布局 2. 设计我的学校
十月	收获节	我是小富翁	1. 展示种植的成果 2. 分享种植时的经验、心情
十一月	动物节	研究一种小动物	1. 我最喜欢的小动物 2. 饲养一种小动物 3. 我的小动物展

续 表

月份	节日	主题	活动
十二月	法制节	我是小法官	1. 知法小宣传展 2. 用法来维权案例宣讲 3. 模拟小法庭

(二)"灿烂节日"的评价要求

我们根据"灿烂节日"的内涵,以评选"最受欢迎的灿烂节日"为契机,设计了以下评价表(见表 2-10)。

表 2-10　光明学校"灿烂节日"课程评价实施表

评价指标	评价内容	评价分值
主题	1. 主题鲜明、立意新颖、寓意深刻 2. 主题具有时代性、科学性、针对性、实效性、教育性 3. 根据学生身心发展和成长中遇到的共性问题确定主题	
目标	1. 目标明确,有明确的导向性和时代性 2. 达到学生情感态度价值观的转变 3. 学生有认识、有感悟,自我教育能力得到增强,能促进学生身心健康发展	
内容	1. 贴近社会现实、贴近学生实际生活、符合学生身心发展规律 2. 紧扣主题,准确定位 3. 分出层次,突出重点	
实施	1. 情景设计合理、操作性强,能体现综合运用知识的能力 2. 要依据所确定、分解、细化的具体内容选择活动 3. 按照"近、亲、实"的原则选择活动 4. 采取多种形式呈现 5. 设置拓展性的、开放性的、能给予学生思考空间的问题,引导学生体验和感悟 6. 面向全体学生,关注学生的个性和差异,注重培养学生的实践能力,教育作用明显 7. 师生互动,学生参与面广,能充分体现学生主体、教师主导的新课程理念 8. 活动设计有特色有创意,体现课程的实践性、自主性、综合性、创造性和趣味性	

续 表

评价指标	评 价 内 容	评价分值
方式	1. 新颖、独特、多样,让学生充分展示自我 2. 注重学生的感悟和体验 3. 重视活动的群体性,要引导学生合作学习 4. 能创设生动、活泼、有效的课堂氛围	

五、开展"灿烂之旅",稳步落实研学旅行课程

《国家中长期教育改革和发展规划纲要(2010—2020年)》提出:把育人为本作为教育工作的根本要求,着力培养信念执著、品德优良、知识丰富、本领过硬的高素质人才。我校始终把贯彻党的教育方针放在第一位,根据纲要精神,把加强学生的综合素质教育作为当前教学工作的重点,优化知识结构,丰富社会实践,强化能力培养。着力提高学生的学习能力、实践能力、创新能力,教育学生学会知识技能,学会动手动脑,学会生存生活,学会做人做事,促进学生主动适应社会,坚持全面发展。全面加强理论学习与社会实践的统一。学校坚持促进学生知识、能力、人格、素质协调发展和全面提高,力求培养基础知识厚、能力强、见识广、具有创新能力和竞争能力的高素质学生。

为了实现激发学生学习兴趣,引导学生树立远大的学习理想,提高学业成绩等重要目标,我校组织开展了研学之旅活动,带领同学们到大自然、社会中,寻找知识的真谛;亲身参与少先队活动、场馆活动和主题教育活动,获得有积极意义的价值体验。通过一系列研学活动,使学生开拓视野,播种希望,放飞梦想,立志成才。

(一)"灿烂之旅"的具体操作

我校"灿烂之旅"研学旅行课程的实施主要围绕江西"红色文化"中的人文、自然、社会等因素,以革命纪念地、纪念物以及所承载的革命精神为内涵,组织学生在参观游览中学习革命历史知识、接受革命传统教育,激发学生的家国情怀,振奋精神、放松身心、增加阅历。主要方式为参观游览、考察探究、社会服务、设计制作等。其中,考察探究是学生基于自身兴趣,在教师的指导下,通过观察、记录和思考来开

展研究性学习,从而主动获取知识、分析并解决问题的过程。如野外考察、社会调查、研学旅行等。

一年级到九年级的探究主题是根据各个年级学生的特点,由易到难,满足不同年龄段学生间的差异来设置,体现了层次性、阶段性和生成性。活动内容的编排也由低年级到高年级呈简单到复杂的趋势。具体如下(见表2-11)。

表2-11 光明学校"灿烂之旅"课程实施方案表

年级	主题	地点	目的
一	多彩自然	人民公园、海洋乐园、动物园、安义古村、婺源、鄱阳湖	了解大自然、亲近大自然、热爱大自然
二	书香阅读	江西省图书馆、南昌市图书馆、八大山人纪念馆、豫章书院旧址	感受书的魅力,培养读书的好习惯
三	我爱家乡	滕王阁、秋水广场、南昌之星摩天轮、江西博物馆、鄱阳湖、婺源	了解家乡的历史,激发对家乡的热爱之情
四	红色之旅	八一广场、八一起义纪念馆、新四军军部旧址、烈士纪念堂、朱德旧居、井冈山	学习革命历史知识、接受革命传统教育,激发家国情怀,振奋精神、放松身心、增加阅历
五	阳光运动	翠林高尔夫球场、厚田沙漠、怪石岭、武功山、景德镇	感受运动的魅力,激发对运动的热爱,注意养成运动的习惯
六	走进江西造	李渡酒厂、煌上煌食品加工厂、江铃汽车制造厂	感受身边的变化,融入社会
七	国学体验	九江白鹿洞书院、庐山风景区	进行传统国学礼仪体验,热爱祖国大好河山
八	认识悠久的历史	南靖土楼、魅力厦门	寻历史、品故事,深入了解风土人情
九	寻美江南诗书画	上海、苏州、绍兴、杭州	感受现代城市的日新月异,共品山水意境

在课时安排方面,小学1—3年级平均每学期不少于1天;小学4—6年级平均每学期不少于2天。中学7—9年级平均每学期不少于3天。充分利用寒暑假,根据实际情况灵活运用各种组织方式,引导学生根据兴趣、能力、特长、活动需要,明

确分工,做到合理高效。既要让学生有独立思考的时间和空间,又要充分发挥合作学习的优势,重视培养学生的自主参与意识与合作沟通能力。鼓励学生利用信息技术手段突破时空界限,进行广泛的交流与密切合作。

(二)"灿烂之旅"的评价要求

我校的"灿烂之旅"课程目标是培养有情、有义、有胆、有识、有趣的新时代学生。伴随"灿烂之旅"的有效实施,同步围绕教师配备、课程设计、课程实施、安全保障四方面对教师的课程开展进行评价,让学生在丰富多彩又富有意义的旅程中学会感恩、合作,收获成长、独立。具体如下(见表2-12)。

表2-12 光明学校"灿烂之旅"课程实施评价表

评价指标	评价内容	评价分值
教师配备	1. 在研学旅行中实行导师制,师生比达到1∶6 2. 老师与学生同吃同住,每组兼顾男、女性别差异	
课程设计	1. 有明确的研学目标、研学内容、评价方式 2. 在具有趣味性的同时,更体现实践性和创新性	
课程实施	1. 研学导师按要求讲解 2. 研学导师全程带领孩子参与活动和课程	
安全保障	1. 提前做好安全方案和应急预案 2. 无安全意外和安全隐患出现	

我们根据各个年段不同情况,制订了有针对性的"灿烂"特色争章活动,以"奖章"形式进行评价。我们设立了灿烂有胆章、灿烂有情章、灿烂有义章、灿烂有识章、灿烂有趣章等"奖章",通过自主争章活动激励学生进一步规范自身的言行,更好地参与到"灿烂之旅"活动中。具体如下(见表2-13)。

表2-13 光明学校"灿烂之旅"特色奖章评价表

年 段	争章内容	争 章 要 求
低年级	灿烂有胆章	穿戴整洁、心态阳光、礼貌待人、尊敬师长
中年级	灿烂有情章	善于交往、和睦相处、热爱自然、热爱祖国

续 表

年 段	争章内容	争 章 要 求
高年级	灿烂有义章	诚实守信、表里如一、信守诺言、知错就改
七、八年级	灿烂有识章	善于思考、勇于探索、大胆实践、不断进取
九年级	灿烂有趣章	相信自己、展现自我、兴趣广泛、勇担任务

六、创新"灿烂之星",彰显丰富个人成长课程

以建设社会主义核心价值体系为目标,以"立德树人"为根本,以"争做新时代好少年"主题活动为主线,通过认星、推荐、评选、表彰新时代好少年,在全校形成认星争优的浓厚氛围。

(一)"灿烂之星"的具体操作

我校以"认星争优、做新时代好少年"为主题,开展"灿烂之星"评选活动,活动分宣传启动、认星、创星、评星、树星五个环节,重在学生自主自愿选择星级目标、确定努力方向,重在人人参与,重在活动普及。

1. 宣传启动。学校制定活动方案,利用晨会、班会和广播站形式进行广泛宣传。

2. 认星:(1) 班会发动:由班主任利用班会课在学生中发动,引导学生主动"认星"。(2) 建立微信平台:利用微信告知家长本次活动方案,请家长关注并参与到活动中来。(3) 认星启动:由班主任在班会课上开展认星活动,讲解"认星争优•做美德少年"活动所包含的内容。

3. 创星:(1) 学生践行:学生根据自己认定的星级内容,在日常学习生活中努力践行。(2) 每月小结:班主任在班会课上利用10—15分钟时间,引导学生如实进行自我评价,对照星级标准,对上周创星中各星的践行情况进行交流,学生感悟体会并明确努力方向,班主任可给予适当点评和鼓励。(3) 过程宣传:活动期间,定期在教室"新时代好少年"版面上更新班级成员认星争优活动成果,加强师生监督、扶助。

4. 评星：(1) 每月班评：班主任在班级学生认星的每个星组各评出3名，并在教室"新时代好少年"版面上公布结果。(2) 学期评比：在本学期学生认星争优活动中，按照得星的多少由高到低评出若干名优秀得星学生。为获奖学生颁发荣誉证书。

(二)"灿烂之星"的评价要求

为了鼓励学生全面发展，增强学生的榜样教育，树立典型、弘扬正气、表彰先进、激励后进，充分发挥先进典型的示范表率作用，先锋模范作用，形成争先创优的育人氛围，打造文明校园、和谐校园、灿烂校园。我校推进有关"灿烂之星"评价活动，具体评选要求如下(见表2-14)。

表2-14 光明学校"灿烂之星"评选要求一览表

	灿烂之星	评 选 要 求
1	爱国之星	热爱学校，热爱家乡，热爱祖国。在学校各项爱国主义教育活动中表现突出，并立志为校、为家、为国作贡献。
2	诚信之星	能真诚对待老师、同学、家长等，不说大话，说到做到。讲文明，有礼貌，有爱心，能主动、真诚地帮助他人。
3	守纪之星	遵守"南昌市光明学校一日常规"，能够起带头表率作用，无违纪现象，有较多的为集体或同学服务的先进事迹。
4	奉献之星	乐于奉献，经常为班级、为学校、为他人服务。积极参加各类社会公益和志愿者服务活动，平时关心同学，助人为乐，拾金不昧，默默奉献。
5	勤劳之星	热爱劳动，积极主动做好学校值周工作与班级值日生工作。在劳动中不怕脏、不怕累。
6	节约之星	个人仪容仪表朴素大方。节约用水、用电、珍惜个人及公共用品，为班级及学校财产保护做出贡献。
7	学习之星	学习刻苦，成绩突出，在学习方面能起模范带头作用。勤思好问，乐于探究，积极进取。
8	艺术之星	具备艺术才能，如唱歌、跳舞、剪纸、绘画等。积极参与各级各类艺术比赛，为学校、班级争得荣誉。
9	体育之星	积极参与班级或学校运动会，在体育方面有特长，并为学校、班级争得荣誉。
10	科技之星	喜爱科技创造、积极参加科技兴趣小组，在信息技术、海模、航模、车模等各级各类科技比赛中表现突出，为学校、班级争得荣誉。

在实现课程建设目标的过程中,我们关注课程资源的创建,以各种有效途径推进"灿烂教育"特色形成,以助力灿烂教育校本课程的构建与实施。让课程文化成为灿烂教育的土壤,让体验活动成为灿烂教育的载体,让对话课堂成为灿烂教育的平台,让校本特色成为灿烂教育的渠道,让绿色评价成为灿烂教育的基地,让幸福师生成为灿烂教育的源泉。

总之,学校"灿烂教育"的大戏正在精彩上演,心灯式课程的成效已显现,"让生命绽放光芒"的图景正在描绘。我们坚信在"灿烂教育"的影响下,一批批"有情、有义、有胆、有识、有趣"的光明学子将会茁壮成长!

第三章

雅致人生:学校课程的品质追求

苏霍姆林斯基说:"所有能使孩子得到美的享受、美的快乐和美的满足的东西,都具有一种奇特的教育力量。"让雅致人生成为学校课程的品质追求,教师就会在充实、丰富、纯洁、高尚的精神生活的观照下,成为最活跃的课程改革力量,创造"和而不同"、"各美其美"、"美美与共"的教育新境界。

苏霍姆林斯基说:"所有能使孩子得到美的享受、美的快乐和美的满足的东西,都具有一种奇特的教育力量。"①"从心灵出发并抵达心灵、润泽心灵、启迪心智"乃教育真谛,让雅致人生成为学校课程的品质追求,就需要我们学会眷注内心,重视精神生活,始终保持心灵的美好,按照自己的内心去学习,去说话,去行动,去表达,去倾听,静静地体会生命的纯净,因为一颗纯净的心需要另一颗纯净心的相互映照,一颗黑暗的心更需要一颗纯净的心的照耀与沐浴。如此,教师就会在充实、丰富、纯真、高尚的精神生活的观照下,成为最活跃的课程改革力量,成为美好精神的追求者,②创造"和而不同"、"各美其美"、"美美与共"的教育新境界,让雅致人生的实现成为可能。

美是人类社会不可缺少的东西,犹如生活需要阳光。美育是培养健全的人不可缺少的教育,犹如维生素之于生命。雅则是外在的形式美和内在精神美的高度融合,可以将其具体为儒雅。从儒雅中常能闻得墨香,听得琴音,见到笑颜。儒雅之气长于正直之心,受传统文化之滋养,附于真善之言行。儿童不是成人的复制品,而是具有独特的生理、心理特点的个体。构建适应学生发展的、高效的、品质的美雅课程体系,倡导多把尺子量人的评价体系,正视并尊重个体存在的差异,鼓励个性的充分展现,最终实现儿童自由、和谐、多元地发展。

➡ 育人坐标
南昌市豫章小学教育集团

南昌市豫章小学始建于1960年春,1971年命名为南昌市豫章路小学,曾是江西省委子弟小学。2007年11月,长巷小学并入,形成一校两部的格局,更名为南昌

---

① 佚名.苏霍姆林斯基教育名言[J].内蒙古教育,2013(15):67.
② 刘成伦.教师的生活当向着优雅漫溯[N].中国教师报,2011-3-2(14).

市豫章小学。2018年8月,爱国路小学并入,成立南昌市豫章小学教育集团。目前学校拥有三个校区,共有71个教学班,3 793余名学生,199名教师。学校以"和雅豫章,尚雅人生"为办学理念,以教风严、学风正、成果多而享誉省内外。学校先后荣获中国教育学会中小学整体改革专业委员会实验基地校、全国红旗大队、全国优秀少先队集体、全国读书活动先进单位、全国信息技术创新与实践活动先进单位、全国"双有"教育活动先进单位、全国"手拉手图书传真情"活动先进单位、全国中小学图书馆先进集体、全国消防安全教育示范学校、全国科技教育创新优秀学校、全国国际象棋特色学校、全国青少年校园篮球特色学校、全国青少年校园足球特色学校、全国中小学中华优秀文化传承学校、江西省中小学教育教学研究(德育)实验基地校、江西省小公民道德建设示范基地、江西省"十大和谐校园"、江西省人民群众满意学校、江西省教育系统"规范管理年"先进单位、江西省现代教育技术示范学校、江西省文明单位、江西省"模范职工之家"、江西省师德师风先进集体、江西省师德师风示范校、江西省依法治校示范校、江西省文明校园、江西省少先队工作示范学校、南昌市名校等荣誉称号。

第一节 以美育美 以雅育雅

一、学校教育哲学

当社会迈入新时代,当教育走进新课程之时,学校在继承"雅文化"的基础上,开始追求新的发展和超越。在实践中,我们可以发现:一个"雅"字并不能完全概括豫章小学教育集团对教育理想的不懈追求,学校发展需要更深层的思考,需要更具独特性、更有统摄力的概念涵盖。我们希望透过浮在教育表面的轻而飘的东西,抓住教育的本质,领会到其中的核心精神。在这些想法的指导下,我们追问历史,洞察现在,思考未来。最终发现:不管是过去还是现在,某种如兰花般幽雅、如深谷般宁静、如大海般包容的东西一直积淀在我们心底,引发我们的沉思,它就是"美雅"。"美雅"让我们对学校的思考豁然开朗。我们认为,美是教育的终极尺度,雅是教育的实践情怀,对正气、美好、优雅的追求是学校教育的永恒使命。从学校长远发展的角度看,"美雅教育"具有统御学校办学特色的历史穿透力,具有比较强的概括力和比较宽广的提升空间。

美是道德纯洁、精神丰富和体魄健全的有力源泉。美育是一种修养人性、提高人生质量、增强文化底蕴的教育。美育的真正内涵,就是价值引导和自主建构的统一。从学生的成长过程来说,是精神的唤醒、潜能的激发、内心的敞亮、主体性的弘扬和个性的彰显;从师生共同活动的角度来说,是经验的共享、世界的融合和灵魂的感召。①

雅是一种个人修养的提炼,是人生从容淡然的境界,是心境磨砺后的成熟、睿智。科学是雅的根基,文学是雅的底蕴,艺术是雅的羽翼。"雅"可以使学校成为人文精神的殿堂、时代脉搏的母体、社会竞争力的胚胎以及释放能量的舞台。

因此,学校将"美雅教育"确立为学校教育哲学。在我们看来,"美雅教育"是以儿童学识臻美、情趣尚美,举止优雅、品质高雅为中心的一种教育,是源于培养儿童对生活中美好事物的喜爱、追求,并融合于生命底蕴的教育。学校在实施"美雅教育"中,大力推行"美雅"理念,展现"美雅文化"的力量,为优美而典雅的人生奠定基础。因此,我们形成了以下教育信条:

我们的教育信条

我们坚信,美立德,雅立才;

我们坚信,美正人,雅正己;

我们坚信,仁者美,智者雅;

我们坚信,美是诗,雅是歌,宁静致远;

我们坚信,美是花,雅是茶,沁人心脾;

我们坚信,美是酒,雅是泉,甘甜醉人;

我们坚信,美是教育的灵魂,雅是教育的气质。

基于学校哲学,我们确立自己的办学理念:和雅豫章,尚雅人生。我们期望,通过营造"雅境",培养"雅师",浸润"雅生",让全体师生的经验得以分享,情感得以倾诉,个性得以张扬,精神得以寄托,力量得以释放,生命得以升华。

---

① 肖川.教育的意蕴[J].基础教育课程,2014(12):1.

二、学校课程理念

豫章小学教育集团传承"仁者美,智者雅"的教育思想,适应当下"美雅校园"的文化构建,积极探索"美而礼正、雅而博学"的治校方略。在此理念衍生下的"美雅课程"旨在培养日有所长、情有所爱、慧有所托、志有所远、体有所健、行有所美的儿童。为此,我们提出"以美育美,以雅育雅"的课程理念。

这意味着——

1. 课程即美的体验。苏霍姆林斯基说:"没有美的教育,就不可能有完整的教育","美育教会儿童看出精神的高尚、善良和诚恳。"①他认为,美能磨练人性。儿童不是成人的复制品,而是具有独特的生理、心理特点的个体,教育者不能从同一个角度评价所有的人。正视并尊重个体存在的差异,鼓励个性的充分展现,最终实现教育对象的自由、和谐、多元发展,创造"和而不同"、"美而不同"、"美美与共"的美好教育境界。

2. 课程即雅的浸润。从儒雅中常能闻得墨香,听得琴音,见到笑颜。儒雅之气长于正直之心,受传统文化之滋养,附于真善之言行。②"美雅课程"是儿童全面发展、健康成长的途径和载体,课程的设置是否合理、全面、科学,直接关系到学生对于课程的习得成效。高雅的琴棋书画等艺术表现形式融于课程之中,给学生带来快乐的体验和雅的历练。

3. 课程即向美奔跑。美的课程应来源于生活,并从生活中不断丰富,获得向美奔跑的动力。课程不仅仅是学习生活技能,增加知识储备,更重要的是使其灵魂变得高尚。课程应该是一段美好的人生经历。儿童只有拥有辨别美、欣赏美、创造美的能力,才能在平时的生活中随时发现美,感悟生活的美好,才能学会过幸福而美好的生活。

4. 课程即向雅迈进。雅是外在形式美和内在精神美的高度融合。在学校课程中,科学是雅的根基,文学是雅的底蕴,艺术是雅的羽翼。通过课程的浸透,把学生培养成为"形象优雅、谈吐文雅、举止典雅、志趣高雅、学识博雅、气质儒雅"的"美

---

① 张万祥. 苏霍姆林斯基教育名言[J]. 天津:天津教育,2008(1):67.
② 陆枋等. 小学校 大雅堂——四川省成都市实验小学的"雅教育"[J]. 人民教育,2008(23):51-53.

雅学子"。①

总之,"美雅教育"是以"世界眼光"和"中国灵魂"为支撑,用"以美育美,以雅育雅"的理念对师生进行美的熏陶和雅的教育,使师生在"美境雅意"中共同成长,最终发展成为内涵修养美、外在气质雅的人,从此开启美好人生。

因此,豫章小学教育集团利用得天独厚的地理、历史条件,根据校园周边资源的情况,开发丰富多彩的校本课程。这些课程,构筑起豫章"美雅教育"体系,实现"美雅"对学生的全方位浸润。让学生通过美的体验,雅的浸润,向美奔跑,向雅迈进。润物无声之中,"美雅"渐渐印刻在豫章的灵魂深处,成为学校一张靓丽的名片。

第二节 向着"尚雅人生"智慧前行

学校课程是为实现育人目标服务的,是育人目标的物化结果。因此,确定学校课程目标,必须要先明晰学校育人目标。

一、学校育人目标

根据学校"和雅豫章,尚雅人生"的办学目标,育人目标定为培养德才兼备的豫章少年,引领广大儿童向着"尚雅人生"智慧前行。

二、学校课程目标

通过学校课程的开发与实施,培养品德端正,珍惜自己,关心他人,能与他人交往,较好地进行情绪管理,社会适应力强的学生;培养有良好学习习惯,善于思考,敢于创新,有一定审美能力,有远大抱负的学生;培养身心健康,乐观真诚,懂得自律,举止文雅,充满正能量,能感受生活带来乐趣的学生。具体的分年段课程目标如下(见表3-1)。

---

① 杨旭,梅子.让"三雅"文化涵养灵动的生命[N].中国教育报,2016-3-7(12).

表 3-1　豫章小学"美雅课程"分年级目标

课程目标＼年段目标	低 年 级	中 年 级	高 年 级
日有所长 情有所爱	培养学生的文明礼仪，培养良好的学习及生活习惯，自己的事情自己做。学会观察自己的生活环境，初步学会遵守校规，形成爱班级、爱学校、爱父母、爱老师的真实情感，形成有礼貌讲文明的意识。	初步养成孝敬父母、尊敬老师、团结友善，与同学和睦相处；讲究卫生、勤俭节约、遵守纪律、文明礼貌的良好行为习惯。逐步培养起良好的意志品格和乐观向上的性格，形成爱学校、爱社会的情感。	通过形式多样的实践活动，获得丰富多彩的学习体验和个性化的创造表现，培养学生爱祖国、爱家乡、爱校园的情感，学会关注社会的现状与发展，成为"美雅小少年"。
慧有所托 志有所远	通过读写绘的训练，基本养成听说读写的良好习惯，学会倾听、表达与交流。初步学会文明地进行人际沟通和社会交往。借助新颖丰富的游戏，让每一个孩子徜徉在数学课程的天地里，感受到数学之趣。通过趣味数学故事了解数学历史知识。	培养爱阅读、谈吐得体的学生。通过经典阅读推荐，国学经典诵读，引导学生在大量的阅读中，掌握阅读方法，形成阅读能力，养成阅读习惯。通过主题鲜明的实践活动，底蕴深厚的数学文化，让学生尽享数学的美妙。主动进行探究性学习，学会与他人交流，在交流中体验英语学习的快乐。	利用赣文化感受特有的"落霞与孤鹜齐飞"的情怀，让学生品味母语的厚重与韵味，得到精神和文化的双重提升。选用合理灵活的计算方法，化繁为简，化难为易，提高学生的发散性思维能力，培养学生的数感及解决问题的能力。把英语作为一门交流的工具，在日常生活中学以致用。
体有所健 行有所美	认识自己身体各部分，学会欣赏自己，保护自己的身体；学会表达自己遇到的困难，并会寻求其他人帮助；培养有规律的生活作息和个人专长。激发学生热爱艺术，学习艺术的热情。通过多样的学习形式使学生能多方面了解身边的科学小知识，培养动手能力和运用工具的技能。	认识个人的能力、优点并接纳自己的缺点；有保护自己的意识；注重培养学生的组织能力、吃苦耐劳的意志品质及团结合作的集体主义精神。坚持以美育人，加强唱欣赏，给学生美的感受。注重培养学生的科学精神和实践创新能力，科学素养，能独自或以小组合作的形式开展一些小发明、小创作活动，切实提高学生的信息素养、创新思维和实践能力。	认识压力的来源，掌握解决问题和压力的方法及技巧；在体育教学中注重培养学生的组织能力、吃苦耐劳的意志品质及团结合作的集体主义思想，增强学生抗挫折能力。培养学生高雅的情趣，陶冶高尚的情操，使学生个性得到充分张扬，享受艺术为生活带来的乐趣。运用所学的科学知识解决问题。培养学生探究性学习的兴趣和团队合作的精神。

第三节 朝向"美雅"的课程体系

在学校"美雅教育"的哲学引领下,依据"以美育美,以雅育雅"的课程理念,构建学校的"美雅"课程体系,让丰富多彩的课程承载育人功能,实现育人目标。

一、学校课程逻辑

为培养德才兼备的豫章学子,基于"美雅"教育哲学以及"以美育美,以雅育雅"的课程理念,学校构建了既符合国家新课程总体要求,又符合学校实际,富有个性、充满活力的"美雅课程"逻辑框架,具体如下图。(见图3-1)

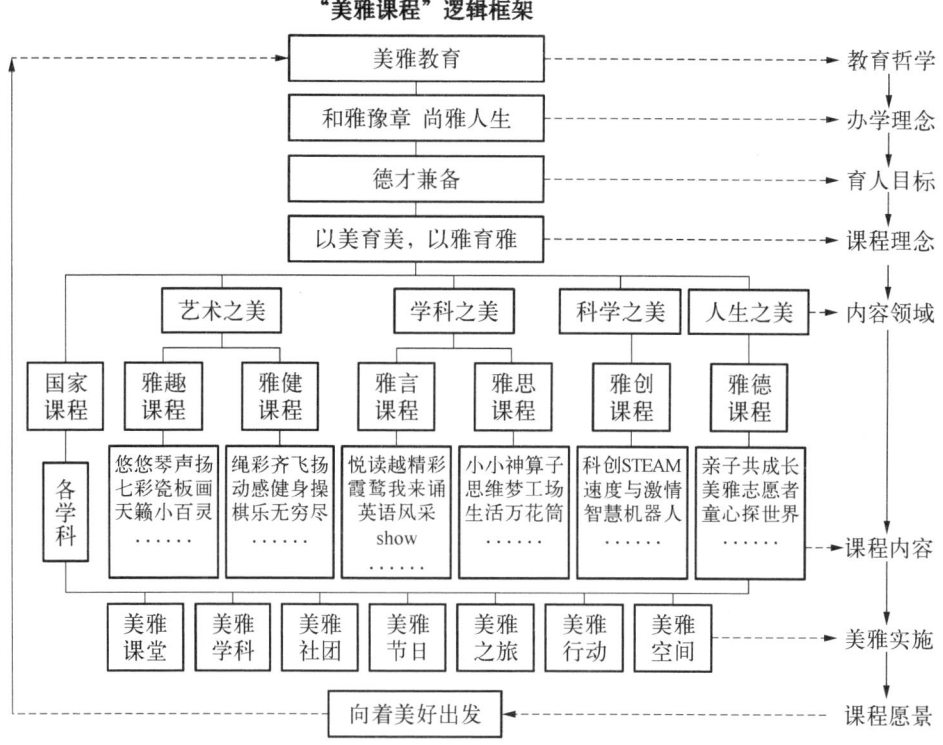

图3-1 豫章小学"美雅课程"逻辑图

二、学校课程结构

我校以"多元智能"理论为指导,分析不同学生发展领域的特点,设计个性化的教育,并为他们提供合适自己发展的舞台,找到学生最佳能力发展区,使他们和谐发展,享受到学习的快乐,成为美雅的豫章学子。学校课程以"万花筒"的结构为框架,围绕"美雅"的准心,分为雅德课程、雅言课程、雅思课程、雅趣课程、雅创课程、雅健课程六大类,其结构如下(见图3-2)。

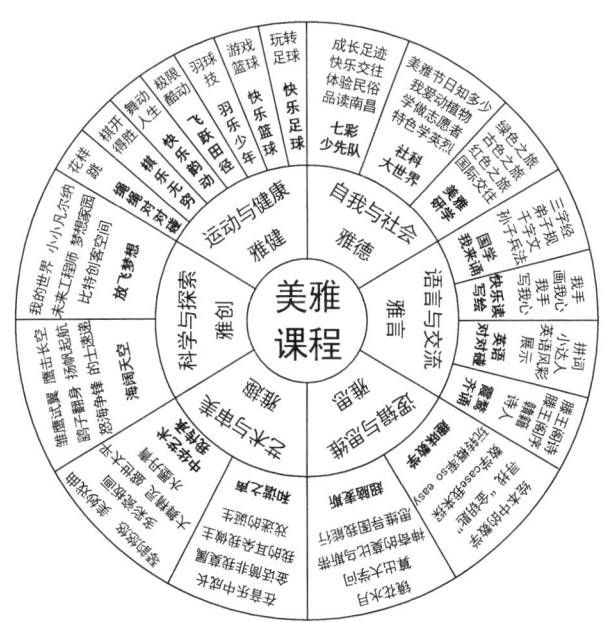

图3-2 豫章小学"美雅课程"结构图

雅德课程:培养热爱祖国,举止文明的学生。让学生积极参与活动,初步养成良好的行为习惯,逐步培养学生良好的意志品格和乐观向上的性格,获得丰富多彩的学习体验和个性化的创造表现,厚植学生道德情怀,成为"美雅小少年"。

雅言课程:培养爱阅读,谈吐得体的学生。引导学生在大量的语言实践活动中,掌握阅读方法,具备阅读能力,养成阅读习惯。在英语交流中体验英语学习的快乐,在日常生活中学以致用。

雅思课程:培养爱思考,多角度思维的学生。让每一个学生感受底蕴深厚的数学文化,学会理性地思维,尽享数学的美妙,感受数学的乐趣,培养学生的数感及解决问题的能力。

雅趣课程：培养爱艺术，情趣高雅的学生。坚持以美育人，培养多种兴趣，充分发挥艺术在提高学生审美和人文素养方面的独特作用，使学生活泼开朗，朝气蓬勃，个性得到充分张扬，享受艺术为生活带来的乐趣。

雅创课程：培养爱探索，求真求知的学生。注重培养学生的科学精神、实践能力、科学素养，设计各类科学探索活动，让学生亲近科学、爱上科学，运用所学的知识解决问题。

雅健课程：培养爱运动，身心健康的学生。在体育活动中注重培养学生吃苦耐劳的意志品质及团结合作的集体主义精神。正确认识压力的来源，掌握解决问题和抵抗压力的方法及技巧，有健康的心理，增加抗挫折能力，能快乐地与人交往。

三、学校课程设置

学校以生为本，为了确保课程能有序、高效地实施，大胆实践与探索，对学校课程设置和学生选课制度进行了改革。"美雅课程"设置为基础型课程和特色型课程两部分。一方面保证基础课程进课堂，每节课都有相应的教学内容；另一方面则根据学生需求，灵活优化特色型课程教学模式，建立了选课制度。上述六大类课程，每类都包括普及型、特色型课程，具体如下(见表3-2、3-3、3-4、3-5、3-6、3-7)。

表3-2 豫章小学"雅德课程"设置表

项目类别	课程模块	年级	课程名称	课程目标
普及型课程	七彩少先队	一	成长足迹	初步了解少先队的知识，激发学生向往少先队的感情，培养加入少先队组织的光荣感和自豪感。
		二	快乐交往	培养学生人际交往能力，养成良好的道德行为习惯，增强对少先队组织的认同感。
		三	走进经典	通过读经典，增加历史、地理、天文、文学、艺术等各方面的综合素养，完善学生的文化知识结构，传承中华民族精神和文化，形成优良的道德思想，完善自己的人格。
		四	体验民俗	通过阅读民俗故事、走访民俗博物馆、开展民俗体验活动等方式，引导学生了解民俗文化，感悟中华优秀传统文化的精髓和魅力。

续表

项目类别	课程模块	年级	课程名称	课程目标
普及型课程	七彩少先队	五	品读南昌	以爱祖国、爱家乡为核心，引导学生了解南昌历史文化。特别是八一起义革命史，体验革命情怀，弘扬南昌精神，坚定热爱家乡的理想信念。
		六	绿色环保	让学生了解环保的意义和重要性，动员学生人人参与，共建绿色校园。在活动中增强学生的环保意识，提高学生的动手操作能力和社会实践能力。
	社科大世界	一	美雅节日知多少	通过了解中国传统节日，开阔视野，发展智力，充实文化底蕴，促进知识更新，思维活跃。
		二	我爱动植物	能在好奇心的驱使下对常见的动植物、生活中的科学现象、自然现象或家长擅长的授课知识中的外在特征，表现出探究兴趣。
		三	交通小达人	在学习交通安全知识的过程中感受与他人合作、交流的快乐，增强自信心，培养学生调查问题、收集整理资料和清晰表达自己观点的能力。
		四	特色学英烈	以革命先烈用鲜血和生命谱写的革命斗争史为活的教材，对学生进行爱国主义教育、革命传统教育和中华传统美德教育。
		五	快乐学军旅	开展新时期军爱民、民拥军的活动，深入开展革命传统和爱国主义教育，激发学生拥军学军的热情。
		六	学做志愿者	增强践行志愿服务精神的自觉性，培养探索创新的意识和能力以及坚韧果敢的品格，培养德智体美全面发展。
特色型课程	美雅研学	三	绿色之旅	利用大自然丰富和独特的教育资源，从情感、环境、条件等方面来开展研学活动，教育学生领略祖国大好河山，培养他们勇于攀登拼搏，报效祖国的情感。
		四	古色之旅	家长带孩子领略传统文化的魅力，如滕王阁亭宇文化、南丰盱江龙舟赛、景德镇的瓷文化、傩文化、客家文化、堪舆文化等多种物质文化遗产，以继承和发扬"优秀传统文化"为出发点，感受中国传统文化的魅力。
		五	红色之旅	采用小学生喜闻乐见的研学方式进行红色革命之旅，从而激发他们强烈的爱国主义情怀，培养高尚的道德情操。
		六	国际交往	通过带领学生开展国际交往研学之旅，提升他们的社会生活素养，关注学生的全面协调发展，关注学生的特长和潜能。

表3-3 豫章小学"雅言课程"设置表

项目类别	课程模块	年级	课程名称	课程目标
普及型课程	国学我来诵	一	《三字经》	1. 正确流利地背诵《三字经》,积累语言。 2. 了解每句话的大意。 3. 偶尔能在生活中运用《三字经》中的语句。
		二	《弟子规》	1. 通过诵读《弟子规》,让学生能够弘扬国学文化,传承国学精髓,与圣贤为友,形成健康的人格,构建良好的校风。 2. 通过诵读《弟子规》,培养学生广泛的阅读兴趣,扩大阅读面,增加阅读量,多读书,读好书,养成良好的阅读习惯,逐步形成文章——文化——文明的校园环境。
		三	《诗词如歌》	1. 正确流利朗读和背诵古诗,并能读出诗中的感情。 2. 在朗读的过程中,体会诗的情趣,产生对诗的喜爱之情。
		四	《千字文》	1. 运用多种方式进行诵读,能够读准字音,认识汉字。 2. 理解意思,了解其中涉及到的故事,明白其中的道理。 3. 培养学生的朗读能力,在读的基础上背诵。 4. 激发学生阅读经典的兴趣,感知祖国语言文字的博大精深,热爱祖国文字并从中受到熏陶。
		五	《论语》	1. 通过读《论语》,让孩子们了解中华民族辉煌的历史、灿烂的文化、伟大的历史人物。培养孩子们热爱祖国、热爱民族的道德情感,从而承担起振兴中华的社会责任。 2. 通过读《论语》,让孩子们感悟中华先贤崇高的人格魅力,学习先贤热爱生活、勇于进取的精神,培养孩子们乐观向上的人生态度,增强孩子们认识社会、辨别善恶的能力,帮助孩子们从小树立起正确的人生观。 3. 能流利背诵。
		六	《增广贤文》《孙子兵法》	1. 能正确、流利、有感情地朗读经典语句,熟读成诵。 2. 能联系生活实际谈体会,加深对诗句的理解。 3. 逐步培养学生热爱国学、热爱中华民族优秀文化的情感。
特色型课程	快乐读写绘	一	我手画我心	1. 通过大量阅读绘本,培养孩子对绘本的兴趣,增强对书本的亲密感,培养阅读的兴趣。 2. 通过阅读绘本,引导学生对绘本中主要人物、故事情节、经过、结果和蕴含的浅显道理等进行简单的复述,并用图画来表达感受。

续 表

项目类别	课程模块	年级	课程名称	课程目标
特色型课程	快乐读写绘	二	我手写我心	1. 进一步培养孩子阅读绘本的兴趣,引导孩子借助图画来表达读后的感受,用自己的话改编故事、创作故事,激发孩子的表达热情。 2. 能体会故事中的感情,并能演一演,排练简单的绘本剧。
	英语对对碰	三	乐乐拼ABC	1. 巩固复习26个字母的听说读写,渗透字母在单词中的发音(通过歌曲、绘本)。 2. 感性认识字母在单词里的发音。 3. 落实自然拼读的系统教学,结合自然拼读的书籍、材料、课本的单词来学习符合发音规则的读音,对符合发音规则的单音节词能做到见词能读、听词能写。 4. 初步培养学生通过音形结合学习和记忆单词的意识和习惯。
		四	拼词小达人	1. 能通过活动形成班级单词俱乐部,形成单词意识。 2. 能根据教材来开展单词测试小游戏。 3. 能通过举行单词节活动,进一步训练孩子背单词的技能。
		五	节日文化	1. 通过活动使学生知道中华民族重要的传统节日及日期,了解人们庆祝传统节日的传统习俗。 2. 培养学生的生活情趣,使其热爱生活,热爱中华民族,增强民族自信心、自豪感。
		六	英语风采展示	1. 把学生培养成会学会玩、能说能干、多才多艺、和谐发展,既有民族情怀,又具国际视野的新世纪人才。 2. 通过具体的课本剧展示、英文演讲和英文歌曲演唱等方式,进一步培养孩子学习英语的积极性,提高孩子英语的学习水平。
	霞鹜齐诵	三	滕王阁诗	1. 能正确诵读诗歌,了解诗人,理解诗人写诗时的不同意境。 2. 想象图片,诗文相配。
		四	滕王阁序	1. 能正确诵读《滕王阁序》,了解该文的写作背景,成为千古名篇的原因,欣赏滕王阁的景美。 2. 初步培养学生欣赏古代散文的能力。
		五	赣籍诗人	1. 了解有哪些赣籍诗人,有哪些脍炙人口的诗篇来自于赣籍诗人,并能说出一两个关于诗人的故事。 2. 汇集成赣籍诗人诗集。

续 表

项目类别	课程模块	年级	课程名称	课程目标
特色型课程	霞鹜齐诵	六	赣鄱文化	1. 初步了解赣鄱文化的由来,了解赣鄱文化的内容,如铜文化、瓷文化、书院文化、禅道文化、傩文化、苏区文化等。 2. 理解其对赣文化发展的传承,以及对中华民族文化发展的推进作用。

表 3-4 豫章小学"雅思课程"设置表

项目类别	课程模块	年级	课程名称	课程目标
普及型课程	趣味数学	一	绘本中的数学	1. 通过有趣的童话情景,巧妙将数学知识融入绘本故事,经历阅读、讨论、探索、操作、比较、推理等过程,理解数学抽象概念,获得感性的、具体的数学经验。 2. 通过绘本阅读,激发学生学习数学的兴趣。
		二	数学文化之旅	1. 了解数学传统文化。 2. 通过对古代计时方法、古代算筹、七巧板、剪纸文化等的探究,产生文化共鸣,提升数学的文化品位。以底蕴深厚的数学文化,让学生领悟到数学之美。 3. 增强学好数学的信心,激发民族自豪感。
		三	寻找"金钥匙"(速算巧算)	1. 培养学生的计算能力和口算能力。检测学生乘法初步认识的情况,并进行课外延伸。 2. 通过独立思考,初步培养学生的逻辑思维能力,学会把文字信息转换成数学信息。 3. 在解决数学问题中体验学习数学的兴趣和快乐。
		四	玩出新学问	1. 让每一个孩子都徜徉在课程的天地里,尽享数学的美妙,让不同的学生在数学的学习中,得到不同的发展。 2. 借新颖丰富的游戏,让学生感受到数学之趣。
		五	数学case我来探	1. 通过实际操作,进一步巩固所学知识。 2. 激发学习兴趣,培养动手操作能力、空间想象力等。 3. 借助主题鲜明的实践活动,让学生体会到数学之用。
		六	玩转概率so easy	1. 通过课内外大量实例和学生的亲身实践,进一步理解相关知识。 2. 培养学生运用所学知识解决生活中的实际问题的能力。 3. 培养学生积极参与的意识,发展学生收集、处理信息的能力。 4. 渗透辩证唯物主义观。

续表

项目类别	课程模块	年级	课程名称	课程目标
特色型课程	超脑麦斯	一	镜花水月	1. 深入理解轴对称图形的特点。 2. 深入感悟对称知识在生活中的应用。
		二	争分夺秒	1. 通过对长短的感知，增强孩子的时间观念。 2. 让孩子感受合理安排在生活中的重要性，掌握统筹安排的方法。 3. 学会运用统筹兼顾、抓住主要环节的方法，提高学习效率。
		三	算出大学问	1. 选用合理灵活的计算方法，简化计算过程，化繁为简，化难为易，使计算又快又准确。 2. 通过速算与巧算灵活解题，使学生了解到数学是具有趣味性的。
		四	神奇的莫比乌斯带	1. 让学生认识"莫比乌斯带"，了解其作用，学会制作。 2. 引导学生通过思考、操作，发现并验证"莫比乌斯带"的特征，培养学生大胆猜测、勇于探究的求索精神。 3. 进一步激发学生学习数学的兴趣，培养学生良好的数学情感。
		五	思维导图我能行	1. 指导学生阅读课本，找到所学知识点，构建知识框架。 2. 了解不同知识之间的联系。
		六	进制大变身	1. 掌握进制之间的转换方法。 2. 能用进制互化的方法解题。

表3-5　豫章小学"雅趣课程"设置表

项目类别	课程模块	年级	课程名称	课程目标
普及型课程	和谐之声	一	推开妙音之门	根据儿童自然嗓音和灵巧形体的特点，采用歌、舞、图片、游戏等相结合的综合手段，进行直观教学。聆听音乐的材料要短小有趣、形象鲜明。激发和培养对音乐的兴趣。
		二	在音乐中成长	开发音乐的感知力，体验音乐的美感。能够自然地、有表情地演唱，参与其他音乐表现和即兴编创活动。培养乐观的态度和友爱精神。
		三	金话筒非我莫属	注意引导学生加强对音乐的整体感受，丰富教学曲目的体裁、形式，增加合唱、乐器演奏及音乐创造活动，让学生敢于表演。

续表

项目类别	课程模块	年级	课程名称	课程目标
普及型课程	和谐之声	四	变幻的音符世界	以生动活泼的教学形式和绚丽多彩的艺术魅力吸引学生。培养音乐感受与欣赏的能力,初步养成良好的欣赏音乐的习惯。乐于参与演唱活动。
		五	我的耳朵我做主	能自信地、有表情地演唱歌曲。乐于参与演奏及其他音乐表现和创造活动。培养艺术想象力和创造力。渗透变声期嗓音保护知识。
		六	戏迷的诞生	学习表演简单的歌剧、音乐剧、京剧或其他戏曲、曲艺片段,培养乐观的态度和友爱精神,增强集体意识,培养合作能力。渗透变声期嗓音保护知识。
特色型课程	中华艺术我传承	一	琴韵悠悠	认识中国民族乐器,培养学生对丝竹之声的兴趣。演奏简单的乐曲,并能体验合奏的乐趣。
		二	美妙戏曲	初步接触、感受、体验戏曲的妙趣,逐步培养对"国粹"的感知力、表现力和创造力,陶冶情操。
		三	多彩瓷板画	从地方特色文化入手,培养学生的想象力、设计能力和构图能力,着重培养其新彩绘制水平,传承非遗文化。
		四	大舞精灵	通过学习一些简单的舞蹈动作,逐步训练学生的上下肢协调性。引导学生认识和了解中国四大民族舞蹈。
		五	盛世太平	学会演奏太平鼓,培养学生对祖国历史文化的兴趣,传承与发扬中华优秀传统文化。
		六	水墨丹青	对艺术作品有自己独到的点评,尝试用水墨去表现中国画,把握水墨画的特点和神韵,体验水墨带来的乐趣。

表3-6 豫章小学"雅创课程"设置表

项目类别	课程模块	年级	课程名称	课程目标
普及型课程	海阔天空	一	雏鹰试翼	1. 学会一些纸飞机的折法。 2. 掌握纸飞机的起飞姿势。 3. 培养学生动手动脑的能力。
		二	鹰击长空	1. 学会标靶纸飞机的折法。 2. 能够准确地将纸飞机投入标靶内。

续　表

项目类别	课程模块	年级	课程名称	课　程　目　标
普及型课程	海阔天空	三	鹞子翻身	1. 学会折风火轮。 2. 正确使用冲气板，使风火轮飞起来。 3. 能够自如控制风火轮。
		四	扬帆起航	1. 学会使用斜口钳、螺丝刀、砂纸、锤子等简单的工具。 2. 知道各种海模模型的航行原理。 3. 能够熟练拼装模型并调整。
		五	怒海争锋	1. 能够快速拼装模型。 2. 能够调整模型的速度方向等。
		六	的士速递	1. 认识遥控车的基本构造。 2. 学会熟练地遥控车辆。 3. 锻炼动手动脑能力，能够拆卸维修车辆。
特色型课程	放飞梦想	一	我的世界	1. 学会用艺术的形式把幻想的内容描绘出来。 2. 培养学生的想象力和创新能力。
		二	小小凡尔纳	1. 收集各类科学故事，并讲述给大家听。 2. 培养学生的语言表达能力。 3. 激发学生爱科学的热情。
		三	梦想家园	1. 分析建筑模型结构，掌握各部分的结构特点和尺寸关系。 2. 自行设计模型图案，制作建筑模型。 3. 培养学生空间想象能力和分析能力。
		四	比特创客空间	1. 了解、熟悉物联网传感电子模块的基本知识。 2. 培养学生的创造发明能力、发现和解决问题能力。 3. 培养学生的创新思维与批判性思维，敢于表达自己的意见。
		五	未来工程师	1. 能识别套件中的语音录放模块、控制模块、红外探测模块、喇叭。 2. 会根据电路图搭建实物电路，并能进行调试实现其功能。 3. 能用5W设计理念向大家介绍自己的作品，并积极参与交流评价。 4. 能按要求完成竞技赛的项目。
		六	I am robot	1. 了解机器人编程的基本原理。 2. 学会通过编程，完成相应的任务。 3. 提升学生的编程思维能力。

表 3-7 豫章小学"雅健课程"设置表

项目类别	课程模块	年级	课程名称	课程目标
普及型课程	绳绳对对碰	一二	快乐跳	学生能够初步掌握并脚跳短绳的动作方法,并能将动作运用到其他活动。
		三四	带带跳	学会一带一,一带多跳。通过合作学习培养学生团结协作、积极进取的精神。在教师的引导下,学生能够愉快地进行学习,敢于表现自己。
		五六	花样跳	在跳绳中,充分发挥学生的自主创新能力,使学生懂得一根跳绳能有多种玩法,学会在活动中思考,在玩中锻炼。通过教学使学生掌握一绳多玩的方法,发展学生的腿部力量。
特色型课程	棋乐无穷	一二三	棋开得胜(围棋)	让学生感受围棋的趣味和内涵,提高围棋技巧。锻炼学生思维能力,使学生善于发现学会深思熟虑,进而从围棋中体会人生,从而做到感受生活,热爱生活。提高学生学习围棋的热情,培养学生对学习、对生活的自信。
		四五六	棋乐无穷(国象)	帮助学生掌握国际象棋的基本走法,尝试理解记录走法的棋谱;了解国际象棋的文化背景,勇于尝试新事物;能正确认识胜利与失败,培养遵守规则的意识,增强与人交流的愿望与自信。
	快乐韵动	三四五	舞动人生(拉丁舞)	使学生形体得到一定改变,培养学生的乐感及协调性,掌握一定的拉丁舞基本技术要领及舞台艺术表演的方法。培养学生团结协作的思想,增强学生的集体荣誉以及自信心。
		三四五	炫舞精灵(街舞)	掌握街舞的基本动作以及组合动作,培养学生团结协作的良好品质,同时逐渐引导学生树立终身体育的意识。
		三四五	动感天使(健身操)	能准确、规范地完成各种基本步伐;能够进行简单的队形变换编排;更深刻地理解健美操的美,提高审美情趣。
特色型课程	飞跃田径	四五六	极限酷动	了解田径项目的基础知识;知道田径的发展史;学习和认识田径项目中的各项技术技能;培养学生吃苦耐劳、遇到困难迎难而上、面对极限突破极限的精神品质。

续 表

项目类别	课程模块	年级	课程名称	课程目标
特色型课程	羽乐少年	一二	羽球乐	了解羽毛球史；初步掌握羽球操，学会正手握拍、反手握拍，挥拍等技术要领，激发羽毛球兴趣；增强纪律性、集体荣誉感和爱国主义精神。
		三四	羽球技	了解羽毛球运动的特点与价值，学会前后场步伐、全场步伐，发球发力点和转身，掌握后场定点接球，前场挑球等技术要领。培养学生兴趣，提高对羽毛球的欣赏水平。
		五六	羽球竞	了解羽毛球规则和裁判法，学会三一二、三一四对抗技术和战术，体会羽毛球运动的乐趣，培养终身体育意识，并把羽毛球作为终身锻炼项目。
	快乐篮球	三四	游戏篮球	将篮球运动的基本技术和动作贯穿到篮球游戏中，激发学生的学习兴趣，帮助学生在最短的时间内掌握篮球运动的基本动作和技能，提高教学的效率和质量。
		五	活跃篮球	学习篮球基本动作——球性、传球、运球、投篮、步伐。让学生动作更规范；培养孩子的团队意识，沟通力，观察力，拼搏精神。
		六	对抗篮球	进行球技战术应用、攻守联系等方面的训练；强化对抗意识和对抗技术训练，在实战中不断积累经验，以此提高对抗技术水平。
	快乐足球	一二三	足球对对碰	培养学生的足球兴趣，进行基本技术的学习，激发学生的足球兴趣。
		四五六	玩转足球	懂得基本技战术的运用，学会欣赏足球比赛，有耐力和毅力。培养学生热爱足球运动的情感。

第四节　让儿童徜徉在最美的跑道

课程实施体现了对课程理念的贯彻与执行，这就要求学校创造各种条件为学生开设更加丰富的、民主的、人性化的课程学习内容和学习环境，满足学生的喜好和需求;积极引导学生与国家课程和校本课程对话,在系统、全面、呈阶梯式上升的课程中进步与成长,着眼于培养、激发和发展学生的兴趣爱好,开发学生的潜能,使之成为具有独特智能品质的新一代公民。① 豫章小学教育集团从"美雅课堂"、"美雅学科"、"美雅社团"、"美雅节日"、"美雅之旅"、"美雅行动"、"美雅空间"七方面入手践行"美雅教育",让每个孩子品正业勤、文质彬彬、心灵手巧、生气勃勃。课程评价是引领"美雅课程"开发的启明星,把握六大类课程设计的风向标,支撑课程实施效果的骨架。课程的实施与评价体现了对课程理念的贯彻与执行,通过课程实施将课程价值具体化,通过老师和学生的行动来实现课程的内在意义。

一、建构"美雅课堂",落实学科基础课程

美雅课程包括普及型课程和特色课程两个部分,在课堂上呈现丰富多彩的课程内容,为学生各方面发展提供更多选择,让学生呈现多元发展的状态。

(一)"美雅课堂"的实践操作

我校按照"美雅"的拼音首字母"MY"衍生的不同含义提炼出"美雅课堂"的学习方式。通过自主、合作、创新、激励,关注每位学生的成长。

1. 自主。"MY"即"我"。教师教学的对象是一个个不同的"我"。教师要积极引导学生充分参与课堂,利用评价策略来帮助学生培养自我价值感,养成学生主动参与、乐于合作、勤于实践的习惯,树立学生的批判意识和质疑意识,鼓励学生进行富有个性的理解和表达,帮助学生掌握学习的方法。

2. 合作。"MY"即"me"+"your"。"我的"加"你的"。班级教学制就是一个班的孩子一起学习,一起交流,思想在一起碰撞,合作学习。"合作学习"要求教师要营造轻松、愉快的课堂氛围,以共同的兴趣爱好使一些学生聚在一起,朝着一个目标努力,使之充分交流、资源共享、融汇思维,从而达到共同进步、$1+1>2$ 的效果。同时教师应具有大教育观,生生、师生、师师之间都要合作。引导在不消弥学科特点的基础上,整合学科,找到在不同学科间共存、有效的综合信息。让学生在课堂

---

① 杨四耕,李春华.课程群 学习的深度聚焦 面向碎片化课程的思维与工具[M].上海:华东师范大学出版社,2017:109.

上分组合作,自己寻找合作对象,共同完成学习任务;在课外,学生依然可以聚在一起,继续合作探究所发现的问题。

3. 创新。"MY"即"magical + yielding"。"奇妙的"和"顺从的"。"美雅课堂"是不断创新的课堂。课堂教学的最大优势是进行相对集中的知识积累;通过师生、生生之间充分交流、互动和共情,教师根据学情及课堂生成调整自己的教法,让学生对学法不断地尝试、运用、熟练;在此基础上培养学生初步有创新意识,愿意尝试新鲜事物。在不断创新的课堂教学中,学生的个性天马行空地自由发展,学生的创造性得以展示。教学中教师创造性的表现,为学生创造性的展现提供了良好的催化剂;学生在展示其创造性的同时,必然为教师提供了创新的动力。这一切构成了有创新的课堂教学,让师生获得无穷的愉悦及成功体验,发挥无穷的创造动力和创造才能,形成最有幸福感的课堂,且不可复制。因此,有创新的课堂教学是充分展示师生的个性和创造力的重要舞台。

4. 激励。"MY"即"magnanimity + yea"。"宽容"加"赞成"。哲人詹姆士说过:"人类本质中最殷切的要求是:渴望被肯定。""美雅课堂"注重激励式评价。作为小学生,其心智还未完全成熟,老师的表扬、鼓励就显得尤为重要了。学生是亟待被点燃的"火把",激励就是火把的"助燃剂"。教师要积极地创造性地开展教学活动,善用激励性评价激发学生的学习热情,增强学生学习的动力,鼓励他们以饱满的激情投入到课堂学习中去,让学生得到自主发展。也许一个不经意的表扬能影响某位学生的一生,让我们的每一次激励都转化为学生的催化剂,变成激活学生想像力和创造力的及时雨,让每一位学生都能够张扬个性,展现自我,点亮自己。

(二)"美雅课堂"的评价标准

"美雅课堂"应该建立能够促进学生全面发展的评价体系。评价不仅要关注学生的学业成绩,而且要发现和发展学生多方面的潜能,了解学生发展中的需求,帮助学生认识自我,建立自信。发挥评价的教育功能,促进学生在原有水平上的发展。要建立促进教师不断提高的评价体系,强调教师对自己教学行为的分析与反思,建立以教师自评为主,校长、教师、学生、家长共同参与的评价制度,使教师从多渠道获得信息,不断提高教学水平(见表3-8)。①

表3-8 豫章小学"美雅课堂"评价量表

指标	标　准　解　读	效果
自主 30分	1. 将课堂自主权还给学生,倡导个性化、多样化学习,通过自主自学,合作探究,多元互动,和谐共生等多种学习方式学习。	
	2. 有开放的教师观和学生观,最大程度地了解学生学习中遇到的问题,并对问题进行梳理归纳,聚焦问题。	
	3. 学习目标紧扣课标和学段要求,体现教材特点,切合学情,让不同层次的学生学有所长,达到自我完善。	
	4. 学习目标问题化,以明确的学习任务作为启动和组织学生学习活动的操作把手,激发学生探究新知的热情。要给学生足够的自主学习时间和互动交流时间。	
合作 30分	1. 用问题引领指导学生探究,学生自主探究时间充分。	
	2. 教师参与学生探究活动,能兼顾到各个层面的学生。	
	3. 学生参与展示交流时,态度积极,参与面广,参与度深。	
	4. 学生在自学和展示的过程中,体现合作、探究、实践、质疑等学习方式;学生能够恰当评价;教师进行适时引导,关注有效生成,问题获得解决。	
创新 30分	1. 善于引导学生主动学习、合作学习,敢于质疑创新,指导具有针对性、启发性、实效性。	
	2. 善于抓住课堂生成,迅速、准确地作出判断,智慧地采取行动。	
	3. 根据年段特点,以学定教,优化教学设计,能激发学习兴趣,提升思维能力。	
	4. 教师善于引导、鼓励学生质疑,培养学生的质疑能力。学生在课堂中敢于质疑,并表现出一定的质疑能力。	
激励 10分	1. 在目标的达成程度及实现的方式方法上,尽可能地照顾到学生的个性差异,尊重学生的心理需求,通过激励的方式促使其能进行知识意义的主动建构。	
	2. 评价及时、准确,富有个性,能够包容、激励。	
	3. 评价方式多样,给予学生自信,保持学习的积极性。	
本课亮点及感受		

---

① 教育部.基础教育课程改革纲要(试行)[Z].2001-6-8.

二、建设"美雅学科",落实学科拓展课程

美雅学科是在基础型课程的基础上开发学生潜能,拓宽学生知识面,培养学生学习方法、能力与习惯的课程,是着重培养学生的发展性学习能力,为学生终身学习打基础,同时兼顾学生创新性学习培养的课程。"美雅教育"学科特色课程的建设和实施推进就是"美雅学科"的研发。学科特色课程是指国家规定的基础课程和教师根据基础课程,自主开发的适合自我需求的课程,形成了"1+X"的课程群。

(一)"美雅学科"建设路径

"美雅学科"课程群路径为"1+X"学科课程群建设。"1"指的是一门基础型课程,"X"指的是教师围绕基础课程自主开发的基于儿童需求,指向核心素养、突出学生特点的多门延伸课程。我校从两方面入手打造"1+X"课程群:一方面通过挖掘学科内部的特色,探寻学科的深度,或厘清学科之间的逻辑,拓展学科的宽度,来构建专业的学科课程群;另一方面充分发掘地域特色文化,巧妙地渗透到多门学科。教师基于各学科特色追求,根据对学科的独特理解,挖掘各学科独特优势、独特资源,开发课程、汇聚课程群,打造特色课程群。

1. "雅美语文"课程群建设。 我校结合小学生语文核心素养的培养目标,借助"雅美语文"特色课程群,将学生引领到优秀传统文学的精神圣地。学校语文课程组依据课标,依托学情,依靠活动,编写教材,实施教学。每节语文课前5分钟,进行"国学我来诵"活动,每月抽测一次,在《国学盘点》积累卡上作记录,每学期进行班级展示,一学年进行一次家长开放日展示。具体课程设置与评价如下(见表3-9、表3-10)。

表3-9 豫章小学"雅美语文"课程设置表

一年级	国学我来诵	《三字经》	四年级	国学我来诵	《千字文》
	快乐读写绘	我手画我心		霞鹜齐诵	滕王阁序
二年级	国学我来诵	《弟子规》	五年级	国学我来诵	《论语》
	快乐读写绘	我手写我心		霞鹜齐诵	赣籍诗人作品
三年级	国学我来诵	诗词如歌	六年级	国学我来诵	《论语》《孙子兵法》选读
	霞鹜齐诵	滕王阁诗		霞鹜齐诵	赣鄱文化

表 3-10　豫章小学"雅美语文"课程评价表

评价项目	等级	评价等级					
		自评			学校评		
		优	良	一般	优	良	一般
以学生为主体,通过分层阅读,每个学生都得到发展和提高。	30						
通过课程内容实施,丰富学生的语言积累,促进学生的语文素养的形成。	30						
通过课程实施,在学习活动中培养学生的学习习惯,掌握阅读方法,形成阅读能力。	20						
全体学生积极参与,尊重学生个体独特体验,具有赣文化的情怀。	20						

2. "智美数学"课程群建设。"智美数学"是通过生活化、游戏化、实践化的手段,拓展数学的智趣空间。它并不是一种固定的教学模式和方法,教学的形式、方法和途径是多元的、开放的。既有对数学史的探寻,又有对生活中数学的感知,全方面感受数学的魅力。具体课程设置与评价如下(见表 3-11、表 3-12)。

表 3-11　豫章小学"智美数学"课程设置表

一年级	趣味数学	绘本中的数学	四年级	趣味数学	玩出新学问
	数学天地	镜花水月		数学天地	神奇的莫比乌斯带
二年级	趣味数学	数学之旅	五年级	趣味数学	数学 case 我来探
	数学天地	争分夺秒		数学天地	思维导图我能行
三年级	趣味数学	寻找"金钥匙"	六年级	趣味数学	玩转概率 so easy
	数学天地	算出大学问		数学天地	进制大变身

3. "尚美英语"课程群建设。英语教师在教学过程中,发掘教材、生活中的教学素材,确立嵌入式课程,通过由浅入深的方式,借助英语绘本、单词俱乐部、课本剧、英文演讲、英文歌曲演唱等平台,营造学习英语、运用英语的氛围。具体课程设置与评价如下(见表 3-13、表 3-14)。

表 3-12　豫章小学"智美数学"课程评价表

评价项目	等级	评价等级					
		自评			学校评价		
		优	良	一般	优	良	一般
充分激发学生兴趣,让学生经历体验、探索、发现的过程,探寻学习数学的规律。	20						
通过课程内容实施,培养合作探究的团队意识,有创新思维、发散思维。	20						
通过课程实施,在学习活动中建立自信,有一定数感,学习能力得到提升。	20						
学生参与度、动手能力得到提高,潜能得到开发,个性得到张扬。	20						
遵循学生的认知规律,关注学生的学习差异,学生善于提出问题、解决问题,具有创新意识。	20						

表 3-13　豫章小学"尚美英语"课程设置表

三年级	英语对对碰	乐乐拼 ABC	五年级	英语对对碰	节日文化
四年级	英语对对碰	拼词小达人	六年级	英语对对碰	英语风采展示

表 3-14　豫章小学"尚美英语"课程评价表

评价项目	分值	等级	
		自评	学校评价
笔试 (100分)	三年级、四年级:听力+笔试。(40%+60%)		
	五年级、六年级:听力+笔试。(30%+70%)		
阅读 (5分)	熟练朗读或背诵。(1分)		
	语音、语调正确,节奏感较强。(2分)		
	吐字清晰,表情自然。(2分)		
口语交际 (5分)	语音、语调正确。(1分)		
	吐字清晰,表情自然,肢体语言形象生动。(2分)		
	能恰当地运用语言材料,在虚拟的情景中进行交流,语言流畅。(2分)		

续表

评价项目	分　　值	等级	
		自评	学校评价
语言表达 (5分)	语音、语调正确。(1分)		
	吐字清晰,表情自然,肢体语言形象生动。(2分)		
	能恰当地运用语言材料,在虚拟的情景中进行交流,语言流畅。(2分)		
情感态度 (5分)	积极参与平时学习中的提问、回答、交流、讨论。(1分)		
	大胆回答问题,自觉遵守纪律。(2分)		
	认真作业,包括听、说、读、写。(2分)		
总　分			

4. "创美科学"课程群建设。"创美科学"课程的课程目标是让教师切实转变教育观念,及时解决课程中遇到的问题和困难,努力改进课堂教学的方法,积极倡导猜想—实践—发现—实践—印证的教学模式,培养学生可持续发展的学习能力。积极推行现代教育技术与科学整合,实现最大效益。科学课程的教学评价更强调关注学生实际的学习过程和发展状况,以便改进教学、提高每个学生的科学素养。为此,需要在评价主体、评价内容、评价方法等方面实施一系列变革。具体课程设置与评价如下(见表3-15、表3-16)。

表3-15　豫章小学"创美科学"课程设置表

一年级	海阔天空	雏鹰试翼	四年级	海阔天空	扬帆起航
	放飞梦想	我的世界		放飞梦想	比特创客空间
二年级	海阔天空	鹰击长空	五年级	海阔天空	怒海争锋
	放飞梦想	小小凡尔纳		放飞梦想	未来工程师
三年级	海阔天空	鹞子翻身	六年级	海阔天空	的士速递
	放飞梦想	梦想家园		放飞梦想	I'm Robot

表 3-16　豫章小学"创美科学"课程评价表

项　目	内　　容	水平 1	水平 2	水平 3
科学知识	应通过情境测验、现场表现性评价、代表作评价等方法，评价对生命科学、物质科学、地球与宇宙科学等基本概念与技能的理解水平和应用能力。	只理解几个概念	能理解大多数概念	能理解全部概念
科学探究	参与科学探究活动是否积极主动，是否持之以恒，是否实事求是；对科学探究活动的技能掌握得怎么样；对每一环节的操作达到了什么水平。	模仿性使用过程技能与方法	能部分独立地使用过程技能与方法	能独立使用过程技能与方法
情感态度价值观	对科学课的兴趣；课余是否经常关心科学问题、进行自发性的探究活动；是否去过科技场馆；是否喜欢看科技类书报与影视节目等。	很少关心科学技术与社会的关系问题	有时关心科学技术与社会的关系问题	经常自觉地关心科学技术与社会的关系问题

5. "健美体育"课程群建设。"我运动，我快乐。"体育教研组教师以学生身心健康成长为目标，设计各种体育活动，让每一个学生都积极地参与。学生可根据训练要求自主设计、创造练习形式，最少掌握 2 项体育技能，随时随地锻炼，培养自信，收获健康与快乐。具体课程设置与评价如下（见表 3-17、表 3-18）。

表 3-17　豫章小学"健美体育"课程群设置表

一年级	绳绳对对碰	快乐跳（双脚）	二年级	绳绳对对碰	快乐跳（双单交替）
	棋乐无穷	棋开得胜（围棋）		棋乐无穷	棋开得胜（围棋）
	羽球少年	羽球乐		羽球少年	羽球乐
	快乐足球	足球对对碰		快乐足球	足球对对碰
三年级	绳绳对对碰	带带跳（正面带一人）	四年级	绳绳对对碰	带带跳（反面带一人）
	棋乐无穷	棋开得胜（围棋）		棋乐无穷	棋乐无穷（国象）
	快乐韵动	舞动人生（拉丁舞）		快乐韵动	舞动人生（拉丁舞）
		炫舞精灵（街舞）			炫舞精灵（街舞）
		动感天地（健身操）			动感天地（健身操）
	羽球少年	羽球技		飞跃田径	极限酷动
	快乐篮球	游戏篮球		羽球少年	羽球技
	快乐足球	足球对对碰		快乐篮球	游戏篮球
				快乐足球	玩转足球

续 表

五年级	绳绳对对碰	花样跳(双摇、反跳)	六年级	绳绳对对碰	花样跳(穿花,集体)
	棋乐无穷	棋乐无穷(国象)		棋乐无穷	棋乐无穷(国象)
	快乐韵动	舞动人生(拉丁舞)		飞跃田径	极限酷动
		炫舞精灵(街舞)		羽球少年	羽球竞
		动感天地(健身操)		快乐篮球	对抗篮球
	飞跃田径	极限酷动		快乐足球	玩转足球
	羽球少年	羽球竞			
	快乐篮球	活跃篮球			
	快乐足球	玩转足球			

表3-18 豫章小学"健美体育"课程评价表

评 价 项 目	等级	评 价 等 级					
		自 评			学校评		
		优	良	一般	优	良	一般
能掌握与生理、心理、身体健康状况和体育水平实际相匹配的运动,在运动中找到快乐。	20						
最少能掌握2到3门技能。	20						
在运动过程中,能与人合作,建立自信;体育能力得到提升。	20						
在体育学习过程中,能经得起失败,有一定抗挫能力。	20						
运用已学的运动方法进行一定创新,开展有创意的运动游戏。	20						

6. "乐美音乐"课程群建设。 音乐教研组结合地域特点,创编教材,通过音乐课堂发现学生的艺术潜质,开发学生对音乐的感知力,培养学生的音乐审美能力,从而激发学生对艺术的热爱之情,提高学生艺术修养。具体课程设置与评价如下(见表3-19、表3-20)。

表 3-19　豫章小学"乐美音乐"课程设置表

一年级	和谐之声	推开妙音之门	四年级	和谐之声	变幻的音符世界
	中华艺术我传承	琴韵悠悠		中华艺术我传承	大舞精灵
二年级	和谐之声	在音乐中成长	五年级	和谐之声	我的耳朵我做主
	中华艺术我传承	美妙戏曲		中华艺术我传承	盛世太平
三年级	和谐之声	金话筒非我莫属	六年级	和谐之声	戏迷的诞生
	中华艺术我传承	多彩瓷板画		中华艺术我传承	水墨丹青

表 3-20　豫章小学"乐美音乐"课程评价表

评价项目	等级	评价等级 自评			学校评		
		优	良	一般	优	良	一般
通过贴近生活的听赏、演唱、演奏等形式呈现内容，注重实践性，内容深度的选择要根据学生的年龄、心理特征而定。	20						
会"聆听"：通过聆听提高艺术品味。	20						
会"演示"：通过学演唱、演奏、律动等将音乐技能展示出来。	20						
会"合作"：通过合唱、合奏、共同演绎等形式培养合作能力。	20						
会"创造"：感受音乐，发挥音乐想象力，拓展音乐形式。	20						

7. "品美德育"课程群建设。大队辅导员与各班班主任利用晨会、班会、少先队活动，或走出校门，或邀请家长来校实施课程。具体课程设置与评价如下(见表 3-21、表 3-22)。

表 3-21 豫章小学"品美德育"课程设置表

一年级	七彩少先队	成长足迹	二年级	七彩少先队	快乐交往
	社科大世界	美雅节日知多少		社科大世界	我爱动植物
三年级	七彩少先队	走进经典	四年级	七彩少先队	体验民俗
	社科大世界	交通小达人		社科大世界	特色学英烈
	美雅研学	绿色之旅		美雅研学	古色之旅
五年级	七彩少先队	品读南昌	六年级	七彩少先队	绿色环保
	社科大世界	快乐学军旅		社科大世界	学做志愿者
	美雅研学	红色之旅		美雅研学	国际交往

表 3-22 豫章小学"品美德育"课程评价表

评价项目	等级	评价等级					
		自评			学校评价		
		优	良	一般	优	良	一般
了解少先队的知识,对少先队组织有认同感,遵守《小学生守则》。	20						
了解民俗传统文化,中国传统节日,感悟中华优秀传统文化的精髓和魅力。	20						
了解近代史,有拥军学军的热情,有践行志愿服务精神的自觉性。	20						
通过走进校园,走出校园,能平和地与人交往,有良好的道德行为习惯。	20						
有勇敢、坚毅等良好品质,有一定的社会实践能力。	20						

(二)"美雅学科"的评价要求

我们根据"美雅学科"的内涵,通过建立评估体系来保障其有效实施,"美雅学科"的评选应具有以下几项标准:

1. 课程哲学内涵丰富。学科课程哲学指向清晰,与学校教育哲学保持一致,体现学校的办学理念,并具有其学科特色,内涵丰富,指向清晰。

2. 课程目标指向清晰。学科课程群目标指向应依据学科课程标准及学校育人目标来制定,基于学校实际,应使目标定位高于学科课程标准。

3. **课程内容丰富多维**。学科课程群除规定的国家课程之外,拓展类课程应丰富多彩,以学生需求为主,为学生的全面发展搭建平台。

4. **课程实施科学高效**。课程实施方法得当,措施有力,充分体现学生的主体地位,有利于激发学生兴趣。教师教学效率高,教学效果好。

5. **课程评价规范全面**。课程评价以鼓励为主,用多把尺子测量学生。注重过程性评价,监测过程性评价后学生调整的学习方法,再进行终结性评价。终结性评价是对学生学习情况进行整体评价,要考虑学生的可持续性发展。

三、建设"美雅社团",落实兴趣爱好课程

社团活动源于学生,符合学生发展的差异要求,弥补了传统课程设置的不足。社团要系统地、规范地考虑其目标、内容、组织实施以及评价等要素。

(一)"美雅社团"的具体操作

学校的课程结构是由学习者的需要和兴趣来决定的。"美雅社团"是健全学生人格、体现"美雅教育"办学理念的重要载体之一,是学校特色课程体系的一个亮点。我们根据学生兴趣需求和特长发展情况,以走班的形式,分别设置了两个层面的社团课程。其一是"年级走班社团",又称"兴趣社团";其二是"校级走班社团",又称"特长社团"。

"兴趣社团"是以年级为单位,组织学生选择自己喜欢的社团进行年级内的跨班学习,每周安排1课时。社团学习内容包括:美术、书法、合唱、模型、小记者、机器人、计算机、形体训练、英语、戏剧等。

"特长社团"即在"兴趣社团"活动的基础上,以学生自愿为原则,吸收学有所长的学生进入相应的校级社团进一步学习。它是一个展示台,更是一个激励学生信心的窗口,重在为学生的特长发展和个性化发展创造条件,搭建舞台。包括手工、泥塑、书法、合唱、建模、经典阅读、机器人、计算机、街舞、英语、小张衡社团、拉丁舞等。

各社团课程由学校教师自主申报,并通过校园网络、海报等形式介绍社团课程

的宗旨、活动内容与目标、特色,吸引学生参与。在此基础上,学校加强社团课程的过程监管,建立《社团活动手册》,每学期通过活动记录和作品汇集进行管理和评价,从而进一步完善社团的组织架构。

(二)"美雅社团"的评价要求

"美雅社团"围绕学校教育理念,以推进学生兴趣的社团课程为载体,让多彩的社团活动成为学生身心发展、拓宽兴趣的阵地,展示学生个性、内化学生能力,让孩子们在兴趣潜能和综合素质的培养中,收获成长,获得快乐与自信。具体如下(见表3-23)。

表3-23 豫章小学"美雅社团"评价表

项目	"创优社团"指标	得分	评估方式
社团机构与管理	1. 社团管理体制完善,机构设置合理,制定符合学生实际的社团建设实施方案。		1. 实地查看 2. 材料核实 3. 师生座谈 4. 活动展示
	2. 建立、健全并严格执行社团各项规章制度。		
	3. 社团会员人数适合,规模适度,成员资料档案齐全。		
	4. 指导教师认真负责。		
	5. 学生社团要突出学生的主体性和创造性,使学生在社团活动中自治自理、健康发展。		
	6. 社团活动空间固定,环境良好,有相应的文化建设。		
活动组织和开展	7. 经常且定期开展社团活动,组织有序、记录完善。		
	8. 社团活动内容丰富,形式多样,体现实践性和综合性,有利于培养和锻炼学生多方面的素质,再现和表现校园文化精神。		
	9. 社团成员或集体活动成果显著。		
	10. 活动取得良好的教育效果,在学生中有一定的影响。		

四、创设"美雅节日",落实节庆文化课程

传统节庆具有丰富的精神文化内涵,能彰显小学教学实践性、生活性的价值。

挖掘传统节庆资源的人文价值,开发校本化的节庆课程,通过民族及特殊纪念日中的语言之美、民俗之美、历史之美、文化之美,丰富学生的经历和情感,使学生热爱传统节日,让学生获得民族文化的滋养。①

(一)"美雅节日"的具体操作

"美雅节日"的实施以"活动型"课程为基础,通过读书节、种植节、安全节、好事节、环保节、帮扶节、彩蛋节、赏月节、法制节、学军节、诗歌节等开展的特色活动,培养学生的综合能力,提升他们的文明素养。

例如,读书节从《弟子规》、《三字经》、《百家姓》、《千字文》等中华传统文化经典入手,深入开展中华传统经典诵读活动;童话节通过选一日让孩子装扮成童话中的人物去上学,感受童话的快乐;种植节让学生在家种植一种植物,观察记录植物的生长过程;安全节组织学生排查安全隐患,劝阻小伙伴不安全的行为;好事节开展"学雷锋在行动"活动,让学生为身边做好事的同学点赞;环保节带领学生开展垃圾分类、环境保护等活动;帮扶节组织学生下乡开展一对一手拉手帮扶活动;法制节开设模拟法庭小讲堂宣传法律知识;学军节带领学生到爱国主义教育基地和武警部队驻地开展学军活动;诗歌节让师生共享中华诗词之美。

(二)"美雅节日"课程评价

我们根据"美雅节日"的内容,开展了形式丰富的活动,设计了以下评价细目量表(见表3-24)。

表3-24 豫章小学"美雅节日"课程评价量表

评价指标	评价内容	评价分值
主题	1. 主题鲜明、立意新颖、寓意深刻。 2. 主题具有时代性、科学性、针对性、实效性、教育性。 3. 根据学生身心发展和成长中遇到的共性问题确定主题。	

① 马虹亚.传统节庆文化融于学校课程的思考与实践[J].宁波教育学院学报,2017(03):89-91.

续 表

评价指标	评价内容	评价分值
目标	1. 目标明确,有明确的导向和时代性。 2. 达到学生情感态度价值观的转变。 3. 学生有认识,有感悟,自我教育能力得到增强,能促进学生身心健康发展。	
内容	1. 贴近社会现实、贴近学生实际生活、符合学生身心发展规律。 2. 紧扣主题,准确定位。 3. 分出层次,突出重点。	
实施	1. 情景设计合理,操作性强,能体现综合运用知识的能力。 2. 要依据所确定、分解、细化的具体内容选择活动。 3. 按照"近、亲、实"的原则选择活动。 4. 采取多种形式呈现。 5. 设置拓展性、开放性的,能给予学生思考空间的问题,引导学生体验和感悟。 6. 面向全体学生,关注学生的个性和差异,注重培养学生的实践能力,教育作用明显。 7. 师生互动,学生参与面广,能充分体现学生主体、教师主导的新课程理念。 8. 活动设计有特色有创意,体现课程的实践性、自主性、综合性、创造性和趣味性。	
方式	1. 新颖、独特、多样,让学生充分展示自我。 2. 注重学生的感悟和体验。 3. 重视活动的群体性,要引导学生合作学习。 4. 能创设生动、活泼、有效的课堂氛围。	

五、创设"美雅之旅",落实研学旅行课程

(一)"美雅之旅"的课程设计

有一句话说得好,要么读书,要么旅行,身体和灵魂总有一个要在路上。社会是一本鲜活的书。旅行学习不仅仅是单纯地看风景,还是学校课堂教育最好的补充。学校借由"美雅之旅"来引导学生满足最重要、最核心的终生发展的需求元素,补充幸福人生的"营养素"。"美雅之旅"课程包含四大模块:红色之旅、绿色之旅、古色之旅、国际之旅,提升学生的基本素养,培养学生爱祖国、爱家乡、爱校园的情感,学会关注社会的现状与发展,感受传统文化的内在魅力,激发他们强烈的爱国

主义情怀,培养高尚的道德情操,开阔学生的国际视野,引导学生多元文化的认同。具体如下(见表3-25)。

表3-25　豫章小学"美雅之旅"课程设置表

年级	主题	地　点	课　程　目　标
三	绿色之旅	人民公园、动物园、凤凰沟、梅湖景区、气象馆、科技馆、秋水广场等。	通过参观大自然,充分利用丰富和独特的教育资源,从情感、环境、条件等方面来开展研学活动,教育学生领略祖国大好河山,培养他们勇于攀登拼搏,报效祖国的情感。
四	古色之旅	滕王阁、景德镇的瑶里、傩文化、客家文化、八大山人纪念馆、赣南围屋等。	家长带孩子领略传统文化的魅力,如滕王阁亭宇文化、南丰盱江龙舟赛、景德镇的瓷文化、傩文化、客家文化等多种物质文化遗产,以继承和发扬"优秀传统文化"为出发点,感受中国传统文化的魅力。
五	红色之旅	江西博物馆、八一起义纪念馆、方志敏纪念馆、井冈山等。	采用小学生喜闻乐见的研学方式进行红色革命之旅,从而激发他们强烈的爱国主义情怀,培养高尚的道德情操。
六	国际交往	新加坡、英国等。	开展国际交往研学之旅,提升他们的社会生活素养,关注学生的全面协调发展,关注学生的特长和潜能。

学校充分利用寒暑假,根据实际情况,以个人或小组合作等方式,组织学生从班级内部,逐步走向跨班级、跨年级、跨学校和跨区域的"美雅之旅"。教师引导学生根据兴趣、能力、特长、活动需要,明确分工,做到人尽其责,合理高效。研学活动既要让学生有独立思考的时间和空间,又要充分发挥合作学习的优势,重视培养学生的自主参与意识与合作沟通能力,鼓励学生利用信息技术手段突破时空界限,进行广泛交流与密切合作。①

(二)"美雅之旅"的评价要求

我校的"美雅之旅"课程要做到"学"之扎实,"研"之尽兴,"旅"之有获,"行"之成长。学校要有系统、完善的规划。为此,我们就"美雅之旅"设置了具体的评价细目表(见表3-26)。

---

① 教育部.中小学综合实践活动课程指导纲要[Z].2017-9-25.

表 3-26　豫章小学"美雅之旅"课程评价项目表

活动项目：　　　　　　活动对象：　　　　　　活动地点：
带队领导：　　　　　　带队老师：　　　　　　活动时间：

评价项目	评 价 要 点
课程设计 （15分）	是否有系统、完善研学旅行课程。研学旅行的落脚点应该在于"学"，而"旅"是形式，是服务于"学"的。因此，每次的研学旅行应有明确的研学目标、研学内容、评价方式，而不仅仅是简单的游玩。研学旅行课程应该更多地体现出实践性和创新性。
课程实施准备 （10分）	做好充分的实施准备，考虑到天气、地形的特点，从人员安排、物资购买等方面考察是否做好保障。
课程实施安排 （25分）	课程实施是否精致，安排既有利于研学旅行课程内容的深度有效学习，又有利于多种学习方法内化的实施方法。研学旅行课程教学效果的需要，是研学旅行课程中培养学生良好学习习惯的需要，是促进研学旅行课程教师专业成长的需要。
课程实施体验 （30分）	研学旅行课程中丰富的体验是学生们最真实的学习，学生在最真实的场景下留下最独特、美好的感受，从而获得多方面的成长。让学生获得成功的心理体验，感受生活的乐趣，体验创造和成功的喜悦，表现出积极的情感与态度。
安全保障 （10分）	在实施研学旅行计划时，一定要做好安全方案和应急预案，以确保课程的顺利进行。
研学评价 （10分）	选择适当的教学反馈、评价内容及形式，通过学生学习成果的交流展示，对学生进行客观的、发展性的评价，评价及时有效。
总　分	

总而言之，学校的"美雅之旅"课程要做到"学"扎实，"研"尽兴，"旅"有获，"行"有长。学校要有系统、完善的规划，根据不同学段、年龄特点的学生，设计有针对性的课程评价方案。在整个研学旅行过程中，教师对学生的评价应该更全面，对学生习惯养成、品质形成等方面都要兼顾评价，形成性评价和发展性评价都要全面。

六、推行"美雅行动"，落实实践活动课程

"纸上得来终觉浅，绝知此事要躬行"。实践活动能让学生找到理论与生活实际的最佳结合点。"美雅行动"的实施以"实践型"课程为基础，通过快乐交往实践、体验民俗实践、品味南昌文化实践、绿色环保实践等培养学生的学习能力、交流与

合作能力,培养学生的个性与情感、创新意识和实践能力。

(一)"美雅行动"的课程设计

依据"快乐交往"、"体验民俗"等课程项目,围绕其中某个主题自主设计丰富多彩的班级德育课程活动,通过分组合作,让学生学会如何计划、分工、组织,培养几人共同完成一个任务的能力。培养团队协作以及组织分配的能力。

1. "快乐交往"通过开展"美雅课间"活动,整理收集一些文明、雅致又有趣的课间活动,在学生中推广。如翻绳,跳长绳等。让学生在游戏、活动中学会快乐交往,诚信交往。班主任撰写相关案例,分享班级德育课程。

2. "体验民俗"通过阅读民俗故事、走访民俗博物馆、开展民俗体验活动等方式,引导学生了解当地民俗传统文化,感悟中华优秀传统文化的精髓和魅力。

(二)"美雅行动"的课程评价

"美雅行动"是学校的隐性校本课程,其课程内容的设置以对学生状态的捕捉和把握作为出发点,围绕社会、自然、自我三个维度,将各学科的知识延伸、综合、重组和提升,并使之以主题活动的形式整合到课程中去,从而提升学生艺术人文素养。[①] 要从以下几个方面进行评价(见表3-27)。

表3-27 豫章小学"美雅行动"实践活动评价项目表

活动项目: 活动对象: 活动地点:
带队领导: 带队老师: 活动时间:

评价项目		评 价 要 点
目标内容 (30分)	目标明确	符合情感态度、实践能力、综合知识、学习策略的培养目标。
	内容综合	贴近学生的生活实践、社会实践、劳动技术实践、信息技术实践目标;内容综合、宽泛、新异,符合学生身心发展的规律,促进个性发展;丰富学生的体验,培养兴趣爱好;引入多种信息;围绕主题,运用多门学科知识。
	实践性强	次主题分量适当,有操作性;难易适当,实践性突出。

---

① 杨四耕,李春华.课程群:学习的深度聚焦[M].上海:华东师范大学出版社,2017:66.

续 表

评价项目		评 价 要 点
活动过程 (40分)	组织形式	走入社会,面向大自然;组织形式多样。
	学生活动	方法得当,体现探究式学习方式。
	教师指导	教师是活动的合作者、参与者、指导者;指导方法得当。
	活动步骤	活动导入贴近大自然;学生亲自实践,动手、动脑、动口;活动拓展延伸;各实践环节有机结合。
活动效果 (30分)	学生体验活动	自主思考、设计、操作和解决问题,有真实体验,陶冶情操、愉悦身心;多元评价贯穿于活动全过程。
	学生参与活动	学生主动活动面大、活动量大、获得实践锻炼;以"活动促发展",能力得到提高。
	学生知识面和学习策略	知识面有所拓宽,学习方法、方式多样,学会学习;具有创新精神和意识。
总 分		

七、开创美雅空间,落实创客教育课程

此课程的实施以"创新、创思、创意"为主题,通过三大板块:学习创客、发明创客、生活创客,提升学生的信息素养,培养学生学会关注社会的现状与发展,有社会责任感,构建学校特色的美雅空间。

(一)"美雅空间"的具体操作

创客教育是创客文化与教育的结合,基于学生兴趣,以项目学习的方式,使用数字化工具,倡导造物,鼓励分享,培养跨学科解决问题能力、团队协作能力和创新能力的一种素质教育。我们针对不同年龄段的学生设置了不同的创客教育目标。

学习创客阶段:为学习而创,学生利用创客学习来构建世界的初步形象,认识世界,从而促进自己的学习。这一点在低年龄段尤为明显。

发明创客阶段:为生活而创,学生利用创客学习解决自己生活中遇到的问题。这种解决可以是完整有效的解决方案,也可以是建造模型提出方案。

生活创客阶段:为社会而创,学生可以参与到社会生活和社会事件当中,利用

创客学习改善社会生活。例如前两年由学生自己设计制作的广场舞录音机,既满足大妈跳舞的需求,又避免了扰民的不利影响。

(二)"美雅空间"的课程评价

"美雅空间"系列创客教育将多学科知识融入创客项目,学科知识无疑是其中的一项评价内容,除此之外,创客教育的教学评价还须关注其他内容。具体如下(见表3-28)。

表3-28 豫章小学"美雅空间"实践活动评价项目表

活动项目:　　　　活动对象:　　　　带队老师:　　　　活动时间:

评价项目	评　价　要　点
创作准备 15分	活动前对学习对象有所分析,包括学生参与学习的目的、期望达到的目标和相关的知识与经验,学生的兴趣点。
创作内容 25分	创作内容的设计要体现学生掌握的知识和技能、学生对知识的应用能力及创新意识,符合情感态度、实践能力、综合知识、学习策略的培养目标。充分展现学生的创新创造能力、动手实践能力、自主学习和自我反思能力、交流协作能力和分享意识等。
创作过程 30分	学生参与创作过程主动热情,专注投入。对创作过程有深刻的理解,学生在创作过程中体现了一定的创新和创造能力、批判性思考能力。学生之间的协作状况好,表现出一定的责任感和努力程度等。
创作作品 30分	最终的作品能较好地完成规定的任务。学生对学习成果表示满意,对自身学习成果能进行反思,有进一步的学习期望。
总　分	

总之,南昌市豫章小学"美雅课程"符合新时代对课程建设的要求,是凝聚集体智慧的产物。"美雅课程"创造了"和而不同"、"各美其美"、"美美与共"的教育新境界,观照儿童的人文精神与信念,尊重儿童的个人知识与经验,使儿童教育成为一种有意义的活动,充满生命的意蕴,向着"尚雅人生"智慧前行。"美雅课程"拥有独特的知识体系、特定的逻辑范式、相应的思维方式以及内蕴的文化架构。该课程育人价值内涵丰富,注重引导儿童理解若干关键概念及相互之间的关系,把握学科的科学思维方式,体验学科的科学思想方法。学校课程在学生与学科之间搭建起了

对话的桥梁,实现自我的塑造和转变。全体教师以学生终身发展为本,充分挖掘每一个学生的潜在能力,有意识地培养学生良好的品行,丰富的知识,注重提升学生的综合素养,卓有成效地为每一个孩子的幸福人生奠基。

第四章

筑梦未来：学校课程的意义建构

人之所以伟大，是因为他一直在设计着伟大的梦想；人之所以伟大，是因为他一直在实践着伟大的梦想；人之所以伟大，是因为他一直在创造着伟大的梦想。学校的课程建设不能只满足于传承，还应为孩子的梦想而创新，顺应时代需求和学生身心发展要求，重新解读育人目标，给予师生更多的成长机会，引领着每个孩子勇敢自信地追逐梦想。

人之所以伟大,是因为他一直在设计着伟大的梦想;人之所以伟大,是因为他一直在实践着伟大的梦想;人之所以伟大,是因为他一直在创造着伟大的梦想。有哲人云:人,因梦想而伟大。每个人心灵的天空,都飞翔着梦想的精灵。[1] 试看各个行业的佼佼者,无一不是对梦想执着地追求。校园里每一个天真烂漫的儿童,都有着色彩斑斓的梦想,作为学校,应该成为呵护学生梦想的摇篮,成就学生梦想的港湾。因此,学校的课程建设就不能只满足于传承,而应该有所创新,立足于每个孩童梦想的实现。建设课程,筑梦未来,顺应时代需求和学生身心发展要求重新解读育人目标,使学校课程的建设始终驰骋在良性的轨道上,给予师生更多的成长机会与可能,让教师充满智慧、让学生充满激情、让教学充满灵性,放飞每个孩子的梦想,引领着每个孩子勇敢自信地追逐梦想。

建构翔梦岛课程,让学生与课程在特定的时空中相遇、相互作用,彼此进行对话、交流,形成意义的建构,学生生命的成长、精神的发展随着学生的课程参与,逐梦未来的经验不断扩大和加深而得以实现。以"课程更多选择,学习更多自主,发展更多个性"为着力点,积极探索以"丰富资源、自主学习、个性发展"为特征的翔梦岛课程建设,更加强调激发每个学生逐梦成长的内驱力,更加关注每个学生点滴的进步,让孩子们的学习有更多的选择,有更多的舞台,有更多的体验,让每个孩子在花期到临时,努力绽放自己,形成"群星璀璨"的美妙图景。[2]

➡ 育人坐标
南昌市东湖小学

南昌市东湖小学坐落于美丽的东湖之畔,是一座历史悠久的老牌名校。学校

---

[1] 廖文胜.为孩子的梦想而创新[J].人民教育,2002(3):24.
[2] 沈茂德.高品质高中建设:从激情呼唤走向实践行动[J].江苏教育研究,2019(2):4-8.

创办于20世纪30年代,初名为南昌私立正理小学,1949年9月,数校合并为体专附小。解放后,校名再经变更,至1985年9月,学校正式定名为南昌市东湖小学。学校占地6 404平方米,总建筑面积9 637.5平方米,建有200米全塑胶跑道、多媒体阶梯教室、舞蹈房、篮球场、音体美专用教室等众多功能房。学校重视校园文化建设,校园环境优美,文化氛围浓厚,学校始终致力于培养学生的创新精神、公益意识和开放的思路,通过一系列丰富多彩的红色教育活动,弘扬正能量,传播主旋律,形成了鲜明的办学特色,受到社会各界人士的一致好评,办学品味和社会美誉度不断提升。学校秉承"和、诚、勤"的校训,实践"让梦想成为一种动力,让翱翔成为一种能力,让创新成为一种自觉"的工作思路,同心同德,甘于奉献,努力开创学校工作新局面,用教育发展的使命感,托起每个孩子成长的梦想!

第一节 翔梦成就出彩人生

一、学校教育哲学

"生活在我们伟大祖国和伟大时代的中国人民,共同享有人生出彩的机会,共同享有梦想成真的机会,共同享有同祖国和时代一起成长与进步的机会。有梦想,有机会,有奋斗,一切美好的东西都能创造出来。"这是2013年习近平总书记在全国人民代表大会上的讲话,筑梦飞翔,立德树人,帮助学生扣好人生第一粒扣子,这是习总书记对所有教育人的深情寄托。编织梦想,拥抱梦想,实现梦想,因为梦想,东小人选择远方,"翔梦"让东小师生怀揣雄心,在现实的教育中追逐梦想,把"拼搏向上、展翅翱翔"酿成梦想的芬芳!基于此,学校形成了"翔梦教育"的教育哲学,即通过激扬学生梦想,引领学生追求梦想,自由翱翔,开拓进取,茁壮成长。我们认为:

教育即点燃梦想。有梦想,前行才有动力;有梦想,对未来才有憧憬;有梦想,才会充分品尝成功后的快乐。抓住每一个同学的闪光点,给予他们真诚的鼓励,最大程度地帮助学生支撑起人生理想信念的风帆。激发梦想,把梦想亮出来,鼓励学生朝着自己喜欢的方向前进。怀中有梦,心中有爱将是成长给予孩子们最高的恩赐。

教育即呵护梦想。呵护一颗颗自由飞翔的心灵,培养孩子爱的情感、奉献的精神和创新的能力,促进孩子自我学习、自我提升和自我发展,不断丰满孩子追求梦想、勇于飞翔的勇气和能力。

教育即追逐梦想。要实现梦想必须刻苦勤奋,付出艰辛的劳动,勇于创新,敢于向上。通过激扬学生的梦想,让梦想引领学生健康成长、积极生活,不断超越自我,保持为自己继续实现梦想的能力。教育需要有梦想的人,以梦想为目标,以梦想激发梦想,培养"怀揣梦想,激情飞翔"的翔梦教师团队,让教师过有梦的教育生活。

"翔梦教育"重在帮助学生拥有一个明确的梦想,树立为实现心中的梦想而不断奋斗的意识,创设有梦的教育,建立教育梦立方,创建富有"翔梦教育"文化气息的办学特色。因此,我校提出办学理念:让每一个梦想智慧闪耀。

我们的教育信条

我们坚信,

教育即梦想;

我们坚信,

只有梦想才能激发梦想;

我们坚信,

过有梦的教育生活是最美的;

我们坚信,

在这里,心怀梦想让我们展翅飞翔;

我们坚信,

给孩子们一片展翅飞翔的天空将收获精彩;

我们坚信,

托起每一个孩子成长的梦想是教育的神圣使命。

二、学校课程理念

在"和　诚　勤"的校训引领下,我们依据"翔梦教育"这一教育哲学,确定了自己的课程理念:给孩子们一片展翅飞翔的天空。具体内涵如下:

——**课程即有梦想的生活**。梦想是生活的延伸和拓展,而"我们的实际生活,就是我们的全部课程;我们的课程,就是我们的实际生活。"这是陶行知先生在长期的教育实践中,对于课程资源的全新思考。陶先生的"课程资源观"给了我们灵感,这启发我们在设计课程时,要善于利用身边的条件,让孩子在"做中学,在学中做"。了解学生生活,开发基于学生实际生活的课程,这才是课程开发的首要任务。

——**课程即有梦想的学习经历**。新一轮课程改革,指明课程是一个有计划地安排学生学习机会的过程,课程不仅要让学生掌握相关知识,更重要的是在学生积极体验和充分感悟的过程中,丰富学生的内心世界,在经历中收获正确的价值观。

——**课程即梦想的浇灌**。梦想只是一粒种子,需要浇灌才能成长。课程是带给孩子幸福的礼物,是给孩子发展提供的机会,因此,需要我们精心建设学校课程,即整合国家课程、地方课程、校本课程,不断提升实施质量,努力为不同的学生提供尽可能多的选择性课程,让丰富多彩的课程满足不同孩子的学习需求,尽己所能地去帮助他们实现梦想,努力绽放!

东风万里抒壮志,湖畔一心育英才!东湖小学,一座传统老校,一颗镶嵌在八一公园的明珠,承载了多少学子的梦想,放飞了多少学子的希望!给孩子一片展翅飞翔的天空,让东湖小学成为梦想起航的魔岛。课程成就梦想,在丰富的课程中遇到最美好的自己,由此我校的课程模式确立为:"翔梦岛课程"。

第二节　让每个孩子成为翔梦少年

一、学校育人目标

我们努力把学生培养成"有梦想、有主见、有情趣、有行动"的翔梦少年。具体如下:

——有梦想:身强体健,富有理想;

——有主见:思维活跃,富有见解;

——有情趣:志向高远,富有雅致;

——有行动:笃定前行,富有活力。

二、学校课程目标

为了更好地实现培养目标,我们把育人目标"有梦想、有主见、有情趣、有行动"按照学生不同的年龄特点进行了细化,形成了低、中、高段课程目标,具体如下(见表4-1)。

表4-1 东湖小学年段课程目标

育人目标＼年段	低年级	中年级	高年级
有梦想	1. 知道什么是梦想,有自己的梦想,知道自己长大想干什么,近阶段的梦想是什么。	1. 知道要实现梦想必须刻苦勤奋,付出辛勤的汗水。 2. 懂得积极健康地生活、持续不断地学习,为梦想助力。	1. 不断修正自己的梦想,努力向上。 2. 明确自己的梦想,知道哪些事情能够帮助自己离梦想越来越近,为了自己的梦想不懈努力。
有主见	1. 热爱生活,愿意学习,能从日常生活中发现感兴趣的问题。	1. 乐于动脑,培养浓厚的学习兴趣,注重个性化的阅读体验,并初步学习对生活中的现象发表自己的看法。 2. 热爱生活,能对自然界以及生活中的现象提出疑问,并能尝试独立去探究问题的答案。	1. 乐于动脑,能阅读观点鲜明的文章或书籍,能熟练地将所学运用于实践。 2. 热爱生活,学习积极主动,有自信,能独立思考,能表达自己的感受和观点。 3. 能进一步思考解决问题的策略,并较有逻辑地讲述理由。
有情趣	1. 讲文明、懂礼貌,遵守校园礼仪,初步养成良好的卫生和行为习惯。 2. 去到常见的公共场合能有较得体的举动,并初步发现生活中的美。	1. 践行良好行为习惯,培养审美观点,进一步提高审美鉴赏能力。 2. 喜欢亲近自然,感受自然的美,乐于了解自然知识、自然与环境事件,知道人类是自然的一份子。	1. 热爱家乡,热爱祖国,热爱大自然。 2. 自觉遵守社会规则,待人接物注重礼仪。 3. 能从自然中发现美,并懂得尊重自然。 4. 有一定的审美能力,并乐于创造美。

续 表

育人目标＼年段	低年级	中年级	高年级
有行动	1. 学会倾听，学会沟通。 2. 乐于和小伙伴互帮互助共同进步。	1. 能根据需要主动与家长、同学、老师沟通。 2. 乐于承担家庭任务、班级任务，有一定的责任意识。	1. 必要时学会用书信、倡议书等方式与他人沟通，向社会发出自己的声音。 2. 践行与人为善的价值观，担任志愿者，体现小公民的担当。

第三节 多彩的"翔梦岛"课程体系

一、学校课程逻辑

根据多元智能理论，我校的课程分为五大领域：

践·梦课程：品格与社会领域课程。我校是一所红军小学，传承红色基因，让孩子从小学会互助、分享、坚持与奉献，已成为学校德育特色，也是学校育人的重要目标。因此，践梦课程是"翔梦岛"课程的重要组成部分。

慧·梦课程：语言与交流领域课程。未来社会的人才，一定是能表达、善合作的新型人才。国际之间的碰撞将日趋频繁，因此，这一课程是"翔梦岛"课程不可缺少的一部分，它涵盖了语文、英语等语言实践方面的内容。

创·梦课程：科学与逻辑领域。"全面提高学生的科学素养"是每一所学校育人的重要目标，也是科教兴国的重要内容。因此，这一课程指向数学、科学等领域，期待全面培养学生的数学和科学素养，在孩子心田种下自然科学的种子，并懂得科学改变生活。

健·梦课程：体育与健康领域。强健的体魄是学生学习和成长的重要基础，健梦课程包括体育及其拓展课程。让孩子快乐运动，习得体育技能，并享受体育运动带来的快乐是这一课程的目标。

雅·梦课程：音乐与美术领域。感受艺术、学习艺术是学生享受美好健康人生，追求生活情趣的重要内容。因此，这一课程指向学生美育的培养，期待学生从艺术欣赏中乐于发现美、欣赏美，并乐于创造美，成长为优雅的追梦少年。

值得一提的是，五大领域课程的实施并不是一味拓展，而是在"翔梦岛"课程结构下，开展三级课程的科学整合：国家课程占60%，拓展课程占30%，个性化课程占10%。这种课程整合并不是随意的、盲目的，而是根据学科自身的特点以及培养目标来定，比如，语文与英语这两门学科指向的都是语言文字的运用与表达，培养的是语言与交流能力，将两者划归于"慧·梦课程（语言与交流领域课程）"是比较科学的做法。

这样的课程架构既兼顾了义务教育阶段对学科教学的要求，又通过拓展性课程与个性化课程的补充去挖掘每一位学生的潜能，培养综合素质的人才，实现有梦想的教育。具体如下（见图4-1）。

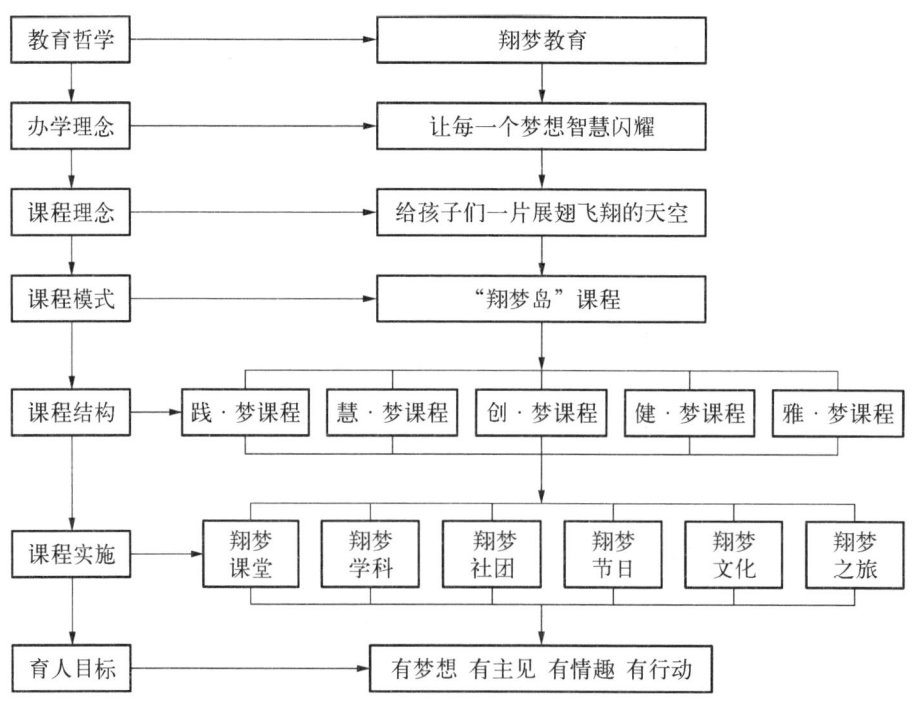

图4-1 东湖小学"翔梦岛"课程逻辑图

二、学校课程设置

基础课程按照国家规定的课程计划开设,东小的校本课程按年级设置如下(见表4-2)。

表4-2 东湖小学"翔梦岛课程"设置表

课程\年级		践·梦课程 (品格与社会)	慧·梦课程 (语言与交流)	创·梦课程 (科学与逻辑)	健·梦课程 (体育与健康)	雅·梦课程 (音乐与美术)
一年级	上学期	健康教育 课堂礼仪	拼音王国探险 汉字碰碰碰 语言表演	珠心算 中国象棋 地球知多少	跳绳达人 趣味游戏	巧手纸花 托盘艺术
	下学期	安全教育 集会礼仪	童诗诵读 读写绘 提前读写	百变七巧板 五子棋 电脑画画	少儿健美操 跳绳达人	彩豆贴画 T台秀
二年级	上学期	用餐礼仪 感恩教育	韵文诵读 字母乐园	趣味魔方 昆虫天地	花式篮球 飞行棋	创意丝袜花 树叶贴画
	下学期	快乐的节日 讲红色故事	拼音日记 绘本新编	数学日记 植物种子的秘密	武林争霸 趣味体能	闪亮金话筒
三年级	上学期	和兴国小伙伴手拉手 互助教育	日记之旅 英乐馆 形体表演	数独 扫雷世界	跳棋 乒乓球	形体入门
	下学期	分享教育 章金媛爱心志愿服务	读写绘 小古文 英语角	数学魔术 神机妙算	军棋 田径	合唱艺术 插花
四年级	上学期	法治常识 国防教育	英文口语 单词串烧 课本剧社	思考力训练营 航模	足球 快乐呼啦圈	合唱艺术 国画社团
	下学期	生命教育 合作交往团辅	百花文学社 英文歌谣 演讲与朗诵	数学游戏 机器人课程	围棋 快乐篮球	想象画 快乐音乐

续表

课程\年级		践·梦课程（品格与社会）	慧·梦课程（语言与交流）	创·梦课程（科学与逻辑）	健·梦课程（体育与健康）	雅·梦课程（音乐与美术）
五年级	上学期	成长礼仪 节日课程	英语诵读 课本剧场	电子编程 无线电	中国象棋 田径	舞蹈艺术
五年级	下学期	兴国手拉手 民族精神教育	口语秀 悦读与写作	数学与运用 头奥课程	围棋 足球	中国画入门 衍纸手工
六年级	上学期	章金媛爱心 志愿服务	创意读写 小小演说家 导游秀英文	扑克魔术 科学小实验	排球 田径	舞蹈 名画模仿秀
六年级	下学期	陆院手拉手	书法与欣赏 英文课本剧 创意写作	数学与运用 机器人	足球	器乐社团 时装达人

以上课程设置，直观地呈现了"翔梦岛课程"是如何实现"国家课程＋拓展性课程＋个性化课程"的融合，是如何在不同年段让"有梦想的教育"落地的。这些课程，面向全体学生，面向全体学生的未来生活，充分考虑到学生的个性需求，力图做到趣味多样，尽量满足不同孩子的选课需求。

第四节　给孩子们一片展翅飞翔的天空

根据学校把学生培养成"有梦想、有主见、有情趣、有行动"的"翔梦少年"这一育人目标，学校倡导"翔梦教育"，通过激起儿童的梦想，让梦想领航成长，让梦想陪伴成长，旨在营造儿童快乐学习、幸福生活的绿色"教育生态"。为此，学校将通过建构"翔梦课堂"，推进学科基础课程的有效实施；建设"翔梦学科"，推进学科拓展课程的全面落实；创设"翔梦社团"，推进兴趣爱好课程的全面落实；创设"翔梦节日"，推进节庆文化课程的全面落实；建设"翔梦空间"，推进创客教育课程的全面落实；聚焦"翔梦文化"，推进红色教育课程的深度落实；推行"翔梦之旅"，推进研学旅行课程的积极开发等途径推进学校课程建设。

一、建构"翔梦课堂",推进学科基础课程的有效实施

"翔梦课堂"在原有的课堂文化基础上,进行了课堂教学文化的重新调整,聚焦学生核心素养,体现出教学理念的开放,教学目标的全面,教学内容的丰富,教学方法的高效,教学评价的激励。突出教师的主导地位,学生的主体地位,以学定教,真正变课堂为学堂,将评价点落在学生在课堂上的生长。"翔梦课堂"是方法多样、自我实现、鼓励引领、生动灵活的课堂。

(一)"翔梦课堂"的要义与操作

"翔梦课堂"是方法多样的课堂。在梦想课堂中,教师会根据课程特点、教学内容、学生经验、学习习惯等设计多种多样的教学方法,让学生高效学习。

"翔梦课堂"是自我实现的课堂。在丰富多彩的翔梦岛课程体系中,每一个学生都能找到自己的兴趣和需求所在,都能有所习得,在各自的能力水平上得到提升,获得自我发展。

"翔梦课堂"是鼓励引导的课堂。在梦想课堂学习中,教师善鼓励,懂欣赏,学生每一次的大胆尝试、积极展现、智慧创新,都能得到尊重,在这样的过程中不断朝着自己的梦想前行。

"翔梦课堂"是生动灵活的课堂。尊重孩子的生命和需要,还原孩子本真的天性。改变传统的教育观念、教学行为和教学习惯,从注重研究教师怎样"教"转到研究学生怎样"学"上来,让学生真正成为学习的主体、交流的核心,让学生的思想在温情中倾听,在自主中合作,在思考中顿悟、升华。①

"翔梦课堂"是激活动力的课堂。翔梦岛课堂就是通过增强学习自信心,助力学习正向动机,缓解学习压力,引导教师充分调动学生的积极性,教给学生学习的方法,积极关注学生真实的学习过程,并在教学实施中提高学生学的兴趣、学的能力,鼓励学生提出自己的学习需要,引导孩子正视学习困难,乐于向困难发起挑战,

---

① 王晶晶.巧妙整合,塑造灵动的小学数学课堂[J].数学大世界(上旬),2017(10):1.

享受解决问题的快乐,真正成为学习的主人。

(二)"翔梦课堂"的评价标准

根据"翔梦课堂"的内涵,我们制定以下评价标准(见表4-3)。

表4-3 东湖小学"翔梦课堂"评价表

评价维度	评 价 要 点	效果
课程理念突出	1. 符合学校课程理念,给孩子一片展翅飞翔的天空。	
	2. 有开放的教师观和学生观。	
教学目标适度	1. 教学目标关注学校"有梦想、有主见、有情趣、有行动"的育人目标。	
	2. 目标制定关注相关学科核心素养的培养。	
	3. 目标制定关注教材、年段、学科、学情,并制定恰当。	
	4. 达到预期的教学目标。	
教学内容丰富	1. 用好教材、适度拓展、创造使用。	
	2. 注意知识的拓展及课程资源的开发。	
	3. 拓展适度,体现时代性,点燃学生思维的火花。	
	4. 学生对教学内容感兴趣。	
教学方法多样	1. 给学生自主学习(实践)的空间。	
	2. 教学组织形式多样,注重合作学习。	
	3. 教学环节精心设计,提问有思维含量。	
	4. 学生有主见、乐表达、敢质疑、有创新。	
	5. 学生灵动积极,呈现出积极的精神面貌。	
	6. 教学方法关注学法指导。	
教学评价多元	1. 评价重激励,教师呵护梦想、点燃梦想。	
	2. 评价方式多样。	

二、建设"翔梦学科",推进学科拓展课程的全面落实

近年来,随着课程改革的进一步深化,特别是信息技术的发展,对"多样化、个

性化、创新型、复合型"应用人才的需求愈加迫切,光靠单一的国家课程、地方课程或者校本课程"线状"建设与实施已经无法满足社会发展对教育的需求,必须实现三级课程的科学整合。

(一)"翔梦学科"的建设路径

根据学校各学科师资力量,倡导教师在国家课程校本化实施的基础上总结经验,以某门学科为原点,设计基于某门学科特色的"1+X"课程群。"1"是教师所教授的国家基础性课程,"X"是指教师根据国家课程开展的拓展性课程,是基础性课程的延伸。

根据学校教师特长,我校拟在语文、数学、体育学科中先行探索1+X课程建设,拟开发以下课程(见表4-4)。

表4-4 东湖小学"翔梦学科"课程设置表

	目前计划开发的内容				
翔梦语文 1+X课程	主题阅读	节日与文化	戏剧	书法与楹联	古诗吟诵
翔梦数学 1+X课程	身边的统计学	少儿数学	马拉松里的数学	趣味数字万花筒	编程与数学
翔梦体育 1+X课程	足球系列课程	趣味游戏	运动达人秀	体育舞蹈	跟着喜欢的运动员去旅行

(二)"翔梦学科"的评价标准

课程群建设通过建立评估体系来保障其有效实施,应具有以下几项标准:

1. 课程哲学内涵丰富。学科课程哲学应体现与学校教育哲学的承接,体现时代特色,指向学科育人,体现学校办学理念,内涵丰富,学科特色鲜明。

2. 课程目标指向清晰。学科课程群目标指向应依据学科课程标准及学校育人目标,基于学校实际,应使目标定位高于学科课程标准。

3. 课程内容丰富多维。学科课程群除规定的国家课程之外,拓展类课程应丰富多样,关注不同学生的兴趣和思维方式,应至少立足于学生某一项素质的培养。

4. 课程实施科学高效。课程实施应方法得当,措施有力,应着力体现教师的主导地位,学生的主体地位。教师教学效率高,教学效果好。

5. 课程评价规范全面。课程评价应做到内容全面、方式多元。注重过程性评价,注重多元性评价,充分发挥评价的诊断和激励功能,让评价促进学生的学习成长。具体如下(见表4-5)。

表4-5 东湖小学"翔梦学科"课程评价表

A级指标	B级指标	评 估 标 准	评估方式	权重	得分
课程哲学	课程哲学	课程哲学与学校教育哲学相一致。	查看课程方案	10%	
	课程理念	课程理念彰显学科课程特色,体现学科育人。		10%	
课程目标	课程总目标	总目标指向清晰,高于学科课程标准,与核心素养相对应。	查看课程方案	10%	
	分年级目标	年级目标与学生年龄特点相符合,设定科学、可行,具有层次性。	查看学科课程方案、学科课程纲要	10%	
课程内容	整体设置	课程内容丰富,整体设置具有逻辑性,有梯度,有难度。与课程目标相一致,暗含课程目标,内容与学生生活实际相结合。	查看学科课程纲要	10%	
	教材资源	教材准备充分,适合学生学习,资源丰富,形式多样。	查看学科教材	5%	
课程实施	课时安排	课时安排合理,有一定的科学性。	查看学科课程纲要	5%	
	课堂教学	课程实施方法得当,措施有力,充分体现教师的主导地位,学生的主体地位。课堂组织有序,并高效使用自主、合作、探究等学习方式。	入班观课"翔梦课堂"评价表评价	20%	
	教学效果	学生在课程中知识技能明显提高,学生喜爱程度高。		10%	

续 表

A级指标	B级指标	评估标准	评估方式	权重	得分
课程评价		评价内容具体,措施方法得当,权重明确	入班观课 查看学科课程纲要及学生学业评价档案	10%	

三、创设"翔梦社团",推进兴趣爱好课程的全面落实

为让每一种兴趣都被尊重,每一项潜能都得到激发,每一个个体都得到绽放,学校开设"翔梦"社团,充分挖掘学生潜能,让学生享受学习的快乐、合作的魅力和成长的幸福。

(一)"翔梦社团"的宗旨和类型

"翔梦"社团旨在"立德树人"的时代背景下,作为"学科育人"的补充与完善,即通过社团聚集志同道合的小伙伴,通过专项学习或活动开展,进一步激发某一方面的兴趣或潜能,进一步开阔视野,增长知识,提升能力。在社团学习活动中,进一步陶冶情操,培养爱学习、爱合作、善交往、乐创新的现代小公民素质。通过社团活动,进一步促进积极向上的校园文化的形成,涵养为梦飞翔的东小学子气质。社团类型分为体育类、艺术类、语言类、思维类、社会类五大类课程。具体如下(见表4-6)。

表4-6 东湖小学"翔梦社团"课程设置表

编号	社团名称	活动宗旨	面对对象	成员人数
1	"翔梦"篮球社	提供一个聚集梦想、碰撞智慧、实现自我的平台。 一起交流,互相合作,互相促进。继承传统,提倡创新。	1—5年级	40
2	"翔梦"足球社		1—6年级	60
3	"翔梦"乒乓球社		3—5年级	30
4	"翔梦"网球社		3—5年级	10
5	"翔梦"合唱社		3—5年级	70
6	"翔梦"舞蹈社		1—4年级	40

续表

编号	社团名称	活动宗旨	面对对象	成员人数
7	"翔梦"书法社	提供一个聚集梦想、碰撞智慧、实现自我的平台。一起交流,互相合作,互相促进。继承传统,提倡创新。	1—6年级	30
8	"翔梦"绘画社		1—6年级	30
9	"翔梦"摄影社		5—6年级	20
10	"翔梦"文学社		3—6年级	40
11	"翔梦"朗读社		1—6年级	30
12	"翔梦"戏剧社		4—6年级	20
13	"翔梦"魔法社		4—6年级	30
14	"翔梦"美食社		1—6年级	50
15	"翔梦"爱心社		1—6年级	60
16	"翔梦"科技社		3—6年级	60
17	"翔梦"二胡社		1—3年级	20
18	"翔梦"管弦社		1—4年级	50
19	"翔梦"小提琴社		1—4年级	20
20	"翔梦"环保社		2—5年级	30
21	"翔梦"轮滑社		1—3年级	30
22	"翔梦"双语社		3—6年级	60

(二)"翔梦社团"的评价要求

"翔梦社团"的评价要求(见表4-7)。

表4-7 东湖小学"翔梦社团"课程评价表

| 评价对象 | 指标体系 | 评定标准 | | 自评 | 督评 |
		等级内容			
社团工作	组织建设	1. 有领导小组 2. 规章制度健全			
	目标计划	1. 有年度计划 2. 有活动目标 3. 计划可行 4. 目标恰当			

续 表

评价对象	指标体系	评定标准		自评	督评
		等级	内容		
社团工作	学生活动	1. 活动出勤率高 2. 师生交流融洽 3. 学生有分工、有合作 4. 学生及时交流活动感受			
	教师指导	1. 教师指导及时、到位 2. 积极参加各级别学习、培训、交流 3. 能调动社员积极性			
	活动成效	1. 活动正常开展,获得学生喜爱 2. 学生活动自主,能力得到锻炼 3. 活动在校园网上有宣传或活动有成果			
	校本课程研发创新	1. 能及时总结经验撰写小结或论文 2. 能有意识、有计划地开发校本课程 3. 校本课程获教研部门认可			
	活动记录	1. 活动记录及时、完整 2. 活动记录保存完好 3. 学生过程性表格、音频、视频等资源有备份			
	安全保障	1. 活动有安全预案 2. 活动前注意安全教育,无安全事故			

四、创设"翔梦节日",推进节庆文化课程的全面落实

"翔梦节日"即雅·梦课程。学校以传统节日、现代节日、校园节日为依托,积极开展节庆活动,营造隆重的节日仪式感,丰富校园文化,深入推进课程育人,为育人目标的实现奠定扎实基础。

(一)"翔梦节日"的具体操作

1. 传统节日课程。传统文化是民族独特的记忆,是根植于老百姓心中的温暖记忆。中华民族五千年的历史孕育了丰富的传统文化,而节日文化则是这些文化中最独特、最耀眼的。因此我校通过借助这些传统节日开发"翔梦节日"课程,让学生在了解节日由来、节日风俗、与节日有关的历史和故事等活动中感受中华传统文

化的魅力,培养民族自豪感,增强文化自信心。我校的节日课程内容如下(见表4-8)。

表4-8 东湖小学"翔梦节日"之传统节日设置表

节 日	教育主题	教 育 内 容	系 列 活 动
春 节	爱国爱家	1. 知道春节的由来,感受团聚的意义 2. 关注压岁、拜年等习俗,感受国家强大的意义,升起爱国爱家的情感	1. 开展与家长共做家务和向长辈拜年活动 2. 向家庭成员了解不同时期的春节风俗,了解国家发展带来的过年方式的变化
元宵节	诗意生活	1. 了解元宵习俗 2. 了解元宵中的诗元素,感受诗意生活	1. 开展"赏花灯、猜灯谜、写寄语"等元宵特色活动 2. 开展做元宵、糊彩灯等活动
清明节	追思缅怀	1. 了解清明节由来及习俗 2. 了解家族历史,了解革命故事,追思先祖,缅怀先烈	1. 开展"家族历史大调查"活动 2. 开展文明祭扫活动,网上参加"撰写缅怀先烈寄语"活动
端午节	爱国主义	1. 了解端午节的习俗 2. 了解端午节的来历,接受爱国主义教育	开展"包粽子、话屈原"、"诗话端午"等活动
中秋节	家国情怀	1. 了解中秋节的来历、习俗 2. 从中秋节日中提炼与团圆有关的元素,培养家国情怀	1. 搜集、诵读有关中秋的诗词,在过中秋的过程中发现与团圆有关的元素 2. 开展"中秋书信"活动,表达家国情思
重阳节	尊老敬老	1. 了解重阳节的习俗 2. 知道敬老爱老的传统,并用行动关爱老人	1. 了解习俗,关爱家中老人,满足一个老人的心愿 2. 联合社区,开展"关爱空巢老人"爱心志愿活动

2. 现代节日课程。重要的现代节日是对学生进行主题教育的好机会和载体,为进一步丰富校园文化,浓厚育人氛围,我校设计的现代节日教育系列活动内容如下(见表4-9)。

表 4-9 东湖小学"翔梦节日"之现代节日设置表

节日	教育主题	教育内容	系列活动
元旦	向美期盼	从亲手布置教室、各项迎新活动中展示美育素养,激起对新年的期盼	1. 布置班级、迎新联欢 2. 迎新年游艺会 3. 新年美食节
三八国际妇女节	尊重女性	关注身边女性的工作、生活,向女性表达尊重与感谢	1. 学习赞美母亲、感恩母爱的文章、诗歌 2. 开展关爱母亲系列活动:一个拥抱、一句赞美、完成一个心愿、一封书信等
六一国际儿童节	感恩成长	在展示中收获自信,感恩父母和老师,体验成长的喜悦	1. 新少先队员入队仪式 2. 表彰校、区级"三好学生"、"少先队干部"、"文明学生" 3. 文艺汇演活动
八一建军节	军民共建	引导学生向解放军叔叔表达自己的敬爱,共叙军民鱼水情	1. 学生制作贺卡 2. 组织学生前往陆军学院开展"八一"军民共建活动
教师节	尊师重教	从活动中感受师爱,感恩学校和老师	1. 亲手做一份贺卡送给老师 2. 开展《老师(学校),我想对您说……》主题征文活动
国庆节	立志爱国	了解祖国的历史,感受祖国的强大,培养民族自豪感,确立为中国强大而努力读书的志向	1. 开展"我爱祖国"演讲会比赛 2. 主题征文 3. 节日小报 4. 中队诵读活动
学雷锋纪念日(3.5)	奉献友爱	了解志愿精神的内涵,积极践行社会主义核心价值观	1. 班级、学校召开学雷锋月系列活动 2. 开展我为社区送温暖志愿服务
植树节(3.12)	热爱自然	热爱自然,并能用行动保护自然、美化自然	1. "我"为学校添绿 2. "我"为家庭添绿 3. "我"为班级添绿 4. "我"是环保小卫士
防震减灾日(5.12)	安全意识	进一步强化安全意识,提高安全防护能力	1. 地震应急疏散演练 2. 开展"安全进校园"专题讲座

续 表

节 日	教育主题	教 育 内 容	系 列 活 动
国际禁毒日(6.26)	健康生活	知道毒品的危害,拉起远离毒品警戒线	1. 开展"禁毒知识进校园"活动 2. 召开主题班会 3. 开展校园禁毒宣讲
少先队建队日(10.13)	爱党爱红领巾	增强"我爱红领巾我爱党"的情感	1. 新队员开展入队仪式 2. 评选美德少年 3. 开展《我爱红领巾我爱党》主题班会

3. 校园节日课程。 校园节日是以学生的校园生活为依托,由学生自主设计的校园文化课程,它充满了仪式感,增强了学生的责任感和参与度。具体安排如下(见表 4-10)。

表 4-10 东湖小学"翔梦节日"之校园节日设置表

节日时间	主 题	节日内容	活 动 形 式
三月	科技	"翔梦"科技节	开展科幻画、科技制作、头脑风暴等系列活动
四月	体育	"翔梦"足球节	举行校级足球联赛、足球征文绘画比赛
五月	戏剧	"翔梦"戏剧节	举行班级、年级戏剧展演活动
六月	艺术	"翔梦"艺术节	举行钢琴、小提琴、二胡、管乐、合唱演奏会
九月	阅读	"翔梦"读书节	主题读书活动 经典剧展演 读书节展示
十月	美食	"翔梦"美食节	开展美食欣赏、制作活动
十一月	书画	"翔梦"书画节	开展摄影、书画大赛
十二月	朗诵	"翔梦"朗诵节	结合"周末听吧"开展"翔梦"小小朗读者活动

(二)"翔梦节日"的评价要求

"翔梦节日"的评价要求见表 4-11:

表 4-11　东湖小学"翔梦节日"课程评价表

评估内容	评估标准	评估方式	自评	督评
课程规划 30分	节日课程有规范的活动设计。15分	访谈学生、查阅资料		
	节日课程有计划有总结。工作计划任务明确、重点突出、措施得力。工作总结全面具体。15分	访谈学生、查阅资料		
课程实施 40分	节日课程活动按计划实施，每学期活动不少于15个课时，过程性资料详实。20分	查阅资料，访谈学生		
	每学年至少进行1次校内交流展示。20分	查阅资料		
课程评价 30分	每学年至少对学生在该课程中的表现进行一次评定。15分	访谈学生、查阅资料		
	积极参加相关比赛，并获得奖项。15分	访谈学生、查阅资料		

五、聚焦"翔梦文化"，推进红色教育课程的深度落实

(一)"翔梦红色文化"的专题聚焦

"翔梦文化"即践·梦课程。东湖小学是南昌市唯一一所"八一"红军小学。多年来，学校紧紧围绕红色教育这一主题，挖掘红色资源，发扬红色传统，传承红色基因，从而引领学生做红色、立志、向善、有信仰的接班人。

1. 牵手兴国，做红色的接班人。 1986年，南昌市东湖小学与位于将军县模范乡的长冈上社中心小学签下了"互帮互学　互相促进"的友好协议书。自此以后，两所学校虽距千里，但心手相牵、互帮互助，共同播种下了携手共进、合作共赢、共创未来的希望之种。具体如下(见表 4-12)。

表 4-12　东湖小学"翔梦红色文化"之牵手兴国主题设置表

活动内容	活动形式
"星星火炬共照振兴路"活动	两校少先队员亲手制作"友谊卡"，此"友谊卡"互寄给对方。

续表

活动内容	活动形式
"寻访红色足迹"活动	队员们参观兴国将军馆(南昌革命烈士纪念馆),缅怀英雄事迹,体验先辈们的爱国情怀;听当地老红军讲当地英雄故事,领悟革命精神力量;重走革命胜地,接受革命传统教育。
"星星火炬共筑中国梦"活动	在当下的网络"微时代"里,"结对子"的学生常常利用QQ、微信进行交流,谈学习、谈人生、谈梦想……
"八个一"实践活动	交换一份礼物、阅读一本好书、学唱一首歌曲、感受一次城市发展、体验一次农耕生活、撰写一篇体验日记、参观一处红色基地、畅谈一次"我的中国梦"。
"我们是一家人"同吃同住	每年开展一次,与兴国小朋友同吃同住,一起上学,一起写作业……

2. 心有榜样,做立志的接班人。 习近平总书记说:"心有榜样,就是要学习英雄人物、先进人物、美好事物,在学校中养成好的思想品德追求。"在青少年的心目中,榜样的力量是无穷的。因此,树立榜样很重要。学校通过不同层面来引导学生树立榜样。学校充分依托校外实践基地——南昌市陆军学院,开展红色教育。具体如下(见表4-13)。

表4-13 东湖小学"翔梦红色文化"之心有榜样主题设置表

活动内容	活动形式
"少年军校"活动	队列训练、军史讲座,走访社区低保户。
"红领巾进军营"体验活动	每年假期,学校都会组织学生前往南昌陆军学院,让少先队员参观军营、兵器库、军史室,认识新式武器,了解军事知识;开展面对面的队列训练、体能训练。
举办"国防论坛"	榜样教育向基地外延伸,红色教育元素融入其中。

3. 志愿服务,做向善的接班人。 2012年,学校整合丰富的人文和自然资源,本着"合力建设、成果共享、服务社会、双向需求"的原则,搭建学校教育与社会教育、学生校园生活与社会生活相连接的桥梁和平台,牵手全国文明社区——上营坊社

区开展关爱空巢老人系列活动。2013年,学校特聘请中国红十字会授予的特别贡献奖得主、南昌市第三届道德模范——章金媛,担任东湖小学校外志愿辅导员。在她的带领下,学校成立了章金媛爱心奉献团南昌市东湖小学志愿服务队。引导学生积极参与志愿服务,做向善的接班人,传播主旋律,弘扬正能量。具体如下(见表4-14)。

表4-14 东湖小学"翔梦红色文化"之志愿服务主题设置表

活 动 内 容	活 动 形 式
"老少同乐庆"活动	组织学生前往敬老院,与孤寡老人一起开展活动,给他们带去欢乐。
"践行雷锋精神 关爱空巢老人"活动	关爱老人,奉献爱心。选拔优秀少先队员和空巢老人结对子。 (1) 生活服务:帮老人打扫卫生或力所能及地做些买菜、做饭、洗衣服等家务。 (2) 精神服务:陪老人聊天,给老人讲故事、读书读报,陪老人散步、游览,丰富老人的精神文化生活。 (3) 了解老人的需求,及时与其家人或社区取得联系,反馈老人的需求和生活情况,力所能及地帮助老人解决实际问题。 (4) 服务的同时可以开展一些调查、访谈等活动,增进对社会的了解,锻炼自己的能力,也可以从老人们的阅历和感悟中学习到人生的经验。
章金媛爱心奉献团系列活动	去"SOS"儿童村;参加"百里健行"公益活动;春运期间,队员们一起去火车站做小小志愿者。

4. 传承精神,做有信仰的接班人。红色教育旨在通过对学生进行爱国主义教育和革命传统教育,传承革命精神,引导学生做有信仰的、合格的共产主义接班人。

根据不同学段学生的特点,我校对红色教育进行合理化分层,对活动的内容和形式进行细化。

(二)"翔梦文化"的评价要求

"翔梦文化"的评价要求见表4-15:

表4-15 东湖小学"翔梦文化"评价表

评价内容	评价等级											
	自评				互评				教师评			
	A	B	C	D	A	B	C	D	A	B	C	D
参与活动的态度												
学习中的感悟和情感体验												
红色文化知识的积累情况												
红色活动的表现												
创新精神和实践能力发展情况												
学习收获或成果												
教师综合评价等级												

说明：1. 评价等级中自评、互评、教师评分别在相应等级栏内打"√"。2. 综合评等级分别为A、B、C、D，由教师填写。

六、推行"翔梦之旅"，落实研学旅行课程

"翔梦之旅"即践·梦课程。学校本着"生活即是课堂"的理念，把学校和社会、大自然联合在一起，结合作为红军小学的实际，开展特色的研学旅行课程，接受革命传统教育，丰富儿童的社会生活经验，培养儿童全人素养。

(一)"翔梦之旅"的具体操作

学校根据学生身心发展特点、学校独特的优势以及学校的办学理念和育人目标，设计了独具特色的"翔梦之旅"研学课程。具体如下：

1. 红色教育。充分利用南昌市、江西省丰富的红色旅游资源，用好《红色江西》地方教材，开展主题研学、参观访问等红色教育。

2. 大美河山。通过春季、秋季研学课程，带领孩子走进美丽的大自然，走进家乡的山山水水，感受祖国美丽的大好河山。

3. 传统与现代。设计不同的主题，感受传统建筑、文化、习俗，树立文化自信。同时，还可开展与市内外、省内外、国内外(新加坡)友好学校的交流互访等，开阔视野，领略现代城市之美、时尚之美。

4. 前沿科技。通过参观科技馆、博物馆等,感受科技给生活带来的变化,产生热爱科学的兴趣,并善于发现问题,进行科学小探究。

5. 时代问题。通过研学旅行活动,深入养老院、高铁站、军营、医院等场所,发现时代发展中的热点问题,并积极思考,与他人探讨解决问题的方法。

6. 成长励志。开展十岁成长礼和毕业研学活动。激励孩子们进一步知恩懂礼,珍惜少年的金色时光。

(二)"翔梦之旅"的评价要求

"翔梦之旅"的评价要求(见表4-16)。

表4-16 东湖小学"翔梦之旅"评价表

评价内容	评价细则	自评	互评	教师评
目标检测	情感态度价值观			
	积极性			
	参与情况			
过程管理	活动小组的分工情况			
	实施环节			
	活动完成情况			
成果评价	活动作品			
	摄影评比			
	其他形式等			

总之,"翔梦教育"重在帮助学生拥有一个明确的梦想,树立为心中的梦想而不断奋斗的意识,创设有梦的教育,建立教育梦立方,创建富有"翔梦教育"文化气息的办学特色,让每一个孩子心有梦想,快乐启航。

第五章

美好人格：学校课程的价值取向

教育是人的教育，教育必须目中有人。正如苏霍姆林斯基所言，在教师的劳动中，"最核心的是把自己的学生视为活生生的人"。学校课程的价值取向应建立在敬重生命、珍爱生命的基础之上，唤醒学生的生命意识，发掘学生的生命潜能，激发学生的生命活力，拓展学生的生命宽度，从而使学生追求生命的意义、塑造美好的人格、实现生命的价值。

教育是人的教育，教育必须目中有人。正如苏霍姆林斯基所言，在教师的劳动中，"最核心的是把自己的学生视为活生生的人"。教育应当以引导学生成人为第一要务，以发展人性、培养人格、改善人生为根本目的，最大程度地促进学生人性美好、人格健全、人生幸福。这是教育的价值所在，也是教育的本质所在。教育是美好的代名词，目中无人的教育，不仅不人道，容易使教育走向自己的对立面，甚至还会使教育失去存在的意义。每个学生都是鲜活的生命。一段教育历程，便是一段生命历程。学校课程的价值取向应建立在敬重生命、珍爱生命的基础之上，唤醒学生的生命意识，发掘学生的生命潜能，激发学生的生命活力，拓展学生的生命宽度，从而使学生追求生命的意义、塑造美好的人格、实现生命的价值。①

课程是每一个生命生长与发展必要的"养分"，是实现育人目标的有效载体。嘉实课程以长远的建设格局，把学校办学和学生的培养目标置于时代的宏大背景下来定位学校的品质课程开发，站在未来来看今天的教育，明确美好人格是对孩子的一生、未来的成长最重要的特质，结合所在学校的教育哲学、办学理念，把学生终身发展的核心素养与国家社会倡导的价值观进行匹配整合，关注品质课程开发对学生全面而富有个性成长的促进，给予每一位孩子内心温柔的、激烈的、细腻的等多种不同感受的冲击，让他们认识未来，与美好的未来不期而遇。②

➡ 育人坐标
南昌市东湖区八一嘉实希望小学

南昌市东湖区八一嘉实希望小学创建于 1952 年，原校址在扬子洲乡为民村，20 世纪 60 年代改迁至扬子洲乡前洲村，1995 年再次改迁于现址。学校占地 6 059

---

① 左昌伦.教育是一种生命关怀[J].湖北教育(教育教学),2012(07)：1.
② 郑志生,邬志辉.校本课程开发的复杂性审视及策略[J].课程.教材.教法,2018(8)：50-55.

平方米，建筑面积2 410平方米。学校现有17个教学班，学生749人，教职工40名，其中中小学高级教师2名，本科学历25人，研究生学历1人。学校老中青分布均衡，组成了一支既有教育教学业务水平，又有勇于创新拼搏进取精神的教师队伍。多年来，学校荣获"校本培训省级示范校"、"南昌市文明校园"、"南昌市社会主义新农村示范校"、"东湖区文明单位"等诸多荣誉称号。在学校的引领下，学校教师内强素质，外塑形象，有着生动活泼的学风教风、严谨求实的科学态度、勤勤恳恳的工作态度。在锐意进取中，多名教师取得国家级、省级、市级、区级优秀教师，优秀班主任，优秀教育工作者，师德标兵等头衔。

第一节　在这里与最美的未来相遇

八一嘉实希望小学由上海嘉实建设集团部分捐建，立"嘉言懿行　尚德务实"为校训，崇尚求真务实，旨在培养社会有用之才。

一、学校教育哲学

嘉实文化的内涵，就是崇尚一个"实"字。"实"，内涵丰富，意义深远，既体现在做人要实诚，做事要实干；又体现在生活要朴实，学习要踏实；还体现在过程要扎实，结果要厚实。嘉实文化是最贴近人性、贴近自然的"憨实"文化；是期待通过教育改变困窘命运，策人上进有为，植根洲尚乡土的"真实"文化；是值得我们追求、实践、验证、完善、发展、升华的，可贵的，有地方特色的"笃实"文化。为此，学校提出了"嘉实教育"的教育哲学。

"嘉"——善也，美也；"实"——真也，不空也。我们认为，"真、善、美"是孩子内在最美好的品质，"嘉实教育"是一种美好而实在的教育。我们的课程致力于挖掘孩子的美好。在此基础上，我们还提出了"拥抱美好，点亮未来"的办学理念。

我们的教育信条

我们坚信，

在这里,能与最美好的自己相遇。

我们坚信,

爱,是催生一切美好的不竭动力。

我们坚信,

实在,是成就人生理想坚实的基石。

我们坚信,

根植于泥土中的事业,终能酝酿果实的芬芳。

我们坚信,

八一嘉实,因为有你们、有我们,所以更加的美丽。

二、学校课程理念

在这里,与最美的未来相遇是我们的课程理念。学校是学生成长的重要场所,是孩子的第二家园。我们的课程学习是为了培养孩子求真务实的学习、生活态度,深入挖掘孩子优秀的内在品质,成就孩子的美好未来。

——课程即生命场景。我们的生命都是由一个个或漫长、或短暂的场景组合而成的,这些场景构筑了我们生命的每一个细节。而我们的课程是根据不同年龄段孩子的特点来设置,孩子可以根据兴趣爱好自由选择课程,在活动中去感受、体验。在这一过程中,孩子获得的信息、体验和能力,都将累积成他们最好的人生阅历,指引他们在未来的人生道路上不断前进。因此,我们的课程是一幕幕精彩的人生场景。

——课程即美好未来。课程在很大程度上是一种内在的心灵感召,给予每一位孩子内心温柔的、激烈的、细腻的等多种不同感受的冲击,它促使每一个身处教育情境中的人去追寻人生的目标。而我们的课程设置就是引领他们,在和风细雨中,得到无声的滋润,让他们认识未来,与最美的未来相遇。因此,我们的课程是一阙谱写美好未来的歌。

——课程即优秀文化。课程应该是一个经过多方整合的系统,它不应该仅仅是某一个领域的知识或者是一些活动的简单堆积。它应该是在特定的教育信条指引下的一个个知识点的有效整合,而这种整合应该是文化的相遇、碰撞及最后的融为一体,促使我们的孩子得到文化的熏陶与感染,因此,我们的课程是一段与优秀文化相遇的旅程。

总之,一所优质的学校应该构建一个有利于自己学校发展的课程整体,并且建立自己的课程体系,将每一个独立的、零散的科目进行有效整合,形成一个联系紧密的、有清晰逻辑的育人模式。换而言之,一所好的学校就应该有自己的课程模式,使其更好地推进学校课程变革的发展。在此基础上,我们将课程模式命名为"嘉实课程"。

第二节 乐享成长的嘉实少年

一、学校育人目标

学校立志要培养"嘉德、笃思、艺馨、健实"的嘉实少年。通过嘉实课程的有效实施,让每一位嘉实少年乐享成长。具体如下:

——**嘉德**:作为一个嘉德少年,应该有价值追求,认识自我,追求自我,成长为有理想、有道德的新一代少年。养成良好的生活习惯,学会做人,懂得基本的做人道理,具备必要的处事能力,有正确的价值取向,树立正确的人生观、价值观。

——**笃思**:作为一个笃思少年,应该热爱生活,乐于动脑,善于在日常生活中发现问题,提出问题,并能尝试探究问题的答案。能独立思考,能表达自己的感受,有自己解决问题的方法与策略。从生活经验出发,形成科学的思考能力,具有一定的质疑精神和创新能力。

——**艺馨**:作为一个艺馨少年,通过学习音乐绘画等实践活动,培养高雅的艺术情趣,发展能力,提高自身艺术涵养和艺术表现能力,丰富情感,陶冶情操,培养学生的观察与感知能力、创意与表现能力。

——**健实**:作为一个健实少年,积极参加体育活动,通过广播操、韵律操、武术棍等多种形式感受体育活动给自己的生活带来的乐趣,养成坚持锻炼的习惯,形成健康的生活方式,发扬永不言弃的体育精神。参加社会实践活动,形成积极乐观、坚强自信的生活态度,成为一个阳光健康的少年。

二、学校课程目标

"嘉实课程"总目标:让孩子的学识更广博,让孩子的将来更美好。具体如下(见表5-1)。

表5-1 八一嘉实希望小学分年段课程目标

育人目标 \ 年段	低年级	中年级	高年级
嘉德	1. 培养良好的生活习惯,自己的事情自己做,学会爱护环境,不乱扔垃圾,注意个人卫生,爱班级、爱学校、爱老师、爱父母,有礼貌,讲文明。 2. 养成良好的学习习惯,培养良好的交往习惯。	1. 有良好的道德观,懂得基本的做人道理,学会做人。 2. 养成良好的行为习惯,培养基本审美观。 3. 关心社会环境,能处理好个人与环境的关系,保护自然。 4. 交往得当,学会礼貌待人,文明用语。	1. 有正确的价值取向和为人处世的基本准则,树立正确的人生观、价值观。 2. 举止文明大方,与同伴友好相处。 3. 具有环保意识。 4. 具有诚实守信的品格。
笃思	1. 乐于动脑,基本养成听说读写的良好习惯。 2. 培养勤复习、早预习的学习习惯。 3. 热爱生活,善于从日常生活中发现问题、提出问题,并能尝试探究问题的答案。	1. 培养浓厚的学习兴趣,进一步养成听说读写的好习惯,能注重联系实际。 2. 热爱生活,能对自然现象和生活中的现象提出疑问,并能尝试独立探究问题的答案;能独立思考,能表达自己的感受,有自己解决问题的方法与策略。	1. 培养学生的科学素养,通过学习,保持和发展对自然的好奇心和探索热情,了解与认知水平相应的学科知识,体验科学探究的基本过程。 2. 培养良好的学习习惯,发展科学探索能力、学习能力、思维能力、实践能力和创新能力,具有创新意识、保护环境的意识和社会责任感。

续表

育人目标＼年段	低 年 级	中 年 级	高 年 级
艺 馨	1. 立足艺术基础型课程,培养学生艺术兴趣、艺术素养。 2. 依托艺术社团活动,培养学生艺术特长。 3. 组织开展各级各类艺术活动和比赛,丰富学校的艺术文化氛围。	1. 立足艺术基础型课程,培养学生艺术兴趣、艺术素养。 2. 依托艺术社团活动,培养学生艺术特长。 3. 组织开展各级各类艺术活动和比赛,丰富学校的艺术文化氛围,打造学校艺术特色项目。	1. 立足艺术基础型课程,培养学生艺术兴趣、艺术素养。 2. 依托艺术社团活动,培养学生艺术特长。 3. 组织开展各级各类艺术活动和比赛,丰富学校的艺术文化氛围,打造学校艺术特色项目。
健 实	1. 培养积极参加体育活动的兴趣,通过广播体操、舞蹈等多种形式,感受体育活动给自己带来的快乐。 2. 精力充沛,对生活充满热情与自信,会玩 1—2 项体育类游戏活动。	1. 积极参与体育运动,形成参与运动的兴趣和爱好,养成坚持锻炼的好习惯,养成健康的生活方式,培养积极乐观、坚强自信的生活态度。 2. 基本掌握 1—2 项运动技能,并积极参与各项实践体验类活动。	1. 能够积极参加体育活动,保持参与运动的兴趣和坚持运动的好习惯。保持愉快的心情,性格开朗大方,坚强而又自信。 2. 形成灵敏、协调、力量与耐力等良好的身体素质,通过国家体质健康测试。 3. 掌握 2—3 项体育运动技能,并使之成为特长项目。积极参与社会实践和学校及村委会的劳动及志愿者服务。

第三节　生长型嘉实课程体系

学校以"嘉实课程"为抓手,致力于实现培养"嘉德、笃思、艺馨、健实"的嘉实少年的育人目标,建构了学校"嘉实课程"的课程体系。

一、学校课程逻辑

学校课程是一个完整的体系,根据学校的育人目标、课程目标、课程理念,形成学校"嘉实课程"体系,具体如下(见图5-1)。

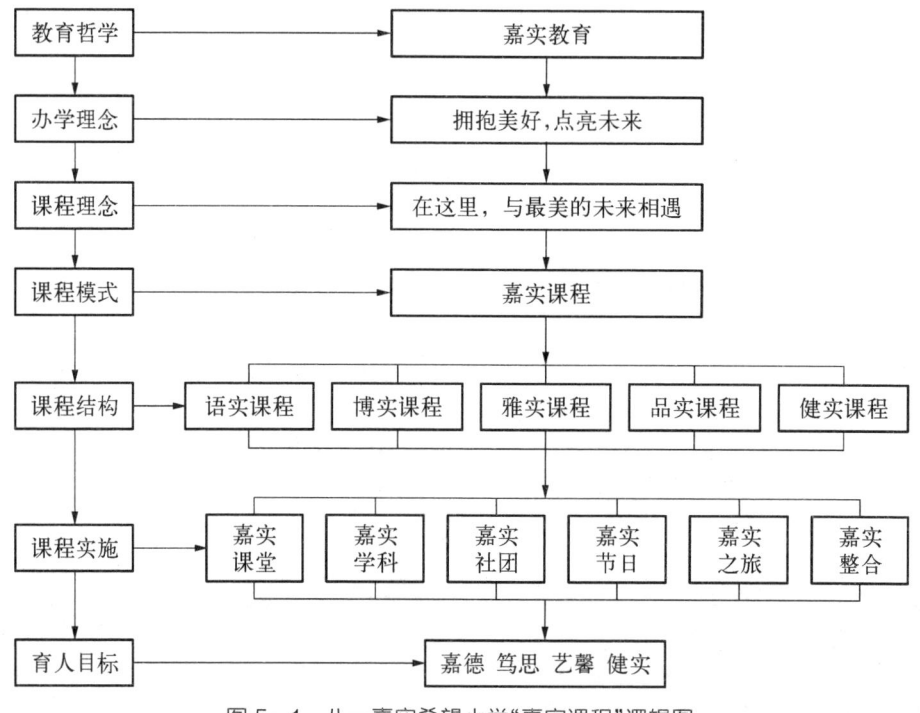

图5-1 八一嘉实希望小学"嘉实课程"逻辑图

二、学校课程结构

根据多元智能理论,我们将"嘉实课程"分为语实课程、博实课程、雅实课程、品实课程、健实课程五大类。具体如下(见图5-2)。

1. 语实课程属于语言与交际课程。此课程主要是让学生更好地使用语言,达到日常口语交际的较高水平。通过综合考察学生的参与意识、情意态度和表达能力,培养学生认真倾听的好习惯,使学生能文明地与人进行沟通和社会交往,培养

图 5-2　八一嘉实希望小学"嘉实课程"结构图

善于交流与表达的好少年。

2. 博实课程属于科学与探索课程。主要目标是培养学生的科学素养。通过这门课程的学习,激发对自然的好奇心,培养良好的学习习惯,发展学生科学探索能力、创新能力、实践能力和思维能力,了解与认知水平相应的学科知识,体验科学探究的基本过程,激发学生的创新意识、环保意识和社会责任感,培养一个具有科学探索精神的好少年。

3. 雅实课程属于艺术与审美课程。此课程旨在提升学生人文艺术素养,陶冶艺术情操,拓宽艺术视野,奠定多元发展基础。同时提升学生的整合创新、开拓贯通和跨域转移等多种能力,促进学生的全面发展,培养懂得艺术审美的好少年。

4. 品实课程属于自我与社会课程。此课程涉及道德礼仪和品格涵养领域,让学生将道德概念内化为一种本能意识,对自然万物抱有一颗感恩之心,对国家民族抱有一种敬爱之情,对家人朋友拥有一份珍爱之谊。让学生充实自我,学会做人,培养知感恩、懂礼仪的好少年。

5. 健实课程属于运动与健康课程。此课程旨在提高学生体能和运动技能水平,加深对体育与健康知识的了解;形成运动爱好和专长,培养体育运动的意识和习惯;发展良好的心理品质,增强人际交往技能和团队意识;塑造健康的体魄,逐步形成健康的生活方式和积极进取的人生态度。

三、课程设置

基础型课程按照国家规定的课程计划开设。此外,结合本地的地域文化和乡土文化课程资源,学校还开发了系列拓展型课程。具体如下(见表5-2)。

表5-2 八一嘉实希望小学"嘉实课程"设置表

		语实课程	博实课程	雅实课程	品实课程	健实课程
一年级	上学期	拼音对对碰 我是小小演讲家 拼音识字赛一赛	毫不起眼——昆虫的世界 漫长进化——祖先的由来 最早的昆虫 昆虫大家族	简单的数字 可爱的字母 有趣的汉字	新环境 我知道 新规范 我来学 好习惯 我能行 感恩母亲 感恩父亲 感恩手足 感恩老师 感恩同学 尊师礼仪 同学礼仪 升旗礼仪	简单的韵律操 简单的民间小游戏 学玩斗兽棋
	下学期	我会这样识字 你说我演 认字比一比	昆虫音乐家 昆虫的舞蹈 大搬家 团结就是力量	零食零食我爱你 好吃的食物 我最爱的玩具		趣味小游戏 花样跳绳 学玩飞行棋
二年级	上学期	七字绕口令 查字典比一比 搞笑顺口溜	树木体格大检查 多株繁殖以少变多 乔木灌木细区分 竹笋白天长得快,还是夜里长得快? 藤本植物 含羞草累不累?	陶土相关工具 陶土饰品配件 陶土上色用品	感恩班级 感恩学校 感恩集体 课堂礼仪 安全礼仪 行走礼仪	简单的韵律操 传统民间小游戏 学玩五子棋
	下学期	看图讲故事 看图写话 谜语比赛	贪睡的"睡美人" 不同植物的气味 银杏娃寻爸爸 户外自然行 秋天悄悄在变脸 我们是树	甜糯玉米 爽口西瓜 清甜山竹		传统民间小游戏 花样跳绳 学玩跳棋

续　表

		语实课程	博实课程	雅实课程	品实课程	健实课程
三年级	上学期	幽默笑话 书法启蒙 成语接力比赛	东西南北风 台风 龙卷风 暴风 沙尘暴	四角形折叠 五角形折叠 六角形折叠	感恩祖国 感恩自然 感恩家乡 穿着礼仪 称呼礼仪 问候礼仪	传统民间小游戏 简单的彩带操 学玩军棋
	下学期	我手写我心大比拼 讲故事比赛 我是小小主持人	小雨 中雨 大雨 雷阵雨 暴风雨 酸雨	寿 福 双喜		传统民间小游戏 简单的彩带操 学玩象棋
四年级	上学期	诗歌朗诵 古诗大会 诗歌串烧比赛	冰棍为什么会"冒气" 肥皂泡先上升后下降的秘密 不会倒的筷子	色彩的基本知识1—4 点线的魅力1—4 油水分离的游戏	感恩母亲 感恩父亲 感恩手足 感恩老师 感恩同学 餐桌礼仪 待客礼仪 做客礼仪	岳家拳法 传统民间小游戏 学玩围棋
	下学期	词语连故事 给父母写一封信 复述大比拼	旧报纸巧变身 矿泉水瓶巧变船 废纸壳巧变收纳箱 奶粉罐巧变座椅 旧毛巾巧变地毯	质感 木偶剧 定格动画		岳家拳法 学玩围棋 运动中常见问题的预防和处理
五年级	上学期	我来说元曲 古诗文背诵比赛 "名人的魅力"演讲	夏朝 商朝 西周 春秋 战国	版画的认识 我的橡皮章 橡皮印章变变变	感恩班级 感恩学校 感恩集体 集会礼仪 阅历礼仪 购物礼仪 赛场礼仪	民间游戏 气排球运动中常见问题的预防和处理
	下学期	作文我来想 课本剧我来演 我来说四大名著	秦 西汉 东汉 三国 西晋	海报设计 两条小鱼 面具		气排球民间游戏 模型大比拼

续 表

		语实课程	博实课程	雅实课程	品实课程	健实课程
六年级	上学期	精忠报国——岳飞 我和陶渊明有个约会 故事表演	客家围屋 傣家竹楼 湘西吊脚楼 北京四合院 陕西窑洞	怎样选择和保养笛子 笛子演奏图解	感恩祖国 感恩自然 感恩家乡 电话礼仪 网络礼仪 旅行礼仪	民间游戏岳氏棍法 模型大比拼
	下学期	课本剧表演 小说大会 小品表演	古代马车 黄包车 乌篷船 磁悬浮列车	指运练习 全按作"2"于指法练习		岳氏棍法 模型大比拼 民间游戏

学校的校本课程采用了活页式装帧法,每套课程由20多张活页组成,这种装订方式利于教材的及时更新,便于做到课程内容与时俱进。"嘉实课程"由若干大主题组成,每个主题下都有多套课程,主题内容由校本课程核心组讨论生成,课程由1名核心组成员带领若干老师组成的编辑小组完成。

学校校本课程要求活学活用,既能独立成课,又能将其中的理念、内容融入到现行国家教材中去,为国标课程做有效补充。通过校本课程教学,我们要让学生"学以致用",给予他们实实在在的成就感,提高学生对学习的积极性,培养他们爱学习的习惯。

学校开设了若干活动,大力为学生提供展示平台,如:嘉实小报、嘉实小舞台;我们的节日;古迹寻访;各类社团;优秀的家长;洲上文化节;科学实践;知识竞赛(语言文字、数学、历史类)等内容,让孩子们做到人人都参与,个个有特长。

第四节 为儿童铺就厚实的成长基石

一、建构"嘉实课堂",落实学科基础课程

"嘉实课堂"是扎实的课堂;"嘉实课堂"是充实的课堂;"嘉实课堂"是丰实的课堂;"嘉实课堂"是真实的课堂。"嘉实课堂"从语实、博实、雅实、品实、健实五大板

块出发,以学生发展为本,注重学习方式的转变,开发学生的多元智能,拓展学生发展兴趣爱好、个性特长的空间,培养学生主动学习的意识。

(一)"嘉实课堂"的实践操作

在实施课程的过程中,加强课堂教学研究,认真钻研教材,积极开展教学研究,准确把握三维教学目标,努力把每一课时的教学目标落实到课堂教学中,努力实施知识与技能、过程与方法、情感态度与价值观的合理整合,使教学变得更有效。

"嘉实课堂"是扎实的课堂。"扎实"就是要扎实地学好基础知识和基本技能。课堂中不仅能够让学生学到知识,还能形成积极的情感体验,提高持续学习的兴趣,成为有意义的课堂。

"嘉实课堂"是充实的课堂。能让学生在一节课的有限的时间里多学习知识,多提升能力,尽可能地多解决知识建构和能力生成的问题,能够帮助学生解决生活中的疑惑和问题,成为有效率的课堂。

"嘉实课堂"是丰实的课堂。课堂要有实效,实效一方面来自教师的预设,另一方面来自教学的动态过程。一堂好课不能完全按照教学预设来进行,还需要开放性的生成,成为有生成性的课堂。

"嘉实课堂"是真实的课堂。课堂要以学生为主体,尊重学生的个体差异。我们的课堂并不是完美的课堂,有缺陷才能有发展,课堂要给学生留有发展的空间和余地,是有待充实的课堂。

(二)"嘉实课堂"的评价

"嘉实课堂"的评价见表5-3:

表5-3 八一嘉实希望小学"嘉实课堂"评价表

评价目标	目标描述	落实情况
理念体现与教学设计	准确把握课程的基本理念和教学模式,贯彻全面发展的素质教育理念。教学设计严谨且别出心裁,层次分明、结构合理。	三颗星( ) 两颗星( ) 一颗星( )

续 表

评价目标	目标描述	落实情况
教学目标的制定与达成	教学目标的制定需适合小学生特点与课程特点,目标明确具体、切实可行。教学效果显著,能使学生对教学目标有深刻的理解,较好地达成教学目标,确保每个学生受益。	三颗星（ ） 两颗星（ ） 一颗星（ ）
教学内容设置的适切性	教学内容的选择符合学生实际需求,并与教学目标相一致。教学内容生动有趣,贴近学生生活,适合学生身心发展水平,能被学生理解和把握,有利于学习目标的达成。	三颗星（ ） 两颗星（ ） 一颗星（ ）
教学方法的多样性	教学方法应服从、服务于教学内容的需要。教学方法灵活多样、富有实效,且符合学生特点,为学生所喜爱。教学多媒体手段的选择应恰当贴切。	三颗星（ ） 两颗星（ ） 一颗星（ ）
教学组织要合理、顺畅和灵活	教学程序和结构要清晰合理,有效新颖。教学组织主次分明,进程紧凑、灵活有序,各环节连接自然流畅。	三颗星（ ） 两颗星（ ） 一颗星（ ）
教学准备工作的表现	教师的备课、课件及教具的准备要充分,教学场地选择恰当,教学环境的设置要有利于师生互动和同学间的交流与沟通。	三颗星（ ） 两颗星（ ） 一颗星（ ）
教师的综合素养（品德、知识技能、心理状态）	教师对课程的把握要准确,对知识的理解和技能的使用要到位,思路清晰,点拨得法。仪表、教态、语言恰到好处,体现较高的修养与人格魅力,能取得学生的信任并有效地激励学生。	三颗星（ ） 两颗星（ ） 一颗星（ ）
学生的反应,即学生满意度的表现	学生富有积极的情感和态度,师生关系融洽,课堂气氛活跃,学生主动参与程度较高,课业负担适宜,学生对知识技能的理解与掌握较好。	三颗星（ ） 两颗星（ ） 一颗星（ ）
教师教学反思的深刻性	能客观地对教学过程进行反思,课后分析具体透彻,依据理由充分,语言准确清晰。能在教学反思中,提出课程整体或局部的问题,有利于对课程进行重构与改进。	三颗星（ ） 两颗星（ ） 一颗星（ ）
摘星数（整体评价）		

二、建设"嘉实学科",落实学科拓展课程

"嘉实学科"是以知识类型的拓展课程为突破口,逐步向实践类型、综合类

型的拓展课程延伸,构建有利于学生发展的拓展型课程体系,建立起系列课程群。

(一)"嘉实学科"的建设路径

教师在设计、实施拓展课程时,必须做到对每一课题都有清晰的目标表述,每门课程都有细致的实施要求、科学的内容设计、合理的课程评价计划。

教师在使用他人编写的校本课程或讲义时,要根据实施对象,做好调整修订,课前要有详尽的授课计划与教案,授课材料经学校课程领导小组审定后方能使用。

学生可根据自己的兴趣爱好和学习目标,在教师的指导下自主选择课程,一旦选定,就必须积极参与、认真学习。

(二)"嘉实学科"的评价要求

"嘉实学科"的评价要求见表5-4:

表5-4 八一嘉实希望小学"嘉实学科"评价表

A级指标	B级指标	评估标准	评估方式	权重	得分
课程哲学	课程哲学	课程哲学与学校教育哲学相一致。	查看课程方案	10%	
	课程理念	课程理念彰显学科课程特色,特色鲜明。	查看课程方案	10%	
课程目标	课程总目标	总目标指向清晰,高于学科课程标准,与核心素养相对应。	查看课程方案	10%	
	分年级目标	年级目标与学生年龄特点相符合,设定科学、可行,具有层次性。	查看课程方案、学科课程纲要	10%	
课程内容	整体设置	课程内容丰富,整体设置具有逻辑性,有梯度,有难度。与课程目标相一致,暗含课程目标,内容与学生生活实际相结合。	查看学科课程纲要	10%	
	教材资源	教材准备充分,适合学生学习,形式多样。	查看学科教材	5%	
课程实施	课时安排	课时安排合理,有一定的科学性。	查看学科课程纲要	5%	

续表

A级指标	B级指标	评估标准	评估方式	权重	得分
课程实施	课堂教学	课程实施方法得当,措施有力,充分体现学生的主体地位,有利于学生兴趣的激发。组织有序,指导学生运用探究、合作等方法。	现场观摩	20%	
	教学效果	学生在课程中知识技能明显提高,学生喜爱程度高。		10%	
课程评价		评价内容具体,方法得当,权重明确	查看学科课程纲要及学生学业评价档案	10%	

三、创设"嘉实社团",落实兴趣爱好课程

根据学校的教育哲学、育人目标以及资源实际,嘉实社团主要从文学艺术、实践感悟、科学技术、兴趣活动、运动技能五大类出发,全面提升学生的综合素养。

(一)"嘉实社团"的主要类型

"嘉实社团"主要分为以下几种类型:

第一类:文学艺术类。活动重在人文性与艺术性的统一,培养学生的文学艺术素养,如朗诵社、书法社等。

第二类:实践感悟类。活动重在参与社会实践,增强学生的社会责任感,如小记者社、小农场社等。

第三类:科学技术类。活动重在科学探究,制作实验,增强创新意识和动手能力,如:模型社、社会技能社等。

第四类:兴趣活动类。活动重在培养学生兴趣,开阔视野,如美术社、舞蹈社、乐器社等。

第五类:运动技能类。活动重在培养学生的竞技水平,如球类社、武术社等。

(二)"嘉实社团"的评价要求

为规范学校"嘉实社团"发展,使得参与各社团活动的积极性更高、创造性更强,社团工作的制度更规范,让高层次、高格调、高品位成为各社团的发展方向,特制定本校社团评价表(见表5-5)。

表5-5 八一嘉实希望小学"嘉实社团"课程评价表

社团名称		任课教师	
维 度	特 征 描 述		得分
安全管理 (20分)	(1) 社团活动指导老师按时到位。(5分)		
	(2) 活动过程中安全有序,排除安全隐患,无安全事故出现。(10分)(期末评估)		
	(3) 每次活动学生参与率。(5分)(突击检查以及每次活动的签到表)		
材料管理 (30分)	(1) 按时进行活动点名,详细记录社团花名册。(5分)		
	(2) 活动计划合理周密,详实可行。活动记录完整,每次备课中内容详实并有系列性。活动主题、内容、形式有创新。每次社团活动有书面总结、反思。(25分)		
活动管理 (30分)	(1) 活动内容丰富,形式多样,学生满意度高。进行学生调查,确定该社团学生对社团活动开展的喜爱程度。(问卷调查和座谈调查)(5分)		
	(2) 能积极配合学校开展的各项活动,认真落实各项工作。(期末评估)(5分)		
	(3) 每学期能组织一次展示活动,合理安排活动时间,能成功地完成活动,达到预期效果;活动的气氛热烈,社员热情参与,共同合作。(15分)		
	(4) 活动期间的秩序、组织纪律良好,活动过程中没有违规现象。(5分)		
场地管理 (10分)	(1) 内部物品管理有序,无丢失等现象。(5分)		
	(2) 活动后场地内地面干净、桌椅整齐、墙壁无污迹、教学用具无破损。(5分)		

续 表

维　度	特　征　描　述	得分
特色成效 (此项上限分为20分)	(1) 活动效果良好,有一定影响力,有宣传报道。(校级、区级每篇加5、10分,以此类推) (2) 活动有成果展示,参加校内校外展示获奖或展演受好评。(校级每人每次1分,区级每人每次加2分,以此类推)	
得分总评		

四、建设"嘉实节日",落实节庆文化课程

节庆学习即围绕一个或多个主题节日进行学习的一种方式。在这种学习方式中,"主题节日"成为学习的核心,而围绕该主题的结构化内容成为学习的主要对象。[①]

(一)"嘉实节日"具体操作

每学期伊始,学校就开始集体研究、策划不同主题的校园节日,设置丰富多彩的节庆活动,使学生在校园生活中留下美好的回忆。校园内会设置热火朝天的"种植节"、趣味无穷的"游戏节"、传递温情的"感恩节"、多姿多彩的"绘画节"……这些主题校园节日既时尚又蕴含艺术,有利于丰富课余生活,活跃学习氛围。

在落实"嘉实节日"课程上,学校让学生亲身参与设计和策划,小组合作共同实施,最后自己进行评价。让学生参与选定活动主题、活动环节、活动呈现等,很好地发挥了学生的学习主动性。学校还充分利用宣传栏和板报等方式来宣传,帮助制造节日的氛围,呈现丰富的节日文化。

(二)"嘉实节日"课程评价

教师对于孩子能力的评价,主要体现在活动过程中。但在活动最后,也会设置一些奖项,如"最佳节日奖"、"最佳创意奖"、"最佳人气奖"、"最佳时尚奖"等,让学生设计评价方案,参与评选,最后选定获奖人,给予孩子自主评价的空间。学校定

[①] 杨四耕.课程实施的18种方式[N].中国教师报,2017-12-27(8).

期开展"校园节日大比拼"活动,通过"嘉实名片"、"嘉实卡通形象"、"嘉实好故事"、"嘉实之花"等方式,把评价的权利转交给所有参与的观众。具体如下(见表5-6)。

表5-6 八一嘉实希望小学"嘉实节日"评价表

评价维度	评价指标	观 测 点	得 分
参与意识	在活动过程中是否积极主动	学生积极主动则得分较高。	
合作能力	在活动中是否团结	学生积极合作完成活动则得分较高。	
实践能力	是否敢于实践	学生不断尝试,反复实践则得分较高。	
探究能力	是否敢于探索新知	学生善于发现问题并尝试大胆解决则得分较高。	

五、推行"嘉实之旅",落实研学旅行课程

古人云:"读万卷书,行万里路。"课程是学生人生中的一段美好的经历,在旅途中,学生不断丰富自己的成长经历。教育的内容不只是课堂上的知识,还应该是更为广阔而真实的世界,经历会让他们拥有更宽广的心胸,更深远的目光,更强大的内心。

研学旅行能够让学生增长课外知识、了解民俗民情、体验人文情怀,是"会行走的教室"。推进研学旅行课程,让学生领略自然山水,感悟历史古迹,在行走中感悟自然,在行走中了解历史。具体课程设计可从学生视角出发,采取"我知道、我行走、我感悟"等板块设计,让学生不论行到哪里,"行"前都要先做查阅资料、了解景点、调查路线等准备工作;"行"中做好观看、欣赏、拍照、记录、解说的事项,找准景点的风光特点或历史典故;"行"后写下自己的独特感受,和家长、同伴一起分享。[①]

(一)"嘉实之旅"具体操作

研学课程主要通过学校的春、秋游,参观博物馆,艺术馆,民俗馆,纪念馆等方

---

① 杨四耕.课程实施的18种方式[N].中国教师报,2017-12-27(8).

式完成。每次的研学活动,我们都会举行开营仪式,仪式上对活动做出具体安排,提出活动要求,引起孩子们对活动的重视,引导学生带着问题任务去学习,有针对性地培养学生的学习能力。通过乘坐高科技动车组,让学生感受科技给出行带来的便捷,激发学生的创新精神;通过餐前感恩仪式,让学生懂得忆苦思甜,引导学生珍惜和感恩;通过集体用餐,了解传统的餐桌文化,培养学生的餐桌礼仪;通过参观革命纪念馆,了解革命历史,引导学生通过用倾听、记录、询问等方式寻找自己兴趣点;通过参观农业园,体验粮食种植的过程,提高学生的动手能力,培养学生的生活技能;通过参观名人雕塑园,让学生感受灿烂的雕塑文化,引导学生探究悠久的雕塑文化史;通过趣味体验拓展,培养学生团队协作精神;通过参观名人纪念馆,学习名人事迹、家风家训,培养学生正确的人生观、价值观,引导学生探究历史名人带给世人的影响和意义。

(二)"嘉实之旅"课程评价

学生通过集体旅行、集中食宿的方式走出校园,在与平常不同的生活中拓展视野、丰富知识,加深对自然和文化的亲近感,增加对集体生活方式和社会公共道德的体验。我们的评价更多的是落实在孩子行走的过程里,落实在他们的研学中。每个学生为自己参加的活动做一个小结,写一写沿途的所见所闻,说一说活动的收获与感想。具体如下(见表5-7)。

表5-7 八一嘉实希望小学"嘉实之旅"课程评价表

评价维度	评价指标	观 测 点	得 分
认知与能力	兴 趣	学生行为表现,表现出较强兴趣则得分较高	
	实践能力	在研学过程中的参与与探索情况,表现出较强兴趣则得分较高	
价值观	自我认同	自信心的呈现,相信自己并有自己的想法则得分较高	
情 感	集体的归属感	在集体活动中有群体意识,在活动中友好相处,在群体当中能与同伴和谐相处则得分较高	

六、聚焦"嘉实整合",落实专题教育课程

嘉实课程是一篇合奏的乐章,就如字,词,句,篇,每个字符结合构成一幅幅优美的画卷,使德智体美劳多种素质共同发展,这样健全的灵魂才能在教育的领域内灵动地徜徉。嘉实课程的整合就是以主题统整不同学科课程内容,学生可以在活动过程中学习不同的学科内容,并加以运用。如廉洁教育课程,安全教育课程,感恩教育课程,健康教育课程。

(一)"嘉实整合"具体操作

落实课程文化思想,既要统筹规划,又要分散实施。如廉洁教育课程,利用晨会的时间经常表扬拾金不昧的行为;安全教育课程,让孩子深刻了解安全的重要性,并预防安全事故的发生,请消防员和交警等专业人员来为孩子们讲解关于安全的知识并现场演练;感恩教育课程,对于感恩教育的实施,可以从感恩父母开始,感谢父母的养育之恩,开展"我能为父母做点什么"的活动,让学生以自己的实际行动感恩父母;感谢祖国,感谢祖国的哺育之恩,开展"我的祖国最美"手抄报活动,让孩子用智慧的双手绘出他们心中最美的祖国;健康教育是对孩子"体"的最好诠释,主要从每天加强必要的身体锻炼做起,鼓励孩子在周末完成作业的同时多走进自然。同时,开展"一日谈"活动,让孩子与教师之间,孩子与父母之间能够互相敞开心扉,说出自己最想说的话语。

一个个主题活动整合了各种不同类型的课程,并为孩子创造了各种有趣的活动,一个个有趣的活动点亮了孩子每一天的生活,一天天不断地循环,"嘉"和"实"的思想也将随着孩子的成长走向远方。

(二)"嘉实整合"课程评价

"嘉实整合"要对孩子整个活动的过程进行评价,要对学生通过实践活动所获得的感知进行评价。通过教师、同学之间的互动、对话,对活动的每个环节都给予及时的肯定性评价,让学生在参与的过程当中既感受到活动的乐趣,又学到实际的知识。具体如下(见表5-8)。

表5-8 八一嘉实希望小学"嘉实整合"课程评价表

评价维度	评价指标	观 测 点	得 分
品 德	诚实	学生语言和行为,言行一致则得分较高。	
习 惯	书写姿势	课堂书写,养成良好的书写习惯。	
态 度	内心真实想法	对父母,对周边事物能充分表达自己内心的想法。	
能 力	自律意识	自己对自己的要求,逐步学会约束自己。	

总之,学校在"嘉实教育"哲学的引领下,秉持"拥抱美好,点亮未来"的办学理念,坚守"嘉言懿行 尚德务实"的校训,坚持儿童立场,以"嘉实课程"为特色,通过语实、品实、博实、雅实、健实等方面的实施,不断润泽师生心灵,让师生幸福成长。

第六章

陶冶性灵：学校课程的人性诉求

当代教学的首要目标不应再局限于单纯的知识和技能的获得，而要上升到"陶冶性灵，学以成人"——使人作为未来社会有价值的存在的层面，保护那些使人成其为人的独特性、创造性、交互性、情感性以及人类尊严，即让学校课程成为有滋有味的真实生活，学生们自然沉浸其中，尽情探索、勇敢尝试、愉快交流，灵性生长。

当代教学的首要目标不应再局限于单纯的知识和技能的获得，而要上升到"陶冶性灵，学以成人"——使人作为未来社会有价值的存在的层面，保护那些使人成其为人的独特性、创造性、交互性、情感性以及人类尊严，即用课程变革为学生未来构筑起一把文明的保护伞。这场课程变革将从育人目标、课程结构、实施途径和评价方式等方面展开全方位创新。尽学校所能，让课程变革引领学生走向真实的学习情境，让课堂学习与他们将来走向的世界保持最大的一致性，激发学生主动探索的欲望，敢于质疑，勤于实践，培养学生的创新精神和实践能力。学校的管理者应积极响应学校课程的人性诉求，让学校课程成为有滋有味的真实生活，学生们自然沉浸其中，尽情地探索、勇敢地尝试、愉快地交流、快乐地生长。

　　当前，世界上大部分的教育改革注重思考教育方式，很少关注如何创新课程来适应21世纪的学生和社会：21世纪的教育与这个社会有相关性吗？面对一个飞速变化的社会，我们能够教育出具有多方面能力和强大适应能力的学生吗？[1] 灵创课程倡导教育是一种灵动的创造，明确"大气、正气、灵气、朝气、雅气"的育人目标，进而设置灵尚修身课程、灵慧言语课程、灵妙思维课程、灵科探索课程、灵动康健课程、灵艺雅美课程六大类课程体系，让课程陶冶性灵，唤醒了学生的潜能，呵护了学生的好奇心，把学生的禀赋发挥得淋漓尽致，为学生创造了更多成长与进步的空间。

➡ 育人坐标
南昌市北湖小学

　　南昌市北湖小学创建于1906年，有着上百年的办学历史，因其座落于风景秀

---

[1] 邓莉,彭正梅.迈向2030年的课程变革：以美国和芬兰为例[J].湖南师范大学教育科学学报,2018(1)：99-108.

丽的北湖湖畔而得名。学校现有教学班 22 个,学生 1 000 余人,教职工 58 人。学校校园环境优雅、教学设备完善,拥有多功能报告厅、录播教室、科技头奥室等专用功能教室,实现了班班通系统及计算机网络系统校园全覆盖。学校拥有一支高素质的教师队伍,其中有全国教育先进工作者、国家二级心理咨询师、省(市)先进工作者、师德标兵、优秀教师、模范班主任、学科带头人、骨干教师等专业技术拔尖人才 30 余人。学校先后获得全国头脑奥林匹克示范校、江西省科技示范校、南昌市德育先进单位、南昌市文明单位等多项荣誉称号,在社会上享有较好的声誉。

第一节　让儿童在创想实践中灵性生长

一、学校教育哲学

教育是一种灵动的创造。学校结合多年来一直践行的科普教育特色,确定了"灵创教育"之哲学。"灵创教育"就是要唤醒学生的潜能,呵护学生的好奇心,把人的禀赋发展得尽可能的好,为学生创造更多成长与进步的空间。

因此,"灵创教育"是灵动的教育,致力于让每个学生更加强健;"灵创教育"是灵慧的教育,致力于让每个学生乐于求知;"灵创教育"是灵妙的教育,致力于让每个学生张扬个性;"灵创教育"是创美的教育,致力于让每个学生涵养气质;"灵创教育"是创新的教育,致力于让每个学生乐于创造。"灵创教育"是创优的教育,致力于让每个学生全面发展。基于此,我们将学校的办学理念确定为:让儿童充满灵性地生长。

我们的教育信条

我们坚信,

每一个生命都是灵动的;

我们坚信,

创想实践会发现每一个学生的潜能;

我们坚信,

科技与教育的结合会创造出生命的乐章;

我们坚信,

保护每一个学生的好奇心是教育的最美姿态；

我们坚信，

让儿童充满灵性地生长是每位教师的职业追求；

我们坚信，

学校是师生进行知识、能力和品质构建的创造基地。

二、学校课程理念

根据"灵创教育"的教育哲学和"让儿童充满灵性地生长"的办学理念，学校形成了"让儿童在创想实践中灵性生长"的课程理念。

——课程即灵性生长的根本。着眼于学生的差异性、独特性是"灵创教育"开发的出发点。培养学生的想象力、激发学生的创造力，是学校教育内在的、本质的、终极的追求，"灵创教育"提倡尊重全面和谐发展的个性，尤其强调尊重具有特殊倾向、志趣、需要和才能的个性。灵创教育内容新颖、形式多样、与生活密切相关，迎合学生在兴趣、思维等方面的需要，最大程度地实现课程的育人价值。学生通过一系列与生活密切相关的课程学习，在完成现实世界任务的过程中获得知识和技能，获得动手实践能力，习得明辨是非的能力，经历积极的、灵性的、动感的、创意的体验。

——课程即创想实践的基地。陶行知提出创造教育的概念，强调把行知、手脑统辖起来，培养学生建立"独出心裁"的意识和思维；叶澜提出的创造的教育，更看重教师的"全人格"塑造及其对学生在品格素养方面起到的示范引导作用，从而创造性地完成学生未来完善人格和完美生活的铺垫。我们认为行思灵动的学习就是学生思考探究创造的过程，就是学生在灵动创智的学习情境中让这个世界与他们将来走向的世界保持最大的一致性的过程。灵创教育以改变学习方式为突破口，重视研究性学习，倡导自主探究、实践体验和合作交流的学习方式，鼓励学生主动探究，敢于质疑，敢于实践，培养乐于动手、勤于实践的意识和习惯，从而培养学生的创新精神和实践能力。

——课程即生活滋养的天地。在人的心灵深处，都有一种根深蒂固的需求，那就是希望自己有朝一日成为一个发现者、研究者或探索者。[①] 灵创课程通过六大

---

① 胡玉霞.浅谈数学创造性教育实施的途径[J].辽宁教育行政学院学报,2008(2)：95.

类课程为学生的成长提供了一片自由驰骋的天地,学生们的学习不再局限于书本知识,而是走向生活的广阔天地,亲身参与、主动实践,在实践中综合运用所学知识解决各种实际问题,想象力和创造力得到了最充分的发挥,每一项课程都带给学生无尽的生活滋养,课程学习成为有滋有味的活动,学生们在其中尽情地探索、勇敢地尝试、愉快地交流,快乐地生长。

——课程即特色彰显的基石。"科普特色"是学校的办学特色,集中体现了学校发展亮点。这一特色主要是由学生的实际水平、学校的课程资源、学校的办学思想,以及通过课程的开发和国家课程、地方课程相结合并创造性地实施去逐步形成和体现的。一方面,学校校本课程的开发要为形成和体现学校的"科普特色"做出贡献;另一方面,要不断地提升学校的"科普特色",并把"科普特色"渗透到国家课程和地方课程的基本要求之中。

——课程即优化整合的场域。学校特色课程应当与地方发展规划联系在一起,可以从社区服务、社会性问题等方面出发寻找并开发主题,充分利用各种资源,加强学校教育资源、社会教育资源和网络教育资源的同步建设,形成多元的学习渠道,为培养学生的创新精神和实践能力创造有利的条件。同时加强基础型课程与探究型课程之间的有机联系,促进课程各要素间的全方位整合,促进学生认知与情感的同步发展,从而实现课程目标的整合。

我们以"灵创教育"作为课程建设的哲学底蕴,以"科普育德、科普促智、科普强体、科普掘美、科普培能"作为课程建设的实践主线,不断积淀有着北小特色的课程底蕴,这种底蕴渗透在课程建设的方方面面,让我们在迷茫、彷徨之时,有指引航线的方向,有可以汲取的力量。因此,我们将"灵创教育"下的北湖小学课程模式命名为"灵创课程"。

第二节　让"五气"成为灵创少年的标志

学校课程是为实现育人目标服务的。因此,确定学校课程目标,必须要先明晰学校育人目标。

一、学校育人目标

学校明确了"大气、正气、灵气、朝气、雅气"的育人目标,让"五气"成为灵创少年的标志。

恢宏大气:气度非凡、远大理想,引领我们的每一位学生做志存高远、大度包容、襟怀坦荡的灵性少年。

勇敢正气:磊落担当、坦率谏言,引领我们的每一位学生做善于思考、乐于表达、勇于攻坚的灵性少年。

聪颖灵气:聪慧灵敏、脱颖而出,引领我们的每一位学生做博学多才、天赋绽放、勇于创造的灵性少年。

蓬勃朝气:精神振奋、力求进取,引领我们的每一位学生做意气风发、生机勃勃、充满希望的灵性少年。

怡情雅气:闲情雅致、温文尔雅,引领我们的每一位学生做善于抒情、富有想象、情趣美雅的灵性少年。

二、学校课程目标

育人目标是通过课程目标去达成的,为了实现育人目标,我们将"大气、正气、灵气、朝气、雅气"的育人目标进行了细化,形成了低中高年级的分级段课程目标(见表6-1)。

表6-1 北湖小学"灵创课程"目标表

年段 育人目标	低 年 级	中 年 级	高 年 级
恢宏大气	汲取广博知识,形成浓厚的学习兴趣。遵守校纪校规和社会公德。与人融洽相处,勤俭节约,热爱劳动。	使学生拥有多方面的知识和能力。培养关注现实、热爱生活、积极向上的生活情趣。注重情感体验。	培养学生视野开阔、心态开放、心智豁达、情感纯净、意志坚强的品质,沉淀较为丰富的人文底蕴。
勇敢正气	懂礼貌,尊师长,团结同学,孝敬父母。讲究卫生,爱护公物,关心集体。学会与人相处,乐于奉献。培养善于合作、乐于分享的品质。	拥有良好的意志品质和活泼开朗的性格。培养对班级、学校、社会的责任感。具备一定的发散思维能力和辨别真伪的能力。培养刻苦钻研的精神。	树立正确的人生观、世界观、价值观。养成科学的思维习惯和行为方式。具有遵守社会公德的意识和文明的行为习惯。

续 表

年段 育人目标	低年级	中年级	高年级
聪颖灵气	培养良好的观察、思考能力,拥有探究事物的基本能力。能够大胆猜想,有根据地假设、陈述,从生活经验中提出简单的科学问题。	强化科学意识,掌握一定量的科学知识。勤于动手,勇于实践。弘扬科学精神,增强探究和创新意识。积极参加各项科技创新活动,在创新领域有初步体验。	提高学生发现问题、分析问题、独立解决问题的能力,初步培养学生的创新精神和实践能力。在科学探究领域中,指导学生学会制造使用各种工具解决生活中的实际问题。
蓬勃朝气	积极参与体育活动,初步掌握两项体育技能,展现学生身心健康、朝气蓬勃的精神面貌。	保持参与运动的兴趣和积极运动的习惯,树立自我反思的意识,形成积极进取、乐观向上的生活态度。	持之以恒地参与各项体育活动,增强体质,保持愉快心情,激发创造力。形成健康的生活方式,发扬体育精神。
怡情雅气	喜欢艺术活动,激发对艺术的兴趣与热爱。丰富视觉、触觉等艺术体验效果。初步认识艺术的表现形式和社会效应。	学会欣赏名家作品,感悟经典。有一定的欣赏美、鉴赏美的能力,形成基本的艺术素养和健康的审美情趣。	学会多角度欣赏艺术作品,积累艺术文化底蕴。善于发现美,学会鉴赏美,敢于创造美。自由抒发艺术情感。

第三节 激发禀赋的灵创课程体系

学校以"灵创课程"为抓手,致力于实现培养"大气、正气、灵气、朝气、雅气"的北湖学子的育人目标,由此构建了学校"灵创课程"体系,充分激发学生禀赋,为灵创少年创造了更多的成长机会与可能。

一、学校课程逻辑

学校基于"灵创教育"的教育哲学以及学校课程目标,设置了"灵创课程"的课程体系。具体如下(见图6-1)。

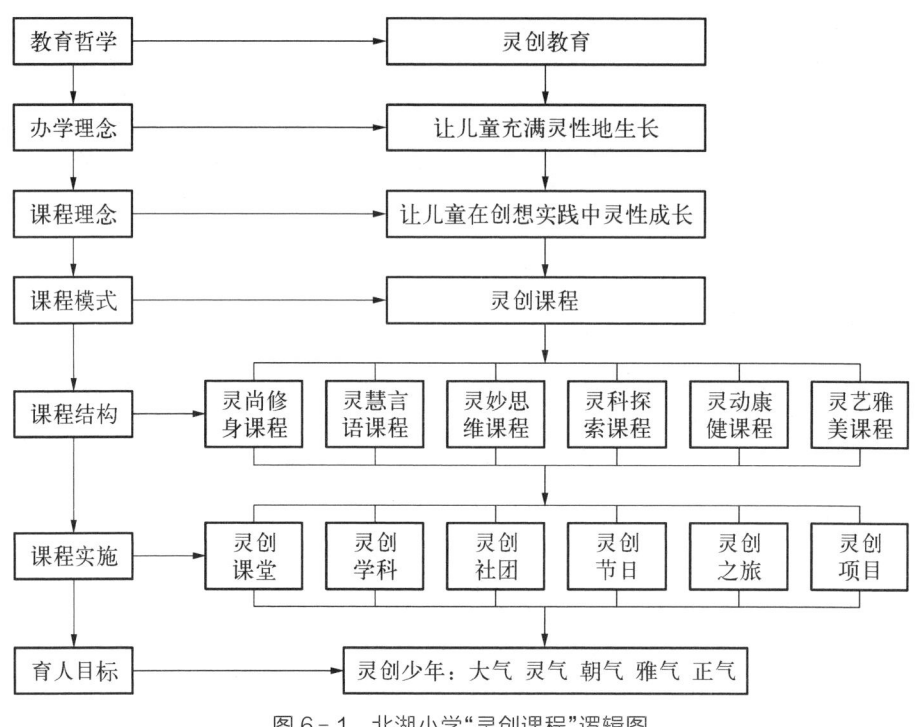

图6-1 北湖小学"灵创课程"逻辑图

二、学校课程结构

学校以全面、规范、特色的课程设置促进儿童全面而有个性地发展,将"灵创课程"分为灵尚修身课程、灵慧言语课程、灵妙思维课程、灵科探索课程、灵动康健课程、灵艺雅美课程六大类。具体如下(见图6-2)。

三、学校课程设置

根据"灵创课程"结构图,结合学校的课程资源情况,我们对"灵创课程"的内容体系进行了系统建构,并遵循儿童的身心发展规律,将课程按照不同年级、学期进行编排。具体如下(见表6-2)。

图 6-2 北湖小学"灵创课程"结构图

表 6-2 北湖小学"灵创课程"设置表

课程名称		灵尚 修身课程	灵慧 言语课程	灵妙 思维课程	灵科 探索课程	灵动 康健课程	灵艺 雅美课程
一年级	上	道德与法治 社会实践 入学开笔礼 道德自律 交往自如 学习自主 ……	语文 雨的变化 奇妙汉字 ……	数学 信息技术 游"数字园" 玩"七巧板" ……	科学 综合实践 节水在身边 科学小制作 ……	体育与健康 创娃快站好 翻滚吧创娃 心理游戏： 健康＋巧手 操 ……	音乐　美术 舞蹈　合唱 灵动节奏 美诗吟唱 童心童画 灵创叶贴 ……
	下	道德与法治 社会实践 走进大自然 道德自律 交往自如 学习自主 ……	语文 神奇的尾巴 奇妙汉字 ……	数学 信息技术 识"人民币" 探"数与形" ……	科学 综合实践 节能在身边 科学小制作 ……	体育与健康 沙包快到碗 里来 我的沙包最 漂亮 心灵健美操· 关于学习	音乐　美术 舞蹈　合唱 趣味唱游 美诗吟唱 巧撕达人 灵创叶贴 ……

续　表

课程名称		灵尚 修身课程	灵慧 言语课程	灵妙 思维课程	灵科 探索课程	灵动 康健课程	灵艺 雅美课程
二年级	上	道德与法治 社会实践 少先队入队仪式 道德自律 交往自如 学习自主 ……	语文 千变万化 有声有色 ……	数学 信息技术 方寸之间 九宫格 ……	科学 综合实践 节粮从我做起 科学小制作 ……	体育与健康 开心跳跳跳 体操小能手 心理游戏：左抓又逃 ……	音乐　美术 舞蹈　合唱 节奏大师 赣味童谣 经纬印染 巧手剪纸 ……
二年级	下	道德与法治 社会实践 道德自律 交往自如 学习自主 ……	语文 虫虫世界 栩栩如生 ……	数学 信息技术 小小设计师 九宫格 ……	科学 综合实践 节纸从我做起 科学小制作 ……	体育与健康 投掷小健将 接力小明星 心灵健美操·关于感恩 ……	音乐　美术 舞蹈　合唱 童趣绘声 赣味童谣 经纬印染 巧手剪纸 ……
三年级	上	道德与法治 社会实践 探寻历史之旅 道德自律 交往自如 学习自主 ……	语文 英语 科普童话世界 Colours 彩虹的形成 ……	数学 信息技术 藏在身体里的秘密 数独(上) ……	科学 综合实践 我的低碳生活 认识植物 ……	体育与健康 疾飞少年 灵动精灵 心理游戏：房树人、线条演绎 ……	音乐　美术 舞蹈　合唱 越舞越爱 魅力古典 流动色彩 黏土大师 ……
三年级	下	道德与法治 社会实践 探寻历史之旅 道德自律 交往自如 学习自主 ……	语文 英语 桥的世界 昆虫备忘录 How many 英语配音秀 ……	数学 信息技术 时间都去哪了 数独(下) ……	科学 综合实践 我爱绿色出行 车模 ……	体育与健康 运球能手 我会往返跑 心灵健美操·关于关系 ……	音乐　美术 舞蹈　合唱 趣味创编 魅力古典 吹塑纸板 黏土大师 ……

续 表

课程名称		灵尚 修身课程	灵慧 言语课程	灵妙 思维课程	灵科 探索课程	灵动 康健课程	灵艺 雅美课程
四年级	上	道德与法治 社会实践 十岁成长礼 道德自律 交往自如 学习自主 ……	语文 英语 气象万千 太阳剧社 Wather ……	数学 信息技术 数的奥秘 科学调查体验 ……	科学 综合实践 科学饮食 健康生活 无线电测向 航海模型 ……	体育与健康 体操我最棒 跑步我最快 心理图画： "名著种植式阅读"片段印象……	音乐 美术 舞蹈 合唱 精彩舞韵 京韵十足 多彩建筑 科幻创想 ……
	下	道德与法治 社会实践 道德自律 交往自如 学习自主 ……	语文 英语 神奇发明 太阳剧社 Time 英语手抄报 ……	数学 信息技术 探索生命的能量 ……	科学 综合实践 生物兴趣小组 电子电路 ……	体育与健康 武术我会打 排球我会玩 心灵健美操·关于接纳自己	音乐 美术 舞蹈 合唱 多彩乡音 京韵十足 传统魅力 科幻创想 ……
五年级	上	道德与法治 社会实践 志愿者微体验 道德自律 交往自如 学习自主 ……	语文 英语 生活科技 科本活动社 In nature park	数学 信息技术 相亲相爱一家人 我"形"我秀 ……	科学 综合实践 走进创客 体验创新 地震防护 航空模型 ……	体育与健康 抛出美丽的彩虹 翻出最美的圆圈 心理沙龙：关于时间管理……	音乐 美术 舞蹈 合唱 多彩和声 赣韵风华 未来设计 思维素描 ……
	下	道德与法治 社会实践 志愿者微体验 道德自律 交往自如 学习自主 ……	语文 英语 轨道未来 科本活动社 My favourite season 我的假期	数学 信息技术 跳动的音符 生活小达人 ……	科学 综合实践 Scratch 编程 Arduino 初识 ……	体育与健康 奔跑的蓝精灵 翻出最美的圆圈 心灵健美操·关于生命和选择……	音乐 美术 舞蹈 合唱 流行流唱 赣韵风华 古韵脉搏 未来设计 思维素描

续表

课程名称		灵尚修身课程	灵慧言语课程	灵妙思维课程	灵科探索课程	灵动康健课程	灵艺雅美课程
六年级	上	道德与法治 社会实践 道德自律 交往自如 学习自主 ……	语文 英语 珍惜资源 诗经科普 Maps ……	数学 信息技术 在游戏中找数学 节约用水 ……	科学 综合实践 变废为宝 从我做起 DI创意思维 ……	体育与健康 奔跑的旋律 垫球我最多 心理沙龙：关于梦想 ……	音乐 美术 舞蹈 合唱 绘声荟唱 戏剧魅影 数码艺术 实验水墨
	下	道德与法治 社会实践 毕业典礼 道德自律 交往自如 学习自主 ……	语文 英语 遨游太空 诗经科普 Weekend plan ……	数学 信息技术 自行车里的数学 鸽巢问题 ……	科学 综合实践 微小世界 OM奥林匹克 ……	体育与健康 运动的乐趣 我的收获 心理健美操·关于梦想和付出 ……	音乐 美术 舞蹈 合唱 笛韵声声 戏剧魅影 装置艺术 实验水墨 ……

第四节　为儿童搭建充满灵性的成长舞台

　　课程的实施就是学校为学生搭建快乐成长的平台、让教师体验教育的幸福感、彰显学校育人特色的过程。根据《义务教育国家课程设置实施方案》的要求，学校要结合实际，逐步开足开齐国家课程、地方课程和校本课程。北湖小学从"灵创课堂"、"灵创学科"、"灵创社团"、"灵创节日"、"灵创之旅"、"灵创项目"六种途径入手，践行灵创教育"让儿童充满灵性地生长"的教育哲学，使"灵创课程"落实"让儿童在创想实践中灵性生长"的教育理念。课程评价就是引领"灵创课程"开发的"引航灯"、把握六大类课程设计的风向标、支撑课程实施效果的"伞骨架"。课程的实施与评价体现了对课程理念的贯彻与执行，是一个实践的过程，是通过课程的实施将课程的意识形态转化为老师和学生教学相长的真实行动，从而实现课程内在的意义。

一、构建"灵创课堂"，落实国家基础课程

　　"灵创课堂"是北湖小学的教师们在"灵创教育"哲学思想指引下构建的新型课

堂,是关注学生身心发展的课堂,是全体师生共情共智、共生共成、循序渐进、因材施教的课堂。

(一)"灵创课堂"的实践操作

"灵创课堂"是共情共智的课堂。这样的课堂是师生关系的完美体现,是教学相长的平等对话,是民主尊重的多元互动,是优势互补的和谐交往。在具体操作上,"灵创课堂"的师生关系要体现人与人之间广泛而积极的互动,在愉快融洽的互动中沟通、补充、启发、影响,从而形成师生的共识、共享、共勉、共进,创造共情共智的课堂。

"灵创课堂"是共生共成的课堂。这样的课堂应充分发挥学生的主体地位,满足学生探求知识的欲望,展现课堂教学的真实性,体现教师的教学机智和教学艺术。在具体操作上,"灵创课堂"的教学内容要丰富,要基于教材又不拘泥于教材,立足于培养师生的学科素养,立足于将课程变得更灵活有趣,启发学生活学活用,勇于创新,创造共生共成的课堂。

"灵创课堂"是循序渐进的课堂。这样的课堂就如栽培树木一般,要根据树木不同的成长阶段采取相应的培植方法。在具体操作上,"灵创课堂"要针对学生的年龄特点,制定科学、适宜的学科年段目标展开教学。

"灵创课堂"是因材施教的课堂。这样的课堂要根据学生的"开悟"程度和不同的性格特点来确定教学手段和教学内容的多、少、难、易,既要"抓中间",又要"带两头",争取最大程度地满足每一位学生的内心需求,挖掘每一位学生的内在潜力,创造因材施教的课堂。

(二)"灵创课堂"的评价标准

依据"灵创课堂"的内涵,制定以下评价标准(见表6-3)。

表6-3 北湖小学"灵创课堂"教学评价细目表

评价指标	课堂意涵	评 价 标 准	量化评分
教学理念 (10分)	因材施教	以学生为本,一切为了学生的发展,以培养创新人才为宗旨。(3分)	
		以学生为主体,学生是学习的主人。(2分)	

续 表

评价指标	课堂意涵	评 价 标 准	量化评分
教学理念 (10分)	因材施教	面向全体,因材施教。依据学生不同才能、特长、兴趣和性格进行教学,使每个学生都能在原有基础上得到发展。(5分)	
教学目标 (10分)	循序渐进	符合新课程标准,适应学生发展需要,体现核心素养的培育。(2分)	
		教学能从学生认知基础、心理发展水平和思维水平出发,激发学生潜能,激活学生的思维。(3分)	
		教学目标设定从学情出发,贯穿于教学全过程。(3分)	
		能根据目标的需要删减、重组、整合并渗透、扩展和延伸。(2分)	
教学内容 (10分)	循序渐进	正确理解并能创造性地使用教材,科学准确地精选终身学习必须具备的基础知识和技能。(2分)	
		教学内容贴近学生,与时俱进,关注学生的学习兴趣与经验。(2分)	
		教学内容充实有梯度,有层次,学生能够主动参与知识形成的全过程。(4分)	
		课堂知识预设和生成关系处理恰切,对课堂生成信息能正确引导,培植生成新问题、新知识。(2分)	
教学过程 (40分)	共情共智 共生共成	教师能根据课堂教学进展情况与课堂生成的问题采取有效措施,调整课堂预设,满足学生思维发展的需要,完成课堂教学任务。(5分)	
		创设教学情境到位,教学组织形式灵活多样,能激发学生兴趣,引导学生积极思考,主动解决问题。(5分)	
		突出学科思维方法,培养学生自主、探究、合作、体验的学习能力。(5分)	
		教学结构合理,教学过程逻辑有序,能围绕重点目标留出学生充分思维、充分想象、充分质疑和充分求异的时空。(5分)	
		倡导有问题、有互动的课堂,能从教学过程发展的实际出发动态调控教学,促进教与学的真实发生。(5分)	

续 表

评价指标	课堂意涵	评 价 标 准	量化评分
教学过程 (40分)	共情共智 共生共成	教师能尊重学生,鼓励学生在师生、生生平等交往中展示自己的能力。(5分)	
		能用鼓励性评价对待学生的课堂反应,用宽容的策略处理解答出现错误的同学,多把尺子评价学生。(5分)	
		教师尽可能多地给每个学生提供活动、表现和成功的机会。(5分)	
教学效果 (30分)	共生共成	学生全员参与活动,课堂气氛和谐、民主、宽松、热烈,教与学充满激情。(8分)	
		学生乐于课堂实践,思维活跃,情感愉悦。(4分)	
		学生做到独立思考学习与合作交流学习相结合,学习能力得到提高。(4分)	
		学生对教师提出的问题积极思考,善于发表自己的独到见解。(4分)	
		师生乐于交流分享,达到共识、共享、共勉、共进,实现教学相长。(10分)	

二、开设"灵创学科",落实学科拓展课程

学校以"灵创学科"来推进学科拓展课程的建设和实施。学科拓展课程是指教师根据基础课程自主开发的适合学生自我需求的课程。"灵创学科"便是将国家规定的基础课程和教师开发的拓展课程合在一起,形成的"1+X"学科课程群。

(一)"灵创学科"的建设路径

"1+X"学科课程群建设。"1"指的是一门基础型课程,"X"指的是教师围绕基础课程自主开发的基于儿童需求,指向核心素养突出学科特点的多门延伸课程。为打造灵创学科"1+X"课程群,我校从两方面入手:一方面通过挖掘学科内部或学科之间的逻辑来构建专业的学科课程群;另一方面充分利用地域特色来渗透多门学科。各学科教师基于特色追求,根据对学科的独特理解,挖掘学科的独特优

势、独特资源,开发、打造拓展课程群。

1. "灵慧语文"拓展课程群建设。 文学是唯美的,我们结合中小学生语文核心素养的培养目标,借助拓展课程群将学生引领到文学与科技结合的精神圣地。语文课程组教师把握学校科技特色发展需求,依据课标、依托学情、结合富含科普元素的课文,依靠活动开发丰富多样的语文课程群(见表6-4)。

表6-4 北湖小学"灵慧语文"拓展课程群

课程维度	课程安排		课程目标
一年级	上学期	雨的变化(必修)	能借助课文插图和拼音正确、流利地读准《雨点儿》,学会积累词语。了解雨水变化的知识以及形成的过程,激发学生阅读科普读物的兴趣。
		奇妙的汉字(选修)	激发学习汉字的兴趣,能积极主动地学习汉字。通过认识身边的各种汉字,初步了解汉字构字规律,培养学生们主动探索汉字中蕴含的科普知识。
	下学期	神奇的尾巴(必修)	通过阅读《小壁虎借尾巴》,了解动物尾巴的再生以及不同动物的尾巴的功能不同,培养学生了解身边的科学常识。通过培养学生爱科学、学科学的兴趣,让学生能自发从生活中发现科学的奥秘。
		奇妙的汉字(选修)	通过观察、分析和归纳,了解汉字的规律,提高学生们的识字兴趣,培养学生们主动探索汉字中蕴含着的科学知识。通过学习汉字,引导学生们在生活中识字,学会总结归纳学习汉字的一些方法。
二年级	上学期	千变万化(必修)	《小蝌蚪找妈妈》了解青蛙的幼体时期与成熟期的区别,进而了解哪些动物的成熟期会与幼体时期发生巨大的变化,及变化的原因,并编辑动物绘本。能结合上下文和生活实际了解课文中词句的意思,在阅读中积累词语。对周围事物有好奇心,能就感兴趣的内容提出问题,结合课内外阅读,共同讨论。
		有声有色(选修)	共读《是谁嗯嗯在我的头上》,了解不同动物的嗯嗯大小,形状不一样,拉嗯嗯的声音也不一样,学会观察生活,仿照绘本编故事。借助读物中的图画阅读。喜欢阅读,感受阅读的乐趣。阅读浅近的童话、寓言、故事,向往美好的情境,关心自然和生命,对感兴趣的人物和事件有自己的感受和想法,并乐于与人交流。

续 表

课程维度	课程安排		课 程 目 标
二年级	下学期	虫虫世界（必修）	《小毛虫》引入不同昆虫的不同习性，在生活中观察各种昆虫，了解它们的进食，作息，巢穴的不同特点。结合语文学习，观察大自然，用口头或图文等方式表达自己的观察所得。
		栩栩如生（选修）	收集各种不同的昆虫制作标本。学会给昆虫分类（按食性）。了解标本的制作方法，通过制作标本细致观察昆虫的外形特点。能较完整地讲述小故事，能简要讲述自己感兴趣的见闻。关心自然和生命，对感兴趣的人物和事件有自己的感受和想法，并乐于与人交流。
三年级	上学期	科普童话世界（必修）	结合上下文和生活实际了解课文中词句的意思，在阅读中积累词语。借助读物中的图画阅读。文中在教师的引导下提取《在牛肚子里旅行》信息，了解牛胃的特殊构造及功能，了解牛吃东西会反刍的现象，并能有条理地说清楚。
		奇思妙想社团（选修）	共读科普童话绘本系列丛书（动物、植物主题），引导学生走进动物、植物世界，一边读一边预测，顺着故事情节去猜想、创编，激发大家的想象力。对周围事物有好奇心，能就感兴趣的内容提出问题，结合课内外阅读共同讨论。
	下学期	桥的世界（必修）	用普通话正确、流利、有感情地朗读课文。喜欢阅读，感受阅读的乐趣。养成爱护图书的习惯。由课文《赵州桥》引导学生走进中国传统建筑文化。再次进入世界名桥文化、中国现代桥文化，了解各桥的设计与作用，进而引发学生对于江西桥文化的兴趣、创设改造。
		昆虫备忘录社团（选修）	结合语文学习，观察大自然，用口头或图文等方式表达自己的观察所得。共读科普童话绘本系列丛书（昆虫主题）引导学生观察昆虫世界，走进大自然。了解昆虫的特征和习性，培养学生观察的习惯，热爱生活、热爱生命。
四年级	上学期	气象万千（必修）	《火烧云》引入气象知识，了解云的基本知识：不同类型的云的形状、变化过程、位置以及天气征兆。组织学生前往气象局参观并亲身体验如何观测气象。平时学生对天空云霞的变化熟视无睹，缺少细致的观察，引导学生关注火烧云现象，并将自己观察到的景象与课文所描写的景象结合起来加深理解。再结合自己观察到的情况，说说课文中没有提到的景象，如还有哪些颜色，还有其他什么形状等，让学生通过想象，也学习作者的方法进行一番描述，以培养学生丰富的想象能力和对科学知识研究的兴趣。

续　表

课程维度	课程安排		课　程　目　标
四年级	上学期	太阳剧社（选修）	共读《哈利波特》系列丛书,帮助学生理解什么是科幻、魔幻,激发大家的想象力,吸收其中积极向上的精神。选择其中感兴趣或者有共鸣的一幕剧情进行编排,搬上小舞台。学生通过表演不仅会加深印象,还在这个过程中学会思考,更深层次去理解文本。采用多种形式引导学生积极参与,加强情感体验,注重过程性评价。
四年级	下学期	神奇发明（必修）	《蝙蝠和雷达》引入科学发明与动物关系,理解科学家是怎样从蝙蝠身上受到启发的,弄清飞机夜间安全飞行与蝙蝠探路之间的联系。了解有哪些发明是受动物启发而产生的,并明白其工作原理。鼓励学生观察身边的动物,从动物身上提炼有效信息进行小发明,带到学校交流共享,激发学生从小爱科学的兴趣,培养创新意识。
四年级	下学期	太阳剧社（选修）	共读《海底两万里》系列丛书,帮助学生理解什么是科幻、魔幻,激发大家的想象力,吸收其中积极向上的精神。选择其中感兴趣或者有共鸣的一幕剧情进行编排,搬上小舞台。学生通过表演不仅会加深印象,还在这个过程中学会思考,更深层次去理解文本。采用多种形式引导学生积极参与,加强情感体验,注重过程性评价。
五年级	上学期	生活科技（必修）	《新型玻璃》是说明性文章,引导学生抓住要点,引入生活与科学发明的关系,了解哪些发明是受生活的启发而产生的,并明白其制造原理。组织学生去科技馆进行实践性学习。鼓励学生观察身边的事物,有意识地养成留心观察周围事物的习惯,从生活中提炼有效信息进行小发明,通过学校交流共享。
五年级	上学期	科本活动社（选修）	共读《十万个为什么》系列丛书,共看"是真的吗?"系列节目,帮助学生理解什么是科学,激发学生的想象力,吸收其中的科学知识及科学精神。选择其中感兴趣或者有共鸣的问题进行活动编排。学生通过实践活动不仅会对知识加深印象,还在这个过程中学会思考,更深层次去理解学习与科学的联系,敢于提出自己的看法,做出自己的正向判断。
五年级	下学期	轨道未来（必修）	《把铁路修到拉萨去》引导学生对这个作品中自己印象最深的场景、人物、细节进行简单的描述,从而把美好生活与科学技术相联系,了解先进的科学技术能帮助人们克服各种困难,创造奇迹,让人类生活更美好。组织学生查找"西部大开发"的资料,让学生了解为解决学习和生活中的问题,可以利用图书馆和网络等信息渠道获取资料,在获取资料的过程中提高对生活的认识,学会感恩,学会奉献。组织学生了解"铁路博物馆",在学校中交流共享科学技术。

续 表

课程维度	课程安排		课 程 目 标
五年级	下学期	科本活动社（选修）	共读《前沿科学》系列丛书,共看"加油向未来"系列节目,帮助学生认识科学技术,激发学生的想象力、创造力,吸收其中的科学知识及科学精神。学会选择身边的、大家感兴趣或有共鸣的内容,组织讨论,从中学会辨别是非、美丑、善恶,策划相关的校园或社会活动,学会对自己策划的活动主题进行讨论和分析,学写活动计划和活动总结。学生通过实践,更好地从学习与科学的联系中获得认知和技能。
六年级	上学期	珍惜资源（必修）	《只有一个地球》呼吁人类应该珍惜资源,保护地球。查找有关地球知识的资料,搜集生态环境及自然资源遭受破坏的事例、数据等。调查了解家乡的土地、身边的资源得到了保护还是遭到了破坏。教导学生珍惜资源,保护环境,从身边的小事做起。如:尽量不使用一次性物品,实行垃圾分类,注意节水节电、节约纸张……
六年级	上学期	《诗经》科普（选修）	子曰:《诗》可以兴,可以观,可以群,可以怨。迩之事父,远之事君,多识于鸟兽草木之名。《诗经》中所涉及的动植物总数高达 336 种,是一部动植物百科全书。指导学生吟诵《诗经》,通过语调、韵律、节奏等体味作品的内容和情感,并通过图片认识诗中的草木,走进公园、大自然,认识相关草木,给草木挂名片。
六年级	下学期	遨游太空（必修）	《千年梦圆在今朝》引入航天飞行知识,观看相关视频。带领学生参观"遨天一号"太空科技体验馆,亲身体验和学习航天知识。
六年级	下学期	《诗经》科普（选修）	据载,《诗经》中出现动物种类达 109 种,其中鸟类 35 种,兽类 26 种,虫类 33 种,鱼类 15 种。指导学生吟诵《诗经》,通过语调、韵律、节奏等体味作品的内容和情感,并通过图片认识诗中的草木,走进动物园、大自然认识相关动物。

2."灵思数学"拓展课程群建设。 "灵思数学"寓教于乐,没有固定的模式与方法,是数学课程组教师根据数学与科普的整合目标而设,其教学的形式、方法和途径是多元的。具体如下(见表 6-5)。

表 6-5　北湖小学"灵思数学"拓展课程群

课程维度	课程安排		课 程 目 标
一年级	上学期	游"数字园"（必修）	能进一步掌握 20 以内数的顺序、组成与大小比较,区分基数和序数的含义。并在复习巩固数学学习中加入科普元素,体会数学与科技完美结合的乐趣。
		玩"七巧板"（选修）	通过搭一搭,进一步体会各种几何图形的特征,发展空间观念,发挥创造力和想象力,利用七巧板拼搭出多种图案,在动手实践中让学生们主动探索,体会在图形中蕴含着的科学知识。
	下学期	识"人民币"（必修）	通过我们最熟悉的人民币,既感受生活中处处有数学,在活动中培养学生运用所学知识解决实际问题的能力,也能较深入了解人民币的科普知识。
		探"数与形"（选修）	通过观察、分析和归纳,了解多种数形变化规律,提升学生学习数学的兴趣,并养成分类思考的科学创新思维能力,培养学生的良好数感。
二年级	上学期	方寸之间（必修）	在实践活动中,能够用比较合适的方式描述物体的长度,突出直观性和多样性,提供较大的实践探索的空间。感受数学与科学在日常生活中的应用,体验数学与科学活动带来的乐趣。
		九宫格（选修）	对九宫格数独游戏规则进行综合运用,利用各种游戏规则来进行全面推理。培养学生用科学的眼光去看待数学知识,体现探索性的学习过程,培养学生的创新意识,积累数学活动经验。
	下学期	小小设计师（必修）	能辨认生活中的某些简单图案是由一个图形经过轴对称或平移等运动得到的。经历观察、操作及合作交流的过程,获得通过图形的移动设计图案的基本方法,在想象图形运动的过程中发展学生的空间观念。感受数学与科学结合的美妙,体会数学的价值。
		九宫格（选修）	对九宫格数独游戏规则进行综合运用,利用各种游戏规则来进行全面推理。培养学生用科学的眼光去看待数学知识。有计划地渗透数学思想方法,培养学生的数学思维能力。

续　表

课程维度	课程安排	课程目标
三年级	上学期　藏在身体里的秘密（必修）	根据课标(三、测量)1. 结合生活实际,使学生亲历测量的过程。通过实践活动,建立长度单位和质量单位的使用观念。2. 感受数学与生活的密切联系,会选择合适的单位及工具进行测量。3. 结合探索活动,让学生们在了解身体秘密的活动中,渗透长度、质量以及健康的基础认知。
	数独(上)（选修）	通过数独游戏,建立数独模型,培养学生用排除法思考问题,初步学会推理分析,掌握解决问题的策略。
	下学期　时间都去哪了(必修)	根据课标(一、时、分、秒)1. 认识时间单位,能选择合适的单位和工具对时间进行度量。2. 结合具体的生活情境,体会时刻与经过时间之间的区别与联系,能解决简单的实际问题。3. 观察生活,记录生活,反思生活,了解时间的价值。
	数独(下)（选修）	在游戏中体会数学思想,运用单一原则推理出方格中缺少的数,完成数独游戏。
四年级	上学期　数的奥秘（必修）	根据课标(三、统计与概率)1. 能根据给定的标准和自己选定的标准对事物或数据进行分类,感受分类与分类标准的关系。2. 通过对数据的简单分析,体会运用数据进行表达与交流的作用,感受数据蕴涵信息。用数学统计的思想来分析事物的各种信息,帮助了解被调查事物的变化和前期发展情况,并提供有效的数据信息用于决策,作为制定新的目标和发展方向的数据依据。统计方式包括统计设计、统计调查、统计整理和统计分析四个环节。
	科学调查体验(选修)	促进学生培养科学兴趣,提高科学探究能力,增强创新意识和实践能力,体验科学探究的乐趣。
	下学期　探索生命的能量（必修）	依据课标(四、综合实践)1. 通过实践活动,感受数学在日常生活中的作用,体验用所学的知识和方法解决简单问题的过程,获得初步的数学活动经验。2. 经历实践操作过程,进一步理解所学内容。3. 营养需要和食物种类的确定。4. 食谱编制或设计方法。5. 人体营养需要制定的原则。6. 确定膳食营养供给量的标准。
	科学调查体验(选修)	通过巧妙设计,贴合学生日常生活的活动内容,吸引学生参与科学探究活动,让学生在活动中学习基本的科学知识,初步掌握科学探究方法。

续 表

课程维度	课程安排		课程目标
五年级	上学期	相亲相爱一家人（必修）	1. 利用数方格法、割补法、实验观察法,让学生通过动手操作探索并掌握多边形的面积计算公式。2. 会计算多边形的面积,培养用多种策略解决问题的能力。3. 感受求多边形的面积在日常生活中的应用,并能解决生活中的一些简单的实际问题。
		我"形"我秀(选修)	通过活动,希望能让学生在参与活动中得到数学技能的培养,重视动手操作与实践,让数学爱好者能一显身手,脱颖而出;使学生进一步感受数学与生活的密切联系,教师做好引导,不包办替代,让每一个学生真正走进数学,感受数学,喜欢数学,在数学中得到快乐,加强我校数学文化建设。
	下学期	跳动的音符（必修）	1. 能根据统计表正确绘制折线统计图。2. 能根据折线统计图对数据的变化进行简单的分析和合理的推测,并能解决数学问题。3. 通过条形统计图和折线统计图的比较,了解折线统计图的特点和优势。4. 能从折线统计图中进一步认识到数据中蕴含的信息,发展分析数据的观念。5. 培养学生观察、分析数据和合理推测能力,体会统计在生活中的作用和意义。
		生活小达人（选修）	1. 培养学习数学的兴趣,通过解决问题树立自信,培养学生的数学思维能力和科技创新能力。2. 以实践创新为核心,使学生掌握多种科学思维方式,灵活运用数学知识解决实际问题。3. 经历与他人合作交流解决问题的过程,尝试解释自己的思考过程。4. 通过活动,拓宽学生的知识面,强化他们多角度思考问题的能力,提高科学研究意识。
六年级	上学期	节约用水（必修）	通过观察、收集、整理数据,感受数学和现实生活的联系,引导学生积累节约用水的方法,增强环保意识。根据学生所学习的数学知识和生活经验,让学生通过小组合作的探究活动或有现实背景的活动,运用所学知识解决问题,体会探索的乐趣。了解数学的实际应用,感受运用数学的愉悦,培养学生的数学应用意识和实践能力。

续表

课程维度	课程安排		课程目标
六年级	上学期	在游戏中找数学（选修）	通过游戏让学生发现数学与生活的联系，体会数学的趣味。激发学生的兴趣，寓教于乐，激发探索未知的好奇心。系统而有步骤地渗透数学思想方法，尝试把重要的数学思想方法通过学生可以理解的简单形式，采用生动有趣的事例呈现出来。通过教学使学生受到数学思想方法的熏陶，形成探索、解决数学问题的兴趣与方法，逐步发展数学思维能力。
	下学期	自行车里的数学（必修）	运用所学知识解决问题，了解自行车的速度与其内在科学结构的关系。了解自行车中各种结构中的科学原理。了解数学与科学的密切关系。让学生通过小组合作的探究性活动，综合运用所学的数学知识和方法（如圆的周长知识），动手实践解决问题，体会数学在日常生活中的应用价值，增强学生应用数学的意识，不断提高学生的实践能力和解决问题的能力。
		鸽巢问题（选修）	理解简单的鸽巢问题及鸽巢问题的一般形式，并能解决简单的鸽巢问题。体会数学知识在生活中的科学性。培养学生的科学探究意识。严密的逻辑推理、精确的计算、形式完美的原理与规律，都潜移默化地让学生体会到数学所特有的形式美、结构美和方法美，不仅可以使学生对数学产生浓厚的兴趣，使他们扩大知识面，激发进一步探索研究的欲望，而且具有陶冶科学情操和培养科学精神的作用。

3."启慧英语"拓展课程群建设。 英语课程组的老师基于英语学科理念，在教学过程中充分发掘英语与科技的联系，开发英语拓展课程群(见表6-6)。

表6-6 北湖小学"启慧英语"拓展课程群

课程维度	课程安排		课程目标
三年级	上学期	Colours	教学生认识颜色，拓展有关彩虹的颜色和形成的知识；几种颜色混和后，会有什么变化。能根据教师的简单指令做动作，做游戏。对英语有好奇心，喜欢听他人说英语。
		英语配音秀（选修）	通过欣赏简单的卡通片并学着配音，初步培养学生的语言运用能力和良好的语感。

续 表

课程维度	课程安排		课 程 目 标
三年级	下学期	How many	学习数字相关单词以及几个数字相加或相减的变化。对英语有持续学习的兴趣,初步形成对英语的感知能力和良好的学习习惯。
		英语配音秀（选修）	通过欣赏简单的卡通片并学着配音,初步培养学生的语言运用能力和良好的语感。
四年级	上学期	Weather	教说与天气相关的单词,对本地天气进行一段时间的统计调查、实验报告。可以了解一些英语国家的地理位置、气候特点等。
		英语手抄报（选修）	通过大量的英语阅读收集资料,学做各种主题的英语手抄报,提高学生的英语阅读和写作能力。
	下学期	Time	教学生用数字来表达时间的两种形式。会科学合理地利用时间,积极运用所学英语表达和交流时间。
		英语手抄报（选修）	通过大量的英语阅读收集资料,学做各种主题的英语手抄报,提高学生的英语阅读和写作能力。
五年级	上学期	In a nature park	定位自然公园,同时创设情景运用句型;学生绘图,呼吁人们热爱大自然。鼓励学生积极参与各种课堂学习活动,并在学习活动中能够用英语与他人交流。
		合理安排寒假	介绍自己的寒假安排,并贯穿南北半球季节的差异。
	下学期	My favourite season	感知季节交替,观看地球公转视频,展示四季形成的原因,培养学生热爱大自然的情感。在此项活动中能体会到英语学习的乐趣,乐于参加各种英语实践活动。
		合理安排暑假	介绍自己的暑假安排,并贯穿南北半球季节的差异。
六年级	上学期	maps	通过看地图,初步感知方位的相对性。能有效地询问信息和请求帮助。
		英语课本剧（选修）	通过将课文改编为剧本、表演课本剧等方式进行体验式学习,以演促学,以演促评,提高学生学习英语的兴趣。
	下学期	Weekend plan	运用所学的英语知识科学合理地安排周末时光,能与他人沟通信息,合作完成任务。
		英语课本剧（选修）	通过将课文改编成剧本、表演课本剧等方式进行体验式学习,以演促学,以演促评,提高学生学习英语的兴趣。

4. "灵雅美术"拓展课程群建设。 美术课程组教师针对不同年龄层次学生的发展需要,进行课堂深度变革,在课堂中营造轻松的氛围,激起创新的火花,让学生收获快乐,感受艺术的魅力,特开发了以下拓展课程群(见表6-7)。

表6-7 北湖小学"灵雅美术"拓展课程群

课程维度	课程安排		课 程 目 标
一年级	上学期	童心童画	学生的童年多姿多彩,争当小画家,把快乐的童年趣事用巧手记录下来吧!
		灵创叶贴	一片片树叶形态各异,开动脑筋拼一拼、添上几笔,一副树叶拼贴作品就完成了,用游戏的方式培养学生的思维能力、创新能力。
	下学期	巧撕达人	巧撕妙贴,撕一撕,画一画,创作出美丽的图画:香喷喷的食物、耀眼的星空、凶猛的大狮子……让我们一起开动脑筋,做一个巧撕达人吧。
		灵创叶贴	根据不同植物叶片的纹路与颜色,利用植物特殊的叶片形状,进行组合,拼接出有创意的图案。
二年级	上学期	经纬印染	将白布有序地折叠、捆扎、浸染、晾干、拆线,形成深浅不一、绚丽多彩的花纹,这就是扎染——我国民间的一种传统印染花布工艺。大家一起试试吧,让传统手工艺代代相传!
		巧手剪纸	扎根传统,开出美丽的花朵。剪纸在我国有几千年的历史,折一折,画一画,剪一剪,通过动手动脑设计出新颖有趣的图案。
	下学期	经纬印染	将白布有序地折叠、捆扎、浸染、晾干、拆线,形成深浅不一、绚丽多彩的花纹,这就是扎染——我国民间的一种传统印染花布工艺。大家一起试试吧,让传统手工艺代代相传!
		巧手剪纸	扎根传统,开出美丽的花朵。剪纸在我国有几千年的历史,折一折,画一画,剪一剪,通过动手动脑设计出新颖有趣的图案。
三年级	上学期	流动色彩	解锁色彩的奥秘,了解三原色、对比色、相近色,运用所学的色彩知识创作出不同创意的绘画。
		黏土大师	从不同角度观察各种动物的图片,捏一捏,看看谁做的动物最生动。艺术来源于生活且高于生活,让学生从小学会观察事物,提高动手能力。

续　表

课程维度	课程安排		课　程　目　标
三年级	下学期	吹塑纸板	初步认识单色纸版画、套色纸版画,并用不同的笔在吹塑纸上刻出不同效果及肌理。
		黏土大师	学会捏、按、印、结、盘条等基本黏土制作的技法,并学会进行细部刻画。
四年级	上学期	多彩建筑	运用各种材料,构思草图,捕捉设计灵感,制作出现代科技与艺术完美相融的建筑作品。
		科幻创想	让思维在想象的海洋中遨游,画出属于自己的科学幻想。
	下学期	传统魅力	走进中国传统美术文化的世界,启迪智慧,感悟祖国灿烂而伟大的文明。
		科幻创想	未来的家用电器长啥样?30年后的交通工具如何在空中飞翔?200年后人类去火星定居了吗?用画笔开启创意大门。
五年级	上学期	未来设计	卡纸,泡沫,易拉罐,塑料盒,毛线团,不起眼的废旧材料加上创意十足的大脑,脑洞大开,让我们设计一个未来的科幻世界。
		思维素描	素描是绘画的基础、绘画的骨骼,让学生初步了解素描,掌握明暗关系,画出简单的几何立方体。
	下学期	古韵脉搏	最传统的就是最世界的,让学生感受彩陶魅力,了解青铜之美,领悟古人的智慧与艺术,掌握历史脉搏。
		思维素描	穿插讲解透视关系,加入速写内容,用线条、明暗塑造简单物体。
六年级	上学期	数码艺术	艺术与信息技术相结合,电脑绘画用途越来越广泛,色彩丰富,生动真实,还可以任意修改、调整。让学生初步掌握画图软件,制作一张电子贺卡。
		实验水墨	掌握规范的执笔方法和用笔方法,学会中锋、侧锋、逆锋的知识,在宣纸上画出生动有趣的水墨画。
	下学期	装置艺术	了解新颖前沿的装置艺术,合理利用身边的生活用品,以新的主题,创作一件奇妙独特的作品。
		实验水墨	学习用中国画中勾、皴、点、染的山水画技法创作一幅简单的山水画作品。

5. "灵美音乐"拓展课程群建设。 基于课改要求,为提高学生艺术素养和能力,积累深厚的艺术文化底蕴,激发学生对艺术的热爱之情,音乐课程组老师对音乐与人文的整合进行深度挖掘,开发"灵美音乐"课程群(见表6-8)。

表6-8 北湖小学"灵美音乐"拓展课程群

课程维度	课程安排		课 程 目 标
一年级	上学期	灵动节奏	学习乐理常识、基本节拍,认识课堂打击乐种类,正确使用打击乐器。
		美诗吟唱	通过吟唱古诗文,培养和激发学生用音乐语言传承和热爱祖国经典文化的情感。
	下学期	趣味唱游	把音乐符号化为富有情绪的、生动形象的游戏,在玩中学、在学中游。
		美诗吟唱	通过吟唱古诗文,培养和激发学生用音乐语言传承和热爱祖国经典文化的情感。
二年级	上学期	节奏大师	能用打击乐器为歌曲伴奏,如小合奏、大合奏等。
		赣味童谣	学习江西地区童谣、了解江西方言及历史文化。
	下学期	童趣绘声	运用画图的方式,把学到的歌曲用画笔描绘出来。
		赣味童谣	学习江西地区童谣、了解江西方言及历史文化。
三年级	上学期	越舞越爱	舞蹈常识;基本训练组合练习;舞种的学习与了解;成品舞实践学习。
		魅力古典	了解古典音乐,欣赏古典音乐中的经典作品,并了解相关作曲家的生平。
	下学期	趣味创编	通过对简单节奏及节拍的认知,培养学生运用所学知识进行简单创编活动的能力。
		魅力古典	了解古典音乐,欣赏古典音乐中的经典作品,并了解相关作曲家的生平。
四年级	上学期	精彩舞韵	各民族舞蹈的学习、创编。
		京韵十足	学习国粹,了解我们"国粹艺术"的人文价值,学唱经典曲目,学习京韵动作。
	下学期	多彩乡音	学习名族歌曲,感受不同民族民歌的韵味。
		京韵十足	学习国粹,了解我们"国粹艺术"的人文价值,学唱经典曲目,学习京韵动作。

续 表

课程维度	课程安排		课　程　目　标
五年级	上学期	多彩和声	多声部五线谱的认谱学习；视唱练耳练习，单音、音程、和弦的听唱；声部练习，和弦构唱、模唱；旋律模唱；合唱中的起声、循环呼吸、二部和声的配合。
		赣韵风华	学习当地(江西)音乐文化，了解赣剧。
	下学期	流行流唱	了解通俗歌曲、当代歌曲的唱法、曲种；学习当代音乐的流行走向。
		赣韵风华	学习当地(江西)音乐文化，了解赣剧。
六年级	上学期	绘声荟唱	合唱声部的发声练习，多部发声练习；三人及二人的多声部练习；小组《卡农》演唱练习。
		戏剧魅影	欣赏音乐剧形式的电影，了解音乐剧的剧种，编写小剧本。
	下学期	笛韵声声	掌握竖笛的相关知识，拓展学生的知识领域，提高综合素质，发展学生的创新精神和实践能力，形成良好的艺术品质。
		戏剧魅影	欣赏音乐剧形式的电影，了解音乐剧的剧种，编写小剧本。

6. "灵动体育"拓展课程群建设。 体育课程组教师以"灵动体育"教学理念为核心，围绕"健壮、健美、健康"的目标，让每一个学生都积极地参与到体育活动中来，掌握科学的运动方法，完善体育课程群的建设。具体如下(见表6-9)。

表6-9　北湖小学"灵动体育"拓展课程群

课程维度	课程安排		课　程　目　标
一年级	上学期	创娃快站好	形象生动地模仿动物的各种站姿，提升学生的模仿能力，有效激发学生学习站姿的兴趣。
		翻滚吧创娃	1. 感受钻圈的乐趣。2. 游戏后能把圈放在指定位置。
	下学期	沙包快到碗里来	探索并尝试不同的玩法，练习投沙包的准确度。
		我的沙包最漂亮	让学生们自由发挥想象，亲自制作自己喜欢的沙包，有效激发学生们的动手能力。

续　表

课程维度	课程安排		课程目标
二年级	上学期	开心跳跳跳	1. 通过学练让学生基本掌握单跳双落的动作技能。2. 培养学生团结、协作精神,并在练习和游戏中体验成功的乐趣。
		体操小能手	1. 通过模仿操的学习,学生能够懂得徒手操的身体部位、动作名称等基本知识,并能够分清楚动作的方向。2. 通过练习以及展示等方法,学生能初步学会做整套动作,发展身体的协调性、节奏感。
	下学期	投掷小健将	1. 初步了解和掌握原地投掷沙包的方法,发展投掷能力。2. 体验投掷活动的运动乐趣和方法。
		接力小明星	1. 能掌握立棒传接交接棒的技术动作,并能在比赛中加以运用。2. 学生乐于参与教学互动,敢于创新。
三年级	上学期	疾飞少年	1. 培养学生短跑技术。2. 培养学生的吃苦耐劳和顽强拼搏的意志品质。
		灵动精灵	1. 分组进行追逐跑和换物跑的练习。2. 利用音乐的节奏,有效提升学生的运动能力。
	下学期	运球能手	1. 初步学习原地运球技术,让学生明白原地运球的动作技术要领。2. 提高学生对篮球的兴趣。
		我会往返跑	1. 通过学习"往返跑"的技术动作,使大部分的学生掌握快速跑中往返跑的方法,激发学生学习的积极性和兴趣。2. 培养学生快速奔跑的能力和快速折返转身时的动作速度、灵巧性和下肢力量,提高动作节奏感和判断力。
四年级	上学期	体操我最棒	通过练习以及展示等方法,学生能初步学会做整套动作,发展身体的协调性、节奏感。
		跑步我最快	使学生初步学会正确的快速跑的姿势,并通过"往返接力"提高学生奔跑的速度、反应、协调等身体素质。
	下学期	武术我会打	了解武术的起源和功能;会做简单的手型、步法及组合动作。
		排球我会玩	了解排球运动的概况,知道排球比赛的简单规则,并能对排球运动感兴趣,能认真地学习。

续　表

课程维度	课程安排		课程目标
五年级	上学期	抛出美丽的彩虹	掌握原地投掷沙包的基本动作,发展投掷能力,体验投掷活动的运动乐趣和方法。
		翻出最美的圆圈	掌握前滚翻的基本动作过程,能够说出一蹲、二撑、三滚翻的动作要领,并能展示简单动作。
	下学期	奔跑的蓝精灵	让学生通过自我体验、尝试,进一步掌握耐久跑的方法,发展学生耐力素质。
		反转的世界	教师的正确引导,旨在发展学生自我保护的能力,培养学生创造性思维,发展灵敏、协调、柔韧等身体素质。
六年级	上学期	奔跑的旋律	音乐配合身体动作,有效地练习跑步动作。
		垫球我最多	1. 垫球动作和传球动作相互配合,打好排球运动的基本功。2. 利用音乐的节奏,有效提升传垫能力。
	下学期	运动的乐趣	1. 通过不断对墙垫球、传球,进一步练习发球动作。2. 通过打点方位练习,提高发球的准确性。3. 通过排球联赛的推广,让学生们体验比赛的快乐,激发比赛的求胜欲,提高团队配合的能力。
		我的收获	1. 在音乐的伴奏下进行排球运动的整合。2. 以排球垫球、传球、发球等基本动作,串联活力排球操动作。3. 学以致用,能打能跳,多方面发展。

7. "灵康心理"拓展课程群建设。 心理课程组教师以"灵康心理"教学理念为核心,围绕"身心健康,阳光向上"的目标,使每个学生都具有良好的心理品质和社会适应能力,提高其心理健康水平,完善心理课程群的建设。具体如下(见表6-10)。

表6-10　北湖小学"灵康心理"拓展课程群

课程维度	课程安排		课程目标
一年级	上学期	心理游戏:健康十巧手操	使参加者感受信任、温暖、支持的团体气氛,并可以他人为镜,反省自己,深化自我认识。
	下学期	心灵健美操·关于学习	通过本次主题式诵读,为学生在学业学习方面注入正向的思维意识和心理建设。

续 表

课程维度	课程安排		课 程 目 标
二年级	上学期	心理游戏：左抓右逃	使参加者感受信任、温暖、支持的团体气氛,并可以他人为镜,反省自己,深化自我认识。
	下学期	心灵健美操·关于感恩父母	通过本次主题式诵读,为学生在"感恩父母"方面注入正向的思维意识和心理建设。
三年级	上学期	心理图画：房树人、线条演绎	通过本次绘画"房树人"片段印象,促进学生积极的心理体验和建设。
	下学期	心灵健美操·关于关系	通过本次主题式积极诵读,给学生在"人际关系"方面注入正向的思维意识和心理建设。
四年级	上学期	心理图画:"名著种植式阅读"片段印象	通过本次绘画"名著种植式阅读"片段印象,促进学生积极的心理体验和建设。
	下学期	心灵健美操·关于接纳自己	通过本次主题式诵读,给学生在"接纳自己"方面注入正向的思维意识和心理建设。
五年级	上学期	心理沙龙：关于时间管理	通过本次心理沙龙活动,组织学生谈谈有关"时间管理"的话题以及自己遇到的困惑,互相讨论学习。
	下学期	心灵健美操·关于生命和选择	通过本次主题式积极诵读,给学生在"生命和选择"方面注入正向的思维意识和心理建设。
六年级	上学期	心理沙龙：关于梦想	通过本次心理沙龙活动,组织学生谈谈有关"梦想"的话题以及自己遇到的困惑,互相讨论学习。
	下学期	心灵健美操·关于梦想和付出	通过本次主题式积极诵读,给学生在"梦想和付出"方面注入正向的思维意识和心理建设。

(二)"灵创学科"的评价要求

我们根据"灵创学科"的内涵,从以下几个方面对学科拓展课程群进行评价(见表6-11)。

表 6-11 北湖小学"灵创学科"课程评价实施细目量化表

评价项目	评 价 标 准	权重分	得分
学科理念	科学先进,具有学科特色。	15 分	
学科建设方案	基于学科特色;具有时代性、科学性、针对性;所撰写的方案逻辑性强。	20 分	
学科课程内容	围绕学科核心素养进行准确定位,突出重点,内容丰富。	20 分	
学科课堂教学	正确的教学目标;丰富的课堂教学活动;提高学生的综合能力。	20 分	
学科教研	常态的教学研究,进行深度的课后反思与学科课程开发实施评价。	25 分	
合计得分		100 分	

三、创建"灵创社团",落实兴趣爱好课程

作为课程的重要载体,社团活动对于有效提升学生综合素质,促进学生多元化成长具有重要的意义。我们创建"灵创社团",让学生们在各具特色的社团活动中,体验生活,提升素养,涵养心灵。

(一)"灵创社团"的具体操作

学校围绕灵尚修身课程、灵慧言语课程、灵妙思维课程、灵科探索课程、灵动康健课程、灵艺雅美课程六大类课程,开设以下社团(见表6-12)。

表 6-12 北湖小学"灵创社团"课程设置表

课程类别	社团名称	社 团 课 程 目 标
灵尚修身课程	童眼看世界	通过组织学生走出校园,走进社会,体验各类职业,感受科学家精神等系列活动,培养学生对自然的关爱和对社会的责任感,增强学生的文明意识、探索意识、规则意识。
	职业体验社	
	科普名家社	
灵慧言语课程	科普话剧社	在语言类课程群里,通过诵读、配音、主持、表演等活动,激发学生的语言学习兴趣,提高学生的语言感受力。
	经典诵读社	
	英文绘本社	

续 表

课程类别	社团名称	社团课程目标
灵慧言语课程	经典配音社	在语言类课程群里,通过诵读、配音、主持、表演等活动,激发学生的语言学习兴趣,提高学生的语言感受力。
	气象主播社	
	双语诗词社	
灵妙思维课程	趣味数独社	在数学类课程群里,通过思维导图、"24点"、数独、魔方、围棋、桌游等数学游戏,丰富数学学习,拓展视野,培养学习兴趣。在学习过程中培养学生合作、推理、想象的能力,同时感受数学学习的价值。
	快乐魔方社	
	思维导图社	
	围棋对弈社	
	逻辑桌面游戏社	
灵科探索课程	调查体验社	在科技类课程群里,通过四模、未来工程师、多样的手工制作和各类创意动手动脑社团等课程,锻炼学生的动手能力,激发学生的创造性思维和想象力,提高学生的审美能力,培养学生创新精神和实践能力。
	科学制作社	
	航空模型社	
	航海模型社	
	车辆模型社	
	建筑模型社	
	无线电测向社	
	纸飞机社	
	未来工程师社	
	3D打印社	
	机器人社	
	无人机社	
	信息学社	
	猫爪编程社	
	变废为宝社	
	DI创意思维社	
	OM头奥社	

续 表

课程类别	社团名称	社团课程目标
灵动康健课程	田径运动队	在体育类的课程群里,提高学生的运动技能,培养学生的自我锻炼意识,增强身体素质和对运动的兴趣,同时培养吃苦耐劳、勇于拼搏的精神。
	阳光健美社	
	灵动排球社	
	灌篮高手社	
灵艺雅美课程	立体素描社	在艺术类的社团课程群里,锻炼学生的艺术技能,提高学生审美能力,传承祖国传统文化,同时陶冶学生情操,培养学生良好品格和团结协作的群体意识。
	创意科幻社	
	科普剪纸社	
	墨香书法社	
	小精灵舞蹈团	
	小百灵合唱团	
	小创娃管乐团	
	小科豆戏剧社	

各个社团见缝插针,科学合理安排好社团活动。

(二)"灵创社团"的评价要求

我校的"灵创社团"课程,从社团机构与管理、活动组织与开展这两个方面进行评价,采用每周的活动开展情况评价与学期末的综合评价相结合的方式,具体评价标准如下(见表6-13)。

表6-13 北湖小学"灵创社团"评价实施细目量表

项目	评价标准	得分	评估方法
社团机构与管理	1. 社团管理体制完善,机构设置合理,制定符合学生实际的社团建设实施方案。(10分)		1. 实地查看 2. 材料核实 3. 师生座谈 4. 成果展示 5. 活动巡查
	2. 建立、健全并严格执行社团各项规章制度。(10分)		
	3. 社团会员人数适合,规模适度,成员资料档案齐全。(10分)		

续 表

项目	评 价 标 准	得分	评估方法
社团机构与管理	4. 指导教师认真负责。(10分)		
	5. 学生社团要突出学生的主体性和创造性,使学生在社团活动中自治自理、健康发展。(10分)		
	6. 社团活动空间固定,环境良好,有相应的文化建设。(10分)		
活动组织和开展	7. 经常且定期开展社团活动,组织有序、记录完善。(10分)		
	8. 社团活动内容丰富,形式多样,体现实践性和综合性,有利于培养和锻炼学生多方面的素质,体现校园文化精神。(10分)		
	9. 社团成员或集体活动成果显著。(10分)		
	10. 活动取得良好的教育效果,在学生中有一定的影响。(10分)		
合计得分:			

四、创设"灵创节日",落实节庆文化课程

"灵创节日"即学校的节日课程,可以很好地培养学生的正气,需要丰富的课程内涵来支撑。开展更多适合学生个性发展的节日主题活动,可以激发学生参与的兴趣,丰富学生的经历和情感。

(一)"灵创节日"的具体操作

为丰富校园文化,我校以"传统节日课程"、"现代节日课程"、"科技节日课程"为互动主题,努力营建既吸纳传统文化,又注重科技特色的校园文化课程。

1. 传统节日课程。传统节日具有丰富的文化内涵,而民族文化精神通过课程系统的传递,使传统文化变得可感可触,生动形象。我们以节日课程为依托,通过体验节日文化习俗,开展"精神寻根"。以"了解我们的传统节日"为突破口,结合我校德育系列教育活动,充分利用"节日文化"的感化功能,提高学生的人文素养和核

心素养,促进学生的个性化发展,使学校成为继承传统、和谐育人的宣传和示范窗口,为营造良好的人文环境,建设和谐社会做出贡献。具体如下(见表6-14)。

表6-14 北湖小学"灵创节日"之传统节日课程设置表

月 份	节 日	主 题	活 动
一月	春节	浓浓的团圆情	剪窗花 写对联 拜年
二月	元宵节	烈烈的思乡情	赏花灯 猜灯谜 吃元宵
四月	清明节	深深的思念情	忆先烈故事 献花祭奠
六月	端午节	强烈的爱国情	包粽子 念屈原
八月	中秋节	淳淳的民族情	画嫦娥 赏月亮 讲故事
九月	重阳节	真真的敬老情	敬老人 献孝心

2. 现代节日课程。 现代节日包含着人们对美好生活的寄托和希望,我们开展"现代节日课程",引导学生关注生活,增强生活仪式感。以节日文化为载体,通过学生对节日有关内容的探究、搜集、整理,落实课程改革的新理念、新思路,拓宽学生学习的领域,在渗透和整合中开阔视野,提高学习效率,培养学生科学自主学习、相互合作、探究发现的能力,获得现代社会所需要的综合实践能力。具体如下(见表6-15)。

表6-15 北湖小学"灵创节日"之现代节日课程设置表

月 份	节 日	主 题	活 动
一月	元旦	新年新气象	1. 制作一份新年规划 2. 订下一个小小目标
三月	植树节	地球的保护伞——森林	1. 参观植物园、科技馆 2. 领养一株植物,完成科学观察记录表
四月	世界地球日	关爱地球母亲,探识地球	1. 开展"世界地球日"科普讲座与签名系列活动 2. 播放环保主题的电影 3. 各班设计与地球知识相关的展板 4. 网上签名活动,制作宣传网页 5. 上传地球日主题科普知识与材料到网上

续 表

月 份	节 日	主 题	活 动
五月	五一劳动节	劳动最光荣	1. 我是社区服务小能手 2. 我身边的劳动模范 3. 评选班级劳动小模范
六月	儿童节	少年强则国强	1. 亮亮我的成绩单 2. 才艺展示
七月	建党节	我是优秀少先队员	1. 学习党的历史 2. 学画党旗、党徽 3. 我身边的党员
八月	建军节	拥军爱军	1. 走进军队 2. 革命故事比赛 3. 赠送拥军大红花
九月	教师节	老师您辛苦了	1. 出敬师黑板报 2. 说一句感谢老师的话
十月	世界粮食日	节约一粒粮,我们在行动	1. "节粮小窍门"征集活动 2. "爱粮节粮"进社区,宣传节粮和健康科普知识,发放节粮器具
十一月	感恩节	感谢有你	1. 对爱我的人说句"谢谢" 2. 为爱的人做一件事
十二月	世界艾滋病日	科学防"艾"重在预防	1. 开展艾滋病科普知识讲座 2. 开展"水交换"模拟科学实验活动,了解艾滋病的传播 3. 红丝带佩戴现场活动

3. 科技节日课程。科技节日是以学生的校园科技生活为依托,由学生自主设计、主动参与的校园文化课程,它充满了科技创新感,增强了学生的责任心和参与度。在科技节日中潜移默化地培养学生的科学精神,引领学生进入科学殿堂,激励他们勇攀科学高峰,塑造完美人格,培养科学精神,形成创造性的思维和能力,提升学生的核心素养,促进学生全面发展。具体如下(见表6-16)。

表6-16 北湖小学"灵创节日"之校园科技节日课程设置表

月 份	节 日	主 题	活 动
一月	发明日	我是小小发明家	1. 分享震撼世界的系列发明 2. 讲述发明家的故事 3. 举办校园小发明展
二月	科技节	科技创造未来	1. 参观科技博物馆,了解现代科学技术 2. 了解并体验VR、无人驾驶、人工智能、阿法GO技术
三月	世界气象日	智慧气象	1. 开展世界气象日科普宣传活动
四月	国际天文日	同一片天空 同一个家园	1. 参观天文博物馆 2. 观看与天文有关的纪录片
五月	环保节	我是环保小卫士	1. 垃圾分类我宣传 2. 节能减排我先行
六月	世界海洋日	同一个世界 同一片海洋	1. 制作保护海洋的手抄报 2. 了解大海中的动物生存环境,如:鲸鱼、海豚等
七、八月	鲁班诞辰纪念日	弘扬鲁班文化 传承工匠精神	1. 缅怀鲁班,签名寄语 2. 邀请鲁班文化传承人进行讲座 3. 开办鲁班发明展
九月	中国航空日	启航新时代 共筑航天梦	1. 了解中国航天历程,参观中国航天博物馆 2. "我与航天的第一次亲密接触"图片征集等活动
十月	世界建筑节	我是小小建筑师	1. 参观滕王阁,初步了解中国古代建筑构造 2. 参观八一大桥、英雄大桥、生米大桥,初步了解桥梁建筑结构
十一月	中国航海日	航海新时代 丝路再出发	1. 举行"共绘航海梦"绘画活动 2. 开展当代航海精神微视频创作大赛 3. 参加中国航海日公众开放日启动仪式
十二月	钱学森诞辰纪念日	情系科学,立志展宏图	1. 举办钱学森故事会 2. 举办签名寄语活动 3. 开展未来理想大调查活动

(二)"灵创节日"的评价要求

我们根据"灵创节日"的内涵,以评选最受欢迎的"灵创节日"为目标设计了以下评价细目量表(见表6-17)。

表6-17 北湖小学"灵创节日"课程评价实施细目量表

评价指标	评价内容	评价分值
主题	1. 主题鲜明、立意新颖、寓意深刻 2. 主题具有时代性、科学性、针对性、实效性、教育性 3. 根据学生身心发展和成长中遇到的共性问题确定主题	
目标	1. 目标明确,有明确的导向和时代性 2. 达到学生情感态度价值观的转变 3. 学生有认识,有感悟,自我教育能力得到增强,能促进学生身心健康发展	
内容	1. 贴近社会现实、贴近学生实际生活、贴近学生身心发展规律 2. 紧扣主题,准确定位 3. 分出层次,突出重点	
实施	1. 情景设计合理,操作性强,能体现综合运用知识的能力 2. 要依据所确定、分解、细化的具体内容选择活动 3. 按照"近、亲、实"的原则选择活动 4. 采取多种形式呈现 5. 设置拓展性、开放性的,能给学生思考空间的问题,引导学生体验和感悟 6. 面向全体学生,关注学生的个性和差异,注重培养学生的实践能力,教育作用明显 7. 师生互动,学生参与面广,能充分体现学生主体、教师主导的新课程理念 8. 活动设计有特色有创意,体现课程的实践性、自主性、综合性、创造性和趣味性	
方式	1. 新颖、独特、多样,让学生充分展示自我 2. 注重学生的感悟和体验 3. 重视活动的群体性,要引导学生合作学习 4. 能创设生动、活泼、有效的课堂氛围	

五、推行灵创之旅,落实研学旅行课程

"读万卷书,行万里路。"自古以来,我国就有实践求真知的优良传统,即从学校、课堂中解放出来,到大自然、社会中,寻找知识的真谛。"灵创之旅"课程是通过让学生自主选定旅行主题、参与活动计划与组织管理,在自然和社会生活中亲自体验与感悟,从而丰富学习内容,提升学习效果的体验式课程。它对于学生认知能力的提升、情感体验的丰富、价值观念的构建以及主体性的形成有着重要的教育价值。

(一)"灵创之旅"的具体操作

"灵创之旅"课程将学科课程内容与课外真实情境相连接,学生将所学学科知识内化于心,形成自身的认知结构,并在研学主题相关活动中进行理论与现实的对照,发现理论的不足,利用现实的感受和经验去补充并完善所学理论。此外,学生在自然中探索、在社会中实践、在活动中学习,在运用所学知识的同时获得了课堂所缺失的真实情境体验,升华所学学科知识内容,进而达到对课堂知识的反思、巩固、运用与超越。

1. 关注"知行合一"。"知"即学生课堂所学并内化到其心中的知识。个体通过亲身实践,将所感所悟内化于心,并进行主观层面的思维活动,这就是行。"知行合一"即将课堂所学知识内化到主体的认知结构中,并产生相应的思维活动,最终将其付诸实践的过程。

2. 回归"生活世界"。"灵创之旅"课程的最大特点是其学习情境的真实性,即在真实的自然情境中施行的课程,注重在生活中教育、在自然中教育、在社会中教育,主张教育教学要紧扣学生的生活。

3. 注重综合学习。综合学习是以"学会生存,学会学习"的结合为目标,以学习者的兴趣需要为内在动机,在学习中不受学科分类所束缚,通过调查、实践、亲身体验等过程,综合地运用各学科的知识和技能开展问题解决活动,以促进学生的学习与发展的生产性学习。具体如下(见表6-18)。

表 6-18 北湖小学"灵创之旅"实施细目表

时间	主题	地点	目的
春季	走进自然	凤凰沟、梅岭、动物园	了解大自然、亲近大自然、热爱大自然
夏季（暑假）	红色之旅	井冈山、瑞金、西安	感受红色经典,传播红色精神,发扬红色传统
秋季	家乡美行	安义古村、滕王阁、西湖李家	了解家乡的历史,激发对家乡的热爱之情
冬季（寒假）	科技探秘	科技馆、气象台、头脑奥林匹克、创新思维竞赛	感受科技魅力,激发对科学的热爱,学科学、用科学、爱科学

(二)"灵创之旅"的评价要求

"为了学习的评价"强调师生互动生成评价目标,师生共有学习评价权利。

作为学校课程的一部分,"灵创之旅"以"为了学习的评价"为评价理念,真正发挥"以评促学"的作用,为更好地实现有效教学提供保障。对"灵创之旅"提出以下几点评价要求:

第一,师生互动共制评价目标。"为了学习的评价"的评价标准是由教师与学生互动交流而生成的,教师在掌握研学主题目标的情况下,将这些目标转换成学生可以理解和接受的状态,并积极寻求学生的意见,在此过程中,一方面,教师加强了与学生的交流,更加明确了学生的需求;另一方面,学生对研学评价标准不会一无所知,能够根据这些生成的标准随时调整自己的研学行动。

第二,实施过程评价。"为了学习的评价"是过程导向的评价,评价伴随课程实施的全过程。"灵创之旅"实践课程是以活动学习为主的体验式课程,包括认知体验与情感体验,教师需关注活动中学生的每一次表现、每一项任务的完成,针对任务的性质做出合理而又适切的评价。例如,关于某事物或某历史典故的认知,可采用问答形式;对于学生旅行活动中的感受和体验,可以借助学生"五官"的表达(绘画、写作、唱歌等),使他们能够选择展现学习成果的方法。此外,教师应为学生提供各种反馈信息,根据学生的反应及时调整评价方式,同时促进学生学会运用评价信息适时适度地调整自身学习。

第三，学生自评与相互评价结合。所谓自我评价是学生自身评价自己的学习状态，依据自己已有认知和外界获得的信息审视自身，客观认识自己并了解自身的真正状态，以调整以后的学习活动。相互评价即同伴之间互相评价学习状态。"灵创之旅"是在真实情境中进行的、学生集体参与的活动式课程，在很大程度上区别于传统讲授式教学，因此能够把握学生活动及学习真实状态的莫过于学生自己以及同伴了。在涉及认知类内容时，学生基于"既知"进行自我评价，及时发现"未知"，并调节"既知"与"未知"之间的矛盾，在监控自身学习状态的同时，提升自我效能感以及成就感。若综合使用同伴互评，在交流中彼此琢磨各自的知识与见解，则益于个体自身知识面的拓宽以及合作精神的培养。此外，对于情感类课程内容，如爱国情怀的激发、集体荣誉感的增强、合作精神的培养等，学生间的交流感悟、思想碰撞等互评方式则更为有效。

六、开创"灵创项目"，全力践行真实学习

"灵创项目"是在核心素养要求下开展的项目学习，是一种综合性的学习方式。我们利用在每周一下午一个 90 分钟的版块时间里，进行开放性的项目学习。在真实的社会情境中，让学生体验不同的社会角色，以学生感兴趣或有意义的真实问题为核心，以多学科的项目学习为主，运用跨学科、跨门类的知识技能，综合使用校内、校外的多种资源，培养学生解决问题的能力。

(一)"灵创项目"的具体操作

项目学习以"学科+学科"、"学科+生活"等方式，引导学生从教室回归到人的完整生活中，展开跨学科学习，让全校师生与家长共同经历、彼此滋养，成为更好的自己。每个学生在项目学习过程中，都可以探索有意思的话题，真正解决现实中的问题，或者完成定下的挑战。在此之前，他们需要和其他同学合作，调查提出问题，学习内容和技能，给出答案或解决方案，创造有特色的成果，最后，把自己的成果展示出来。

教师在开展项目学习过程中，要重点把握六点关键因素：(1) 以学生为中心。(2) 以素养为目标。(3) 以问题为驱动。(4) 以协作为基础。(5) 以展示为成果。

(6) 以评价为手段。教师指导学生开展项目学习一般经历项目确立、项目设计、项目探究、项目发布四大流程。学校项目学习课程分年级实施表设置如下(见表 6-19)。

表 6-19　北湖小学"项目学习"实施细目表

年级	项目学习主题及内容
一年级	根据该年级学生特点,师生一同出发,整合各类资源,从《我和蔬菜交朋友》主题项目学习开始,不断从真实的生活中寻找问题,创新开展各类项目学习。
二年级	根据该年级学生特点,师生一同出发,整合各类资源,从《让老游戏活起来》主题项目学习开始,不断从真实的生活中寻找问题,创新开展各类项目学习。
三年级	根据该年级学生特点,师生一同出发,整合各类资源,从《桥》主题项目学习开始,不断从真实的生活中寻找问题,创新开展各类项目学习。
四年级	根据该年级学生特点,师生一同出发,整合各类资源,从《水果总动员》主题项目学习开始,不断从真实的生活中寻找问题,创新开展各类项目学习。
五年级	根据该年级学生特点,师生一同出发,整合各类资源,从《南昌我为您骄傲》主题项目学习开始,不断从真实的生活中寻找问题,创新开展各类项目学习。
六年级	根据该年级学生特点,师生一同出发,整合各类资源,从《我为家乡美食代言》主题项目学习开始,不断从真实的生活中寻找问题,创新开展各类项目学习。

(二)"灵创项目"的评价要求

"灵创项目"即项目学习,采用表现性评价,通常要求学生在某种特定的真实或模拟情境中,运用先前所获得的知识完成某项任务或解决某个问题,以考察学生知识与技能的掌握程度,或者问题解决、交流合作和批判性思考等多种复杂能力的发展状况。它强调创设真实情境,即便是模拟情境,也必须能激发学生在真实情境中相似的反应,以考察学生在现实生活中分析问题和解决问题的能力。[1]

评价量规淡化学科属性,根据项目实际而定,更加强调核心素养目标的实现。对学科和技能的评价也更加灵活,它不再指向一个单元、一个章节的完成情况,而是服从于整个项目的完成情况,是综合性的,更加强调团队协作、创新能力与五气

---

[1] Popham, W. J. 促进教学的课堂评价[M].国家基础教育课程改革"促进教师发展与学生成长的评价研究"项目组,译.北京:中国轻工业出版社,2003:137.

目标的实现。项目学习,更重视好奇心的激发,让学生保持持续学习的动力,不同个性的生命得到张扬。事实上,在真实的学习经历中,不是每个学生都能交出完美的答卷,但这并不重要,项目学习的评价更关注学生的学习过程和状态。具体如下(见表6-20)。

表6-20 北湖小学"灵创项目"学生评价量规①

评价指标\评价项目	需要避免的	做得不错	真的很棒
学科知识和技能	1. 语文: 写作: 撰写小报告:层次混乱,语言啰嗦,用词不准确,与图解不匹配。 设计海报:主题不突出,语言复杂,表述不清。 阅读: 盲目查找资料,泛泛阅读,筛选和整理不太用心,疲于应付。	1. 语文: 写作: 撰写小报告:层次清楚,语言复杂,用词准确,与图解相匹配。 设计海报:主题突出,语言简洁,能够表达清楚。 阅读: 能够有目的地查找资料,高效地进行筛选和整理。	1. 语文: 写作: 撰写小报告:层次清楚,语言简洁,用词准确,与图解相匹配。 设计海报:主题突出,语言简洁,表达别出心裁,能够吸引大众。 阅读: 能够有目的地查找资料,阅读时能够抓住核心内容,理解准确,能够高效地进行筛选和整理、运用。 2. 数学: 计算测量。 3. 体育: 身心健康、锻炼反应、记忆力。
交流沟通能力	1. 不能耐心听伙伴把话说完。 2. 不能了解自己与他人看法的异同。 3. 不愿意分享自己的智慧。	1. 能抓住对方话语中要表达的核心。 2. 能了解自己与他人看法的异同,尊重他人的想法。 3. 能试着分享自己的智慧,提出合理建议。	1. 能抓住对方话语中要表达的核心,并提出可深入交流的问题。 2. 能认识自己与他人看法的异同,尊重他人的想法及创意。 3. 能主动分享自己的智慧,提出合理建议或修改意见。

① 本评价量规来自北京市海淀区中关村第三小学,在收入本书时,有所改编。

续　表

评价项目＼评价指标	需要避免的	做得不错	真的很棒
团队协同创新,问题解决	1. 团队不能围绕核心问题讨论,话题不一致。 2. 小组成员之间合作性欠佳,无法互帮互助。	1. 团队能围绕核心问题讨论。 2. 小组成员之间合作较好,互帮互助。 3. 能相互激励。	1. 团队有凝聚力,能围绕核心问题进行民主讨论。 2. 小组成员之间合作融洽,配合默契,互帮互助。 3. 能使用激励性的语言,激发团队创新的火花。
追求公正、包容、规则的能力	1. 在项目学习中打破公平、公正。 2. 在项目学习中不愿意接纳他人及其观点。 3. 不能在项目学习中遵守规则。 4. 不能在项目学习中参与制定特色公约或违反公约。	1. 愿意在项目学习中保持公平、公正。 2. 基本能在项目学习中接纳他人及其观点。 3. 能在项目学习中遵守规则。 4. 能在项目学习中参与制定特色公约。	1. 能在项目学习中保持公平、公正。 2. 能在项目学习中接纳他人及其观点。 3. 能在项目学习中认同、遵守规则,并提醒他人遵守规则。 4. 能在项目学习中与组员共同制定合理、有助于小组合作学习的特色公约。

备注：其中具体评价指标根据项目及学生情况进行相应变化。

总之,我们的"灵创课程"在"灵创教育"的哲学引领下,通过建设课程文化、细化课程目标、构建课程体系、丰富实施路径等多项有效举措的落实,促进了育人目标落地,塑造了学校的科技特色品牌,成就了学校的可持续发展,一批批"大气、正气、灵气、朝气、雅气"的灵创少年正在智慧成长。

第七章

天性还原：学校课程的理性转向

快乐、自由、诗意地生存是童年的真谛，儿童本应是完整、具体、丰富、生成的个人，应获得人的尊严与价值。课程建设的目的不是简单地增加知识，而是基于生活的"唤醒"。不同的课程建构方式塑造着一个个有着独特个性的儿童。还原天性的课程建设会让师者发现：每一个儿童都是如此的可爱，其内心世界是如此的丰富。

快乐、自由、诗意地生存是童年的真谛,儿童本应是完整、具体、丰富、生成的个人,应获得人的尊严与价值。但如今的儿童却失去了太多本该属于他们这个年龄应有的快乐。卢梭说:"在万物的秩序中,人类有它的地位;在人生的秩序中,童年有它的地位;应当把成人看作成人,把孩子看作孩子。分配每个人的地位,并且使他固定于那个地位,按照人的天性处理人的欲念,为了人的幸福,我们能做的事情就是这些。"理想的课程建设应遵循并按照儿童生命本身所蕴涵的特征,引导儿童充分展示自己的生命色彩。课程建设的目的不是简单地增进知识,而是基于生活的"唤醒"。不同的课程建构方式塑造着一个个有着独特个性的儿童,也造就了一个个不同个性的儿童生活状态。还原天性的课程建设会让师者发现:原来每一个儿童都有自己的特点,每一个儿童都是如此的可爱,其内心世界是如此的丰富。[①]

幼儿是没有杂念的儿童,他们表现出来的很多东西都是最为真实的。还原每一个孩子的探究天性是"出新教育"最美的期待和不懈的追求。出新课程努力为孩子们营造一个宽松自由的"创想"乐园,让每一个孩子的想象力和创造力充分释放。在七彩的"出新课程"里,充分挖掘每一个孩子的潜能优势,还原每一个孩子的探究天性,呵护每一个孩子的童年时光,让每一个孩子的个性尽情地飞扬。

➡ 育人坐标
南昌市东湖区出新幼儿园

南昌市出新幼儿园创办于 1949 年 6 月,是一所全日制现代化的省级示范园,隶属东湖区教科体局。前身是由教会办的克利幼儿园,主要是招收一些无家可归的孩子。1949 年 10 月正式由葆灵女中接管(现在南昌十中),取名为葆灵女中附属

---

① 任永泽.我们现代需要什么样的儿童观[J].现代教育论丛,2010(4):50-54.

幼儿园,主要招收女中教工的子女。1950年由南昌市胜利区人民政府正式接管,更名为南昌市复古巷幼儿园,主要招收机关和教工子女。1960年随着幼儿人数的不断增加,在芭茅巷二巷办了二部,取名为阳明路幼儿园。1968年至1971年"文化大革命"期间,被迫停办。1972年复办,更名为胜利区幼儿园和三湾幼儿园。1979年胜利区幼儿园改名为出新幼儿园。三湾幼儿园于1985年合并到出新幼儿园。沿用至今。近年来,我园在上级党委和东湖区教科体局的关心指导下,始终秉持"推陈出新、与时俱进"的现代化办园理念和"以儿童发展为本"的教育思想,坚持一手抓教师队伍建设,一手抓园区环境建设,着力建设一个锐意改革、治园严谨的领导班子和一支爱岗敬业、年青化、专业化的教师队伍,涌现了一批市学科带头人和优秀教师;我园也先后被评为"江西省三八红旗集体"、"南昌市文明单位"、"南昌市青年文明号"、"南昌市社会治安综合治理工作先进集体"、"南昌市教科文卫体系统'模范之家'"等荣誉称号。

第一节 还原每一个孩子的探究天性

一、幼儿园教育哲学

沧海桑田,几经蜕变,经过70年时代洗礼的出新幼儿园传承园所文化,探寻与众不同、新颖独特的崭新思路。一代又一代出新教育人,在完整继承经验的基础上,善于探索新知,正确看待成败,尊重个性发展,以创新作为个人和团体的价值取向,将"出新教育"铭记于心,并付诸于行动。"出新"——"出人杰地灵之才俊,新心如朝阳向未来";"出新"即与日俱新,推陈出新,出新人求新求变,用新的观念育人,用新的眼光看教育,在求新求变的道路上,出新人一直努力着,在育人的路上时时刻刻与时俱进。我们提倡以儿童发展为本,强调"尊重、自主、探索、创造",因此我们的教育哲学在传承经验的基础上进一步提炼幼儿园的办园理念:还原天性,推陈出新。我们认为:

"出新教育"是阳光的教育,让每一个孩子充满新希望。古希腊哲学家赫拉克利特曾言:"太阳每天都是新的。"在他看来,整个世界所呈现出来的图画是"一切皆流,无物常住"。他以川流不息的河水作比喻,说明世界上没有任何东西是不动和不变的。"太阳每天都是新的",孩子就是初升的太阳,每天都是新的,永远充满希望。老师们希望出新的孩子多一份拼搏,多几份欢笑,经历风雨,不辜负美好的时光,充满希望,快乐成长。

"出新教育"是创新的教育,让每一个孩子探究新事物。"以不息为体、以日新为道",意为以坚持追求作为本体,以每天创新作为途径,出自刘禹锡的《问大钧赋》,这是中国先哲教给我们的智慧。"新"意味着更上一层楼,意味着"吹尽黄沙始到金"的成果,也指向孜孜以求、生生不息的精神。创造与出新是孩子的天性,每一个孩子都有着自己的奇思妙想,我们要努力为孩子们营造一个宽松自由的"创想"乐园,让每一个孩子的想象力和创造力充分释放,让孩子每天都勇于面对新的挑战,每天能在自主的游戏中探索新的发现,创造出新的玩法、新的突破。

"出新教育"是超越的教育,让每一个老师迈上新台阶。"出新意于法度之中,寄妙理于豪放之外"此句出自宋代大诗人苏轼《书吴道子画后》,是苏轼对吴道子的画的评价。此语同样可以运用于我们的教育工作当中,可以解释为在以往的固有教育模式中,传承经典,探寻与众不同、新颖创意的崭新思路。我们提倡述而有作,敢于挑战权威,善于探索新知。"出新教育"以创新作为个人和团体的价值取向,让每一个老师在此平台中获得专业发展,超越自我,生成新我,从而迈向新的台阶。

"出新教育"是温馨的教育,让每一个家长收获新观念。家园共育,就是在幼儿园和家庭之间、教师和家长之间形成合力,共同完成孩子的教育。[①] 家庭教育观念的更新对现代家长的素质提出了更高更新的要求,因此,家长迫切需要不断地加强自身在各方面的学习。"出新教育"通过各种亲子活动、亲子课堂、亲子游戏,帮助家长提高自身的思想道德素养、科学文化素养、教育心理素养,更快适应新时代家庭教育的新观念。

"出新教育"是不忘初心的教育,让出新幼儿园再创新辉煌。"出新"和"初心"同音,习近平总书记说"不忘初心、继续前进,撸起袖子加油干",出新幼儿园深藏着这种深入骨髓的谦虚、拼搏精神,无论走得再远、走到再光辉的未来,也不能忘记我

---

① 杨红玲.家园共育对幼儿教育的重要性及方法[J].小学科学(教师版),2013(6):165.

们的初心。"出新"即"初心",意为让每个孩子在这里得到成长与蜕变,成为新之人,这也是我们从事幼儿教育的初心伊始;初心既定,必将守护之。孩子生命之初纯净如白纸,是天真无邪。若要为孩子留下纯真,教师也应当处在同样的心灵体验中,因为相似的心灵之间才可以发生共振与影响,故此,初心升华为一颗纯真赤子之心;初心只有传承下去才更有生命力。作为一个幼儿教师应当春风化雨般给幼儿传递一些正确的观念和态度,这才是教育的本意。而爱心作为善良、正直、宽容等一切美德之源,毫无疑问,是适合传递的最好介质。此阶段初心便又升华为永恒之爱心。

"出新教育"正是如此,面向新的未来,面对新的挑战,它以出新的教育、创新的教育、用心的教育,生动的教育,充满魅力的教育,不忘初心继续前进,引领幼儿园积极向上发展,再创新的辉煌。

我们的教育信条

我们坚信,

每一个孩子都是一颗富有想象力的种子;

我们坚信,

幼儿园可以让想象的种子在这片沃土上生根发芽;

我们坚信,

教育可以让嫩芽茁壮成长,富有创新的活力;

我们坚信,

还原每一个孩子的探究天性是教育最美的期待;

我们坚信,

出新教育让孩子每天遇见不一样的自己。

二、幼儿园课程理念

基于学校教育哲学和办学理念,我们的课程理念是:还原每一个孩子的探究天性。

瑞吉欧指出,儿童具有巨大的潜能,他们并非只有单纯的需求,他们富有好奇心、创造性,具有可塑性。他们有着强烈的学习、探索和了解周围世界的愿望,他们是在与外部世界的相互作用中主动地建构自己的知识和经验,主动地寻求对这个复杂世界的理解。① 基于此,我们提出了"出新课程"的课程模式。我们认为:

——**课程即游戏之旅,让每一个孩子健康愉悦爱运动**。幼儿园要坚持以游戏为基本活动,科学保教。还原儿童本真,还原每一个孩子的探究天性,树立正确的儿童观,倡导"自由、自主"的游戏精神,有效开展"真游戏",把自主学习、自主游戏的权利还给孩子,把真正的童年还给孩子,把真正的快乐还给孩子。我们依据《3—6岁儿童学习与发展指南》确定幼儿阶段的游戏课程目标,统整幼儿学情、游戏环境、材料,使之成为情景化、游戏化、课程化的游戏活动内容,激发幼儿爱玩的天性,满足幼儿身心发展的需要,促进身体运动能力的发展,让每一个孩子健康愉悦爱运动。

——**课程即文明之旅,让每一个孩子文明自信懂礼貌**。幼儿教育,育人为本。幼儿时期也是文明礼仪、个性品德养成的关键期。"出新课程"从行为礼仪、交往礼仪、生活礼仪三个方面入手,将一日生活与"文明礼仪"主题教育活动有效整合,使幼儿成为文明礼仪行动的"小天使",形成"人人有礼貌、个个懂礼节、处处讲礼仪"的校园文化特色,让每一个孩子文明自信懂礼貌。

——**课程即和谐之旅,让每一个孩子团结友善会合作**。交往是人与人之间情感沟通的桥梁,幼儿是在与各种不同的人交往的过程中,逐步形成了待人处事的态度,获得社交技能,发展社会性行为。"出新课程"有目的、有计划地组织开展丰富多彩的活动,为幼儿提供与他人交往、团结协作的机会,建立一个轻松、和谐、友善的交往环境,围绕"团结合作、分享谦让"的主旨,我们精心挑选了适合孩子年龄特点的教学内容渗透进各学科领域。从游戏课程、主题创设、情感体验、评价活动等方面入手,积极引导幼儿与人交往,从而形成良好的社会交往能力,让每一个孩子团结友善,会合作。

——**课程即探究之旅,让每一个孩子自主探索乐创新**。每一个孩子都是一颗富有想象力的种子,还原每一个孩子的探究天性是"出新教育"最美的期待和不懈的追求。我们认为:孩子是一颗富有想象力的种子,创造与出新是孩子的天性。

---

① 王春燕.学习瑞吉欧重在把握其教育理念[J].学前教育研究,2002(5):42.

每一个孩子都有着自己的奇思妙想,我们要努力为孩子们营造一个宽松自由的"创想"乐园。让每一个孩子的想象力和创造力充分释放,在七彩的"出新课程"里,充分挖掘每一个孩子的潜能优势,还原每一个孩子的探究天性,呵护每一个孩子的童年时光,让每一个孩子的个性尽情地飞扬。

——课程即文化之旅,让每一个孩子大胆表现会欣赏。每一个孩子都是文化的传承者,文化是滋养孩子内心的雨露。"出新课程"不断营造"文化育人"的园所氛围,围绕幼儿园特色文化,将校园文化与幼儿一日生活紧紧结合起来,开展认识园徽、唱园歌、讲述出新故事等活动,同时各班创建与校园文化相应的环境,活动室的每一个角落和每一面墙壁都充分利用,使之充分显示幼儿园的办学思想和人文特色。

文化是根植于内心的修养。"出新课程"引领孩子欣赏自然与生活中美好的事物,感受生活与艺术作品中的美,同时激发孩子喜欢进行艺术创作,并勇敢自信,大胆表现,愿意与同伴分享交流自己喜爱的事物和美的体验,让每一个孩子大胆表现会欣赏。

第二节 让每一个孩子成为出彩的创娃

我们努力为孩子营造和谐欢乐的氛围,创造创新开放的条件,激发兴趣、感知体验、探究学习、培养品质,让孩子在阳光、自信、分享、愉悦、快乐的幼儿园时光里健康成长,为孩子们创造快乐的童年生活,让每一个孩子成为出彩的创娃。

一、幼儿园育人目标

出新幼儿园致力于培养健康、自信、文明、睿智、优雅的小创娃。通过课程的有效实施,让每一个孩子成为出彩的创娃。育人目标具体如下:

——健康:健康愉悦,热爱运动

——自信:勇敢自信,大胆表现

——文明:文明礼貌,团结友善

——睿智：自主探究，乐学善思

——优雅：兴趣广泛，品读悦美

二、幼儿园课程目标

依照《3—6岁儿童学习与发展指南》，结合中国学生发展核心素养，根据幼儿园的育人目标，设计的各年龄段课程目标如下(见表7-1)。

表7-1 "出新课程"分年龄段目标

育人目标 \ 课程目标 \ 年龄段	小班	中班	大班
健康	1. 情绪安定愉悦。 2. 适应集体生活，养成良好的生活习惯，具有基本的生活自理能力。 3. 愿意运动，动作协调。	1. 保持积极愉快的情绪。 2. 具有自我服务的能力及基本的安全保护知识。 3. 喜欢运动，发展幼儿的基本动作。	1. 会恰当表达情绪。 2. 具有自我保护能力，培养幼儿机智、勇敢、遵守纪律等优良品德和活泼开朗的性格。 3. 热爱运动，动作灵敏、协调、姿势正确。
自信	1. 能安静地听老师或同伴讲述，喜欢听故事、看图书。 2. 初步培养良好的倾听习惯。 3. 能清楚地表达自己想要说的事情。	1. 愿意主动与人交谈。 2. 能清楚、流畅、准确地讲述一件事情。 3. 具有初步的阅读理解能力。	1. 能主动在集体面前表达，具有文明的语言习惯。 2. 能初步感受文学语言的美。 3. 具有书面表达的愿望和初步技能。
文明	1. 愿意与老师、同伴一起游戏，和睦相处，学会分享。 2. 能礼貌地打招呼，自己的事情自己做。 3. 能认真听长辈说话，尊重长辈。	1. 喜欢并主动与老师、同伴一起游戏，遵守规则，主动分享。 2. 鼓励幼儿为他人做一些力所能及的事，适当参与社会实践活动。 3. 有自信心，敢于挑战有一定难度的任务。	1. 能主动想办法吸引同伴和自己一起游戏，共同制定规则并遵守。 2. 乐意帮助他人，有自信心。 3. 愿意接受挑战，主动承担任务，勇于克服困难。

续表

课程目标＼年龄段＼育人目标	小班	中班	大班
睿智	1. 亲近自然,对周围的事情有好奇心。 2. 感知体验事物的明显特征。 3. 感知生活中数的有用和有趣。	1. 热爱自然,对自然现象感兴趣。 2. 能用适当的方法主动探究、感知生活中常见的科学现象。 3. 能发现生活中的数学。	1. 喜欢学习数学,能积极动手动脑寻找问题的答案,有创新意识。 2. 能用自己的方法进行科学验证并记录。 3. 能与他人合作交流,共同分享经验与成功的喜悦。
优雅	1. 喜欢自然与生活中美好的事物,喜欢观看艺术作品。 2. 初步感受周围环境与艺术作品中的美。 3. 喜欢进行艺术活动并大胆表现。	1. 欣赏自然与生活中美好的事物。 2. 能专心致志地观看艺术作品。 3. 能运用绘画、手工制作、舞蹈等大胆地表现自己的情感和体验。	1. 乐于收集自然与生活中美好的事物。 2. 对艺术作品有自己的理解和表达方式。 3. 愿意分享交流自己喜爱的作品和美的体验,并大胆创造艺术表现形式。

第三节　释放潜能的"出新"课程体系

基于"出新教育"的哲学理念以及幼儿课程目标,我们建构了出新课程体系。

一、学校课程逻辑

我园课程设置以教育部颁布的《幼儿园工作规程》《幼儿园教育指导纲要(试行)》《3—6岁儿童学习与发展指南》为基础与指导,建立起"出新课程"逻辑体系(见图7-1)。

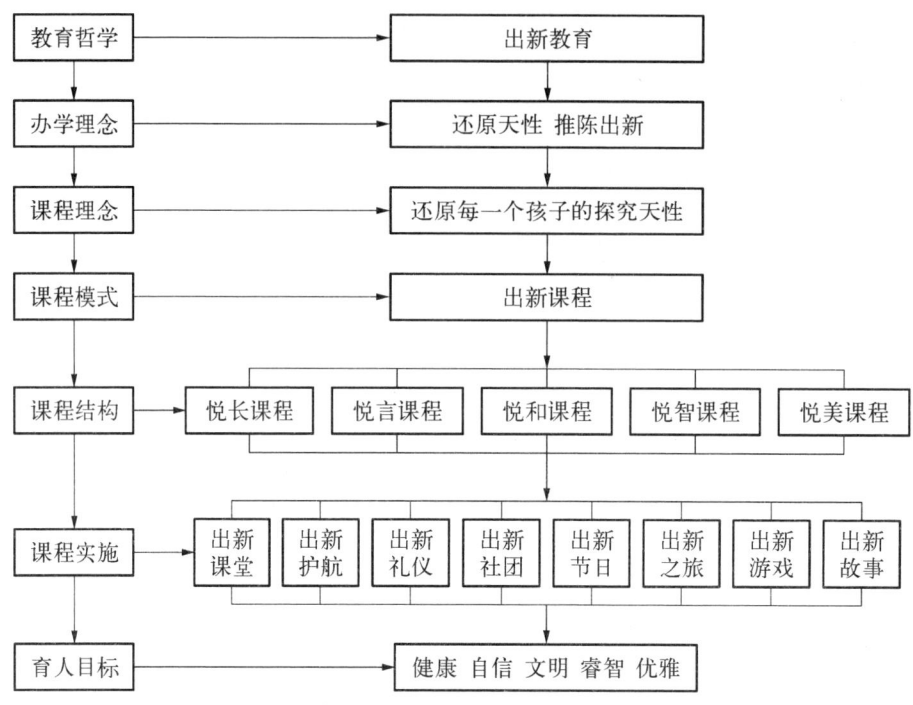

图 7-1 出新幼儿园"出新课程"逻辑示意图

根据《3—6 岁儿童学习与发展指南》的指导,我们的"出新课程"分为"悦长"、"悦言"、"悦和"、"悦智"、"悦美"五大类课程。

悦长课程:身心健康教育,培养幼儿健康愉悦,热爱运动。

悦言课程:语言发展教育,培养幼儿勇敢自信,大胆表现。

悦和课程:社会交往教育,培养幼儿文明礼貌,团结友善。

悦智课程:科学启蒙教育,培养幼儿自主探究,乐学善思。

悦美课程:艺术审美教育,培养幼儿兴趣广泛,品读悦美。

我园以《建构主题教师指导用书》教材为实施蓝本,根据本园特点和资源状况,在众多可供选择的主题方案中,作了精心筛选,将深受幼儿喜欢的,时间、地域适合的主题保留下来,按照主题单元各自的特点及其之间的相关性,排列顺序,构建起主题框架,每个主题框架的结构基本包括:主题由来、主题网络图、主题教育目标、主题环境创设、主题教育活动(五大领域活动)、主题区域游戏、主题家园共育这几个部分,并以小中大班三个年级组为单位,将各种课程资源进行整合和梳理,三个年龄段,24个主题,近千个五大领域活动,每3—4周开展一个主题,其下每周设立一个分主题,分主题有7—8个预设集体活动以及区域游戏、户外活动,以主题为脉络统领起我园的教育教学生活。

二、"出新课程"设置安排

根据"出新课程"结构,结合学校课程资源情况,对五大类课程体系进行了系统构建,具体如下(见表7-2、表7-3、表7-4、表7-5、表7-6、表7-7)

表7-2　出新幼儿园小班上学期"出新课程"设置表

年龄段	主题	领域	悦长课程	悦言课程	悦和课程	悦智课程	悦美课程
小班上	我上幼儿园	高高兴兴上幼儿园	我的小手帕	幼儿园也是我的家	走一走,瞧一瞧	幼儿园里的1和许多 尝一尝	我和妈妈在一起 我会唱的歌
		大家一起玩	开火车	早晨多美好	魔术师来了	我身上的1和2 各种各样的声音	我家的小栏杆 找个朋友
		棒棒的我	我会洗手	我带宝贝上幼儿园	我喜欢幼儿园	摸宝贝 东西放哪里	小手拍拍 月饼圆圆
		奇妙的身体	我爱我的身体	阿文的小毯子	就是我啦	谁大谁小 我的五个宝	扭扭虫的舞蹈 漂亮的纸条舞
	你好秋天	秋天凉凉的	秋天多喝水	叶子飞	小老鼠学穿衣	新发现 秋天的天气	小树干 下雨了
		秋天的水果	水果分享会	秋妈妈和果娃娃	水果照相馆	水果的故事 酸酸甜甜的橘子	大苹果 苹果歌
		可爱的动物	蚂蚁搬粮食	会响的小路	想要抱抱的小猪	动物比长短 小金鱼	小猪搬新家 我爱我的小动物

续　表

年龄段	主题	领域	悦长课程	悦言课程	悦和课程	悦智课程	悦美课程
小班上	你好秋天	落叶飘飘	跳跳树叶山 小小叶片来追我	秋叶飘 树叶蝴蝶	收藏树叶 我帮树叶找妈妈	树叶妈妈和树叶宝宝 什么东西飘下来 树叶的旅行 会变魔术的白云	有趣的树叶装饰 秋天 树叶撕贴 大风和秋叶
	小不点的甜蜜生活	甜蜜的味道	开心跳跳糖	超级糖果屋	打招呼	大糖果和小糖果 好吃的糖果	糖果爸爸 我是棉花糖
		生活甜蜜蜜	小红帽过小桥	快乐玩游戏	我的好朋友	生日礼物 奇妙的变化	棒棒糖 糖果在哪里
		甜蜜的爱	开饭咯	给妈妈的妈妈送甜蜜	妈妈爱我，我爱妈妈	家中的朋友 我爱球宝宝	我来做早餐 扮家家
		小不点真能干	家中朋友	小不点	我想长大	狗兄弟的幸福生活 罐子里的声音	小手魔术师 小象爱妈妈
	冬日里的祝福	美丽的冬天	小心路滑	冬天	雪白雪白的朋友	多彩的冰灯 冬天来了	小雪人的冬装 小雪花
		宝宝不怕冷	我会坚持	香香的被子	冬天不怕冷	美丽的圣诞树 暖和的手套	好看的小手套 宝宝不怕冷
		新年的祝福	我会扣纽扣	长大一岁	彩灯大世界	出门去 新年品尝会	制作新年贺卡 新年好
		快乐迎新年	放鞭炮	新年到	好看的节日	新年朋友多 猜礼物	烟花舞 新年灯笼

表 7-3 出新幼儿园小班下学期"出新课程"设置表

年龄段	主题	领域	悦长课程	悦言课程	悦和课程	悦智课程	悦美课程
小班下	亲亲一家人	我爱我家	蒲公英找家	敲门	我的爸爸妈妈	全家福 呼——变大了	爸爸的领带 爱意摇篮曲
		亲亲热热在一起	小鲤鱼跃龙门	生气的爸爸妈妈	肚子里的家	妈妈的小帮手 蛋宝宝历险记	妈妈的笑脸 不再麻烦好妈妈
		幼儿园是我家	小猪胖胖过障碍	叽叽喳喳	老师像妈妈	豆子长大了 一起去郊游	蚂蚁搬豆 彩色太阳
		我和好朋友	伙伴连	孤独的小熊	轻轻地告诉你	颜色精灵找朋友 朋友你好	我的朋友在哪里 蜗牛宝宝找朋友
	奇妙的大自然	小雨滴	越过小水洼	糖果雨	噪音不好听	水变雨 云朵和雨点	狐狸和石头 彩色雨
		好听的声音	小仙女的音乐盒	世界上最好听的声音	小鸟哭了	特别的声音 大鼓咚咚咚	小蜗牛 大雨小雨
		多变的天气	运水接力赛	下雨诗	节约用水我会做	天气预报 雨天的用具	笑眯眯的小猫 下雨天
		自然的奥秘	远离危险地带	雨天里的多多	我叫轻轻	认识风	蘑菇伞 厨房的声音
	有趣的科学秘密	小小蛋儿把门开	小鸡长大了	半个蛋壳	保护蛋妹妹	生蛋熟蛋大比拼 彩蛋在哪里	小鸡出壳了 可爱的小鸡
		谁的蛋宝宝	预防感冒	夏天真热	我不是故意的	谁的蛋 小熊请客	老母鸡 七彩蛋
		冷暖我知道	洗洗香喷喷	小狗卖冷饮	我们都是好朋友	小鸡出壳了 数数蛋宝宝	小小蛋儿把门开 我爱洗澡
	多才多艺的我	能干的小我	圆圆的脸上有什么	小小手	环保服装秀	有趣的嘴巴 石头小路	小手歌 手舞足蹈
		我的五官用处大	有用的鼻子 耳朵听听乐	不爱用手的大河马	整理娃娃家	亮眼睛 大石头与小石头	天才表演家 手印热带鱼

续 表

年龄段	主题	领域	悦长课程	悦言课程	悦和课程	悦智课程	悦美课程
小班下	多才多艺的我	我的本领	打开来尝一尝 动一动,真有趣	大公鸡漏嘴巴	我会自己穿衣服	小手请谁来帮忙 我来穿项链	老虎跳舞 石头滚画
		我的才艺	保护眼睛 会跳舞的小脚	我爱吃水果	升旗	小手的秘密 灵巧的手	小娃娃 巨人的花园
		我们的六一	运石头	今天穿什么	欢乐迎六一	六一节日饰品	六一儿童节

表7-4 出新幼儿园中班上学期"出新课程"设置表

年龄段	主题	领域	悦长课程	悦言课程	悦和课程	悦智课程	悦美课程
中班上	我升中班了	我的朋友	我长大了	我在长大	朋友见面真开心	高朋友和矮朋友 我们都是好朋友	我自己 哈罗哈罗
		我的身体	快乐的小推车	快乐是这样开始的	老师的节日	我们的身体 小手的秘密	森林舞会 手型添画
		月亮的变化	我是快乐小跳豆	月儿圆圆	中秋月儿圆	分月饼	爷爷为我打月饼 做月饼 表情歌
		我的本领	小象运木头	别说我小	我的变化	有用的剪刀 和水果宝宝做游戏	小弟弟早早起 眼中的世界
	五色的蔬菜	常见的蔬菜	送菜忙	捉迷藏	蓝色小花	好吃的黄色 蔬菜比比会	太阳喜欢的颜色 黄色的食物
		我爱吃的蔬菜	蔬菜运输员	绿色的梦	特种号码	不一样的绿色 彩旗飘起来	细细长长的丝瓜 梨子小提琴

续 表

年龄段	主题	领域	悦长课程	悦言课程	悦和课程	悦智课程	悦美课程
中班上	五色的蔬菜	分一分	好吃的芹菜	开心菜园	分享果果	颜色抱一抱 蔬菜汤	买菜 摘果子 各种各样的蔬菜
		有趣的印画	干果家族 小松鼠运松果	彩色牛奶 彩色兔	红黄蓝绿 最佳倾听者	颜色对对碰	蔬菜印画 彩色纸会说话 彩色纸的故事
	勇敢的我	天冷别冻着	玩雪球	有这么一天	不要惹麻烦	勇敢的小企鹅 走楼梯	三只猴子 戴上手表做游戏
		不怕冷的人	勇敢的小羊	不认错的多多 和有勇气的多多	我要搬出去	捉泥鳅 往前走,往后走	画下来,记得住 谢谢您
		我很勇敢	我真勇敢	不怕冷的大衣	小老鼠过马路	小种子发芽 我会整理	对不起,没关系 腊梅花
		他们真勇敢	勇敢的小鹿	蜗牛搬家	小狐狸的枪和炮	会吃沙的瓶子 我的一天	不怕冷的小企鹅 小乌龟上山坡
	新年到	冬天里来迎新年	夺宝探险	我想要快乐	恭喜	你追我赶 冬天的服装	写春联
		新年的习俗	送你好运气	年兽来了	十二生肖 拜大年	送礼物 好玩的水	大红绸子甩起来 灯笼
		红红的新年	可爱的毛毛虫	欢迎新年	外国人怎样过新年	各种取暖用具 认识数字6	会说话的红色 敲锣打鼓放鞭炮
		热热闹闹过新年	找小兔 跳过挂历纸	新年	新年全家福	新年联欢会 漂漂亮亮迎新年	新年好 贺卡

表 7-5 出新幼儿园中班下学期"出新课程"设置表

年龄段	主题	领域	悦长课程	悦言课程	悦和课程	悦智课程	悦美课程
中班下	我有多爱你	营造亲情	心情大不同	想要妈妈的木木鸭	妈妈的怀抱	找妈妈	母鸭带小鸭
		体味亲情	眼睛小体操	给妈妈的信	我给布熊当妈妈	礼物送给好妈妈 点心屋	好妈妈
		抒发亲情	它是我的	鱼骨蛋糕	妈妈,你辛苦了	相亲相爱 整理橱窗	只要妈妈露笑脸
		回报亲情	脚步变变变	大家都爱这个家	关心家人我也会	礼物比比高 漂亮的项链	亲爱的爸爸妈妈
	大树和小花	认识树朋友	我是一颗树 不高兴发芽的树	树真好(一)	去年的树	我的树朋友 小鸟的家园	发芽了 斑斑点点的树
		树朋友的作用	去医院看病	树真好(二)	垃圾分类	盼盼的树朋友 基数与序数	唱给树的歌 我的树朋友
		认识花朋友	健康大搜查 一起去栽花	花瓣儿"鱼"	鱼宝宝笑了	花儿朵朵	蜜蜂和花 赶花会 花和水果
		花朋友的作用	预防食物中毒 猫头鹰抓田鼠	花树	爱护花草	各色各样的花 种子的旅行	我的小花园 花园里
	小鬼显身手	有趣的职业	快乐的小脚丫	我做你猜大考验	百人糕	袋子多多 做个好吃的汉堡包	我是建筑师 愉快的劳动歌
		我是爸妈的小帮手	过关大考验	爸爸妈妈的故事	小小糕点屋	小小魔术师 要做的事情	我来做糕点师傅 愉快的劳动歌
		能干的小鬼	快递员送货忙	辛劳的快递员	物品由来大搜索	船儿开开 点心屋	服装设计师 小小按摩师
		长大的我	英勇的消防员	我们的节日	快乐的儿童节	我会做饼干	我长大以后 快乐的六一

续 表

年龄段	主题	领域	悦长课程	悦言课程	悦和课程	悦智课程	悦美课程
中班下	有趣的昆虫	小蚂蚁本领大	蚂蚁小兵	香蕉宫殿 小蚂蚁的生日会	我送蚂蚁回家	蚂蚁档案 小蚂蚁做客	蚂蚁王国 小蚂蚁避雨
		美丽的蝴蝶	想变蝴蝶的毛毛虫	好饿的毛毛虫	大馅饼	美美和丑丑 美丽的蝴蝶	七彩蝴蝶 毛毛虫变蝴蝶
		会飞的昆虫	蜻蜓小飞机	瓢虫 昆虫谜语	益虫和害虫	昆虫博物馆 昆虫捉迷藏	七星瓢虫
		昆虫大聚会	蝴蝶传花粉	三只蝴蝶	善良的小飞虫	昆虫的家 昆虫聚会	蝴蝶 昆虫音乐会

表7-6 出新幼儿园大班上学期"出新课程"设置表

年龄段	主题	领域	悦长课程	悦言课程	悦和课程	悦智课程	悦美课程
大班上	中秋节	中秋的来历	过小桥,送月饼	静夜思	中秋节的来历	比眼力 够月亮	中秋月饼 月光下的凤尾竹
		中秋节的习俗	好玩的月饼盒	月光幻想曲 月亮姐姐做衣裳	中秋节的习俗	会变的月亮 排座号	大家来赏月 星星月亮齐欢迎 半个月亮爬上来
		中秋节的月饼	买月饼	月亮的味道 月饼里的故事	中秋节的月饼	月饼的保质期 小组调查	香喷喷的月饼 爷爷为我打月饼
		月亮的秘密	小小宇航员	我与月亮的对话 月光长廊	月饼工厂	月亮和太阳 数得快	月亮像什么 月球上的生活
	中国娃	我爱我的祖国	跳竹竿	我们的祖国真大	祖国的标志	聪明的中国人 小熊排队	大中国 地球上的小朋友 国旗多美丽

续　表

年龄段	主题		悦长课程	悦言课程	悦和课程	悦智课程	悦美课程
大班上	中国娃	祖国之最	学跳舞龙	有趣的汉字	好听的京剧	神奇的中草药 数的邻居	京剧脸谱 捏面人 青花瓷
		我的祖国多美丽	换牙我不怕	我们的祖国真大 月亮船	娃娃游中国	多样的纸 数的顺序1	中国地图 我爱北京天安门
		祖国一家人	小小旅行家	我们小手拉小手	兄弟姐妹是一家	全世界娃娃手拉手 数的顺序2	我喜欢的民族服饰 制作新疆帽
	我眼中的世界	明亮的眼睛	我有一双明亮的眼睛 火眼金睛	高老鼠和矮老鼠	奶奶进城	明亮的玻璃排书架	你的眼里有个我 明亮的眼睛
		世界真奇妙	踩高跷	四季妈妈的四个娃娃	特别的早晨	站在高处看一看 对称的蝴蝶	数高楼 各种各样的商店 我盖的房子呱呱叫
		大自然的色彩	光线宝宝来喽	七色山谷	找"帮助"	肥皂泡上的"彩虹" 积木有几个面	七彩光和果娃娃 七彩花瓶
		我心中的七彩世界	七色花开	七色花	说声谢谢	人造彩虹 小鸟的窝	迷路的小花鸭 神秘的黑白格子画 给爷爷奶奶敲敲背捶捶腿
		神奇的动物世界	乌龟一家	会游动的小岛	动物，我们的朋友	猜猜谁来了 分法有几种	草丛中的小老鼠 动物的花衣裳 动物猜谜歌
	欢乐时刻	生活里的笑声	怕痒的红布头 送眼泪	鼹鼠的箱子 颠倒世界	开心照片 不开心的小树	痒一痒 分小鱼	小猫咪别淘气 颠倒世界

续 表

年龄段	主题 \ 领域	悦长课程	悦言课程	悦和课程	悦智课程	悦美课程
大班上	欢乐时刻	艺术品里的笑声	滑稽奥林匹克	笑出来的眼泪 万尔福的头发	吹牛大王	乐音与噪声 停车场	胡说歌 快乐的牧羊人 有趣的漫画
		新年里的笑声	保护我们的皮肤	贺年卡	年画和春联	动物过冬 小猴插蜡烛	卷炮仗 新年里的笑声 喜洋洋
		欢歌笑语	放烟花 欢腾的龙	快乐大拜年	过年习俗	认识年历 小企鹅捉鱼	咚咚锵 年年有鱼

表 7-7　出新幼儿园大班下学期"出新课程"设置表

年龄段	主题 \ 领域	悦长课程	悦言课程	悦和课程	悦智课程	悦美课程
大班下	我心目中的小学	不一样的我	我能够	我喜欢我自己	不一样的我	是轻还是重 生日墙	我很特别 太阳，您真勤劳
		我心目中的小学老师	人的身体了不起	好担心	名字的故事	地球、太阳、月亮 学习6的组成	化妆面具 我们要请一个人
		我心目中的小学生	一棒接一棒	慌慌张张的莎莎	闪亮的星空	什么沉、什么浮 找到单双数	名字创意画 圆圈舞
		我心目中的小学课堂	保护眼睛	小老鼠玩电脑 小熊过河	多么了不起	天气汇报 图形宝宝找家	有趣的变形人 新疆集体舞
	我眼中的小学	小学什么样	托球比赛	犟龟(一)	小学什么样	磁铁的秘密 时针分针走得准	美丽的笔筒 金蛇狂舞
		走进小学	我的牙掉了	犟龟(二)	图书馆	常见的植物 捉迷藏	天安门 不服输的小火车

续 表

年龄段	主题	领域	悦长课程	悦言课程	悦和课程	悦智课程	悦美课程
大班下	我眼中的小学	幼儿园和小学不一样	身体在运动	四季的风 春雨和种子	书是我们的朋友	光和颜色 跨步测量	愿望档案 挪威舞曲
		小小文具店	生病不好玩	谁丢了尾巴	特别的参观	无色的空气 小小文具店	花瓶 可爱的小精灵
	我是神气的小学生	了不起的小学生	健康大道	会想办法的乌龟	课间游戏	有趣的雾 自动取款机	手拉手的朋友 兔子舞
		去小学的路	有趣的检查	一半先生和一半太太	我的计划表	勺子里的哈哈镜 会飞和不会飞	好朋友的脸 勤快人和懒惰人
		小学生快乐的一天	站住了,别倒下	小书包	六一儿童节	光和影子 上学路线	美丽的小学 小机灵的歌
		我的本领	跳动的心脏	我也能飞 老狼整容	友谊互联网	比比物体的重量 整理好留下来	小汽车 学校在等我
	再见我的幼儿园	小学在等我	旋转体操	动物告别会 12生肖儿歌	端午节	好玩的报纸 看骰子前进	邮差先生 长城
		离园倒计时	健康娃娃	开小船	滑梯的回忆	人造彩虹 看图编应用题	小鸭游水 小学生快乐一天
		友谊地久天长	炸碉堡	文具盒	惊喜留念盒	各种各样的口袋 算式比赛	名族娃娃 毕业歌
		幼儿园毕业典礼	上学去	毕业诗	我要感谢你	告别时刻 好玩的传声筒	毕业照 友谊地久天长

第四节 为儿童提供充足的成长养分

一、建构"出新课堂",提升保教质量

课程的实施与评价体现了对课程理念的贯彻与执行,这就要求我们为孩子们创设

快乐而有趣的课程环境,让孩子从课程中汲取更多的"营养",围绕主题有效地融合五大领域教学活动和园所特色活动,建构较为完整的"出新课堂"体系。

(一)"出新课堂"的内涵要义

"出新课堂"是根据幼儿身心发展的规律和特点来培养幼儿创新素质的一种教育。"出新课堂"就是要培养幼儿动手操作、动脑思考的能力,鼓励幼儿自主学习、快乐学习,帮助幼儿在实践中获取经验,并且能够运用已有的知识和经验创造出新颖独特的内容,[1]注重幼儿主体创新意识、创新精神、创新技能的开发培育,以促进幼儿全面发展,培养"新新儿童"。[2]

"出新课堂"是合作的课堂。《幼儿园教育纲要》指出:"在生活、学习、游戏中,形成初步的合作意识。"培养幼儿的合作意识和合作能力成为当前幼儿教育的一个重要目标。"出新课堂"利用不同的教学活动和游戏活动,鼓励和引导幼儿自主结伴、分工合作、相互协商,共同探索、创造和解决问题,帮助幼儿实现合作意识的提升。

"出新课堂"是有爱的课堂。我们坚守在"出新课堂",以虔诚的心做教育,我们以最真的心爱孩子,我们心中有爱,所以孩子们眼中有光。师爱是打开幼儿智慧大门的钥匙,对被爱与被关怀的渴求是所有人的天性,对待每一个幼儿,我们既需要真诚的、纯洁的和无私的爱,更需要有高质量的爱,时刻用爱的眼光去看待每一位幼儿,用爱的激情去关怀每一位幼儿。要关心孩子的心理健康,还必须用心去观察,从孩子的一言一行中把握孩子的心理活动,加以引导教育,宽容孩子的失误,通过挖掘孩子的优点,来增加他们的自信心。[3]

"出新课堂"是快乐的课堂。一日活动皆课程、一日生活皆游戏。游戏是儿童的天性与权利,德国教育家福禄贝尔指出:游戏是儿童内心活动的自身表现,是儿

---

[1] 卢素凡.创新教育在幼儿园教学中的实施分析[J].时代教育,2015(9):274.
[2] 陈爱萍.幼儿教育呼唤游戏精神——谈幼儿园游戏的创新与实践[J].江苏教育学院学报(社会科学版),2007,23(5):23-27.
[3] 黑丽君.瑞吉欧教育中的儿童观及其对我国幼儿教育的启示[J].四川教育学院学报,2008(4):10-12.

童最纯洁、最神圣的心灵活动的产物。① 游戏代表着儿童的自由、天真无邪、自然的天性和潜在的能力,"出新课堂"呼唤幼儿游戏精神的回归,充分挖掘每一个孩子的潜能,还原每一个孩子的探究天性,呵护每一个孩子快乐的童年时光,让每一个孩子在游戏当中快乐学习、快乐成长。

(二)"出新课堂"的具体操作

学校从主题确定、计划安排、研发实践三个维度,引领老师们对"出新课堂"进行探索与实践,助推教师专业成长,促进学校"出新课堂"落地实施。

科学合理安排主题活动。在主题网络课程实施过程中,教师应根据班级幼儿年龄特征和发展要求,按课程计划,有步骤地实施。每个主题下分支的五大领域活动内容具有很强的选择性,教师根据主题开展情况、班级情况,以《建构主题教师指导用书》为主要参考教材,鼓励教师多角度解读教材、二度开发教材,对五大领域活动进行整合,组成丰富的教学内容,合理安排幼儿一日生活,满足幼儿各方面学习活动的需要。

制定计划,细化安排。制定主题活动计划、班级学期计划、周计划安排表,保证日常主题活动有序开展,在实践探究中不断完善,以年级组教研的方式,进行出新课程集体备课、展示、研讨,解决存在的问题,及时反馈出新课程的实施情况,把课程纳入周工作安排,保证有课时、有教师、有计划,并在实践中积累经验,不断充实完善课程,提高教育教学水平和质量。

研发与实践互动,完善课程品质。主题课程实施方案的研发与制定是幼儿园全体教师共同倾注热情、奉献智慧的过程,课程方案的实施则是教师发现问题、查漏补缺的过程。任课教师认真备课、组织活动,保教组随机听课,针对问题集体教研,及时整改,组织教师进行业务学习和培训,同时任课教师做好活动记录及反思,及时总结经验,并撰写反思。研发与实施实现"无缝对接",发挥出课程方案的规划、指导作用,提升课程的实施品质。

---

① 陈爱萍.幼儿教育呼唤游戏精神——谈幼儿园游戏的创新与实践[J].江苏教育学院学报(社会科学版),2007,23(5):23-27.

(三)"出新课堂"的评价要求

根据"出新课堂"的内涵要义,学校从教学目标、教学过程方法、教学效果和幼儿表现四方面制定"出新课堂"评价标准,具体如下(见表7-8)。

表7-8 出新幼儿园"出新课堂"教学评价标准表

评价主体	评 价 要 点	效 果
教学目标	1. 能促进幼儿的全面发展和良好行为习惯的培养。	
	2. 目标明确、具体、可操作,符合幼儿年龄特点。	
	3. 能结合主题激发幼儿的兴趣。	
	4. 内容具有针对性,难度与数量适中。	
教学过程方法	1. 活动组织有序,逻辑清晰,重点突出,时间合理。	
	2. 能充分发挥幼儿的参与性、主动性和操作性。	
	3. 能尊重幼儿发展的差异性。	
	4. 及时观察幼儿,并根据实际情况调整教育对策。	
	5. 教育方法手段恰当有效,能针对教学目标,突破重难点。	
教学效果及幼儿表现	1. 活动常规好,幼儿兴趣浓厚,情绪良好。	
	2. 幼儿的能力在活动中得到展现:语言表达能力、动手操作能力、思维活跃水平、创新能力、用多种形式表现的能力等。	
	3. 班级活动有自己的特色。	
	4. 达到了预期的活动目标。	

二、搭建"出新护航",守护身心健康

以《3—6岁儿童学习与发展指南》为依托,围绕园内安全教育、卫生安全教育、饮食安全教育、交通安全教育、消防安全教育、自然灾害防范安全教育展开"出新护航"课程,不断增强幼儿的安全意识和自我保护能力。

(一)"出新护航"的具体操作

"出新护航"课程分小、中、大班三个年段分层实施,循序渐进地提高幼儿的安全防范意识与自我保护能力。具体如下(见表7-9)。

表 7-9 出新幼儿园"出新护航"课程内容安排表

年龄段	安 全 活 动 内 容
小班	1. 幼儿能遵守活动规则,在提醒下能注意安全,不做危险动作,不擅自离开集体。 2. 不吃陌生人给的东西,不跟陌生人走。 3. 知道餐前便后要洗手,不吃不洁净的食物。 4. 知道过马路时牵大人的手,学会看信号灯。 5. 知道不玩电、不玩火,不将手指放在门、窗处,以防夹伤。 6. 知道不独自去水边。
中班	1. 了解用餐时应注意的安全行为,增强幼儿的安全意识,知道文明用餐礼仪。 2. 提醒幼儿预防感冒要多喝水、多参加体育锻炼,少到人群密集处。 3. 认识常见的安全标识,能遵守安全规则。 4. 知道简单的求助方式。 5. 知道 119 火警电话,了解消防员的工作。 6. 开展防溺水教育,了解相关的知识,知道在泳池里紧跟大人。
大班	1. 知道不给陌生人开门。 2. 能自觉遵守基本的安全规则和交通规则,知道乘车、乘电梯时应注意的安全。 3. 知道营养均衡,养成良好的饮食习惯。 4. 知道在火灾发生时不慌乱,按熟悉的安全撤离路径有序离开。 5. 知道一些基本的防灾知识。

(二)"出新护航"的评价要求

1. 课程设置是否符合幼儿年龄特征,满足幼儿在安全方面的需求,增强安全意识。

2. 通过谈话、观察、情景模拟、实践体验等方式,评价幼儿安全意识、基本安全知识以及自我保护能力是否得到有效改变或提升,能在日常生活中注意自身和他人安全。

3. 教师对自身的安全教育活动进行自评,检验和审视自身的安全教育实践活动是否有效,每个学期进行安全教育反思,教研组针对难点、问题进行教研,提升教师自身安全意识、安全保护技能、对幼儿生命的敬畏意识。具体如下(见表 7-10)。

表 7-10 出新幼儿园"出新护航"课程评价表

评价项目 评价维度	评 价 目 标	评 价 内 容	评价方法
幼儿安全 认知发展	幼儿安全意识、基本安全知识是否得到有效改变或提升。	交通安全知识 公共场所安全知识 生活安全知识 游戏安全知识	观察法 调查法 分析法
	能在日常生活中注意自身和他人安全。		
幼儿安全 技能发展	提升幼儿自护能力。	逃生能力 自护能力 自救能力	提示法 操作法 情景模拟法
	提高幼儿自救水平。		
幼儿安全 游戏活动	促进幼儿对安全游戏的兴趣。	安全教育活动 心理健康教育活动 逃生演练活动	实践法 体验法 游戏法
	探索安全游戏与幼儿年龄发展的关联。		

三、建设"出新礼仪",打造礼仪校园

"出新礼仪"课程是针对幼儿成长专门打造的文明礼仪课程,通过课程的实施,有效提升幼儿的文明礼仪水平。

(一)"出新礼仪"的具体操作

"出新礼仪"课程将以有计划的学习活动和随机的渗透性活动的形式开展。

有计划的学习活动。每周开展一次礼仪学习活动,可以集体、小组结合,保证幼儿有目的、有计划、有系统地参与礼仪活动,从行为礼仪、生活礼仪、交往礼仪三个方面着手,使礼仪教育与主题活动相结合。根据幼儿年龄特点以及兴趣爱好,小班以爱家人、爱校园、爱老师、爱同伴以及简单的生活礼仪为基本,开展"会排队"、"礼貌用语我会说"等一系列活动,中大班侧重公共交往礼仪,开展"商场物品不乱动"、"我是文明小游客"、"文明乘车你我他"等活动。

"出新礼仪"活动内容将有机渗透在幼儿一日生活各个环节之中,同时渗透在幼儿家庭和周围社会环境中,并借助环境创设,通过模拟日常生活文明礼仪游戏,养成良好的礼仪习惯。

(二)"出新礼仪"的评价要求

1. 课程设置是否满足幼儿发展和生活的需要。

2. "出新礼仪"课程,是否真正有利于幼儿拥有良好的生活习惯和文明礼仪。

3. 执教教师是否能根据幼儿发展的不同水平进行有针对性的指导。具体如下(见表7-11)。

表7-11 出新幼儿园"出新礼仪"课程评价表

项目	评价指标	教师自评	小组评价
组织形式	采取集体、小组、个别相结合的形式,有目的、有计划、有系统地对幼儿进行礼仪教育。		
	礼仪教育内容是否渗透在幼儿一日生活中。		
实施过程	注重日常生活中的随机教育。		
	创设良好的礼仪教育环境。		
	利用多种方法和途径开展丰富多彩的礼仪教育活动。		
	结合家园共育,共同帮助幼儿养成良好的文明礼仪习惯。		
幼儿行为表现	幼儿知道生活中的基本礼仪。		
	幼儿能在一日生活中注意个人仪表,并在生活中运用文明礼仪。		
	教师观察与评价幼儿是否养成了良好的文明礼仪习惯。		

四、创设"出新社团",发展兴趣爱好

"出新社团"课程是满足幼儿个性需求,发展幼儿兴趣特长,实现幼儿全面发展、快乐成长的重要平台。

(一)"出新社团"的具体操作

1. 制订活动计划,科学、系统地安排内容,做到活动目标明确。学期结束上交相关材料(活动作品、过程性资料、评价、幼儿参与活动前后的对比表等)存档。

2. 做到"三定"(1)定人:(活动人员固定)幼儿园邀请专科教师及本园有个人

专长的教师开展相应的社团活动,做到教师人员固定以及每次社团活动的幼儿人数固定。(2)定时:(活动时间固定)无特殊情况活动时间不得变换,如遇特殊情况需向园领导申请,通过后才可变换,并提前告知各班班主任和孩子、家长。(3)定点:(活动地点固定)充分利用园内的各个活动室、功能室空间资源,固定活动场所,做好活动前后的卫生保洁工作。"出新社团"活动内容安排(见表7-12)。

表7-12 出新幼儿园"出新社团"课程设置表

序号	社团名称	社团类别	具体活动时间	
			星期	具体时间
1	合唱社	体艺类社团	周一	下午3:30—4:30
			周二	上午9:50—10:50
2		体艺类社团	周四	下午3:30—4:30
3	美工社	体艺类社团	周四	下午3:30—4:30
4	泥工社	劳技类社团	周四	下午3:30—4:30
5	建构社	劳技类社团	周四	下午3:30—4:30
6	体操社	体艺类社团	周四	下午3:30—4:30
7	舞蹈社	体艺类社团	周四	下午3:30—4:30
8	故事社	体艺类社团	周四	下午3:30—4:30
9	五子棋社	体艺类社团	周四	下午3:30—4:30
10	尤克里里	体艺类社团	周四	下午3:30—4:30
11	非洲鼓	体艺类社团	周四	下午3:30—4:30
12	童心社	体艺类社团	周三	下午3:30—4:30
13	书法社	文教类社团	周一	上午9:00—11:00
14	围棋社	体艺类社团	周一	上午9:30—11:00
15		体艺类社团	周五	上午9:30—11:00
16	篮球社	体艺类社团	周三	上午9:00—11:00

(二)"出新社团"的评价要求

"出新社团"的评价要求见表7-13:

表 7-13　出新幼儿园"出新社团"课程评价表

项目	评价指标	具 体 要 求	教师自评	小组评价
组织保障	活动计划	制定详细计划表,保证每周一次活动。		
	活动准备	教具准备充分,有相对固定的活动场所。		
	制度保障	社团有明确的章程和规章制度(尤其要有安全管理措施)。		
	人员保障	社团活动定人、定岗、定责,分工明确。		
实施过程	成员参与	社团规模符合要求,且成员相对稳定,有成员花名册。		
	活动内容	活动内容和形式健康、有创意并能反映本社团特色。		
	活动过程	指导教师制定社团工作计划和指导计划,每次活动的过程资料详实。		
	活动展示	每学期以多种形式向家长展示。		
活动反思	幼儿	主要察看幼儿在活动中兴趣是否浓厚,习得了相应知识、技能。		
	教师	通过幼儿在活动过程中的表现,如态度、积极性、参与状况等情况对活动进行反思与评价。		

五、做活"出新节日",丰富园本生活

"出新节日"课程是根据不同的节日开展的传承各式习俗的庆祝活动。富有仪式感的节庆文化活动是建构"出新教育"校园文化品牌的主要载体,是增强课程实施成效的有力保障,更是幼儿快乐成长、自由发展的重要平台。

(一)"出新节日"的具体操作

以传统节日、主题节日、校园节日为主,根据节日习俗开展相应的活动,感知各节日中蕴含的意义。具体如下(见表 7-14)。

表 7-14　出新幼儿园"出新节日"课程设置表

时　间	活　动	主　题
一月	心愿节	通过多种形式表达新年愿望。

续 表

时间	活动	主题
二月	热闹元宵	了解元宵习俗,感知元宵代表团圆的意义。
三月	"三八女神节" 好事节 植树节	通过多种活动,学会感恩;学雷锋做好事,培养幼儿崇善尚美的品质;走进大自然,感受大自然的美,激发幼儿探索大自然奥秘的兴趣。
四月	环保节	增强幼儿的环保意识。
五月	感恩母亲节 助残义卖,奉献爱心 劳动最光荣	鼓励幼儿通过多种形式感恩父母、帮助他人,激发幼儿爱劳动和大胆表达的意愿。
六月	端午节 有意义的六一 世界无烟日	了解端午节的习俗,感知端午节和六一的意义,体验与同伴共同庆祝节日的喜悦之情。
九月	老师们的节日	感知教师节的意义,鼓励幼儿大方表达对教师的感谢之情。
十月	农民丰收节	感知秋天是丰收的季节,体验丰收的喜悦。
十一月	感恩节	了解感恩节的由来,懂得感谢父母、尊重他人,培养幼儿感恩的情感。
十二月	欢乐元旦	了解元旦的含义,尝试用自己的方式庆祝元旦,迎接新年,表现自己的愉悦心情。

(二)"出新节日"的评价要求

"出新节日"课程的评价从教师对课程的研发与幼儿的参与两方面进行,以有效推动课程的高品质建设。

1. 针对教师开发课程的评价。通过教师自评,教研组互评,对课程的适宜性、有效性进行评价并作出相应的调整。

2. 针对幼儿课程参与情况的评价。在不同活动中,根据幼儿的参与程度、兴趣程度,以及在活动中的收获等方面是否达到最终的活动目标进行评价。具体如下(见表7-15)。

表 7-15 出新幼儿园"出新节日"课程评价表

评价维度	评价内容	评价标准	评价方式
学习态度与习惯	节日活动前准备（经验准备、物质准备）	主动积极 专注认真（记录、查阅）	1. 通过自评、互评、师评的方式，对幼儿参与活动情况进行评价。 2. 通过活动记录表、互评打分表、活动成果展示等形式进行评价。
学习方法与过程	师生、生生、亲子之间的有效互动	自主探究、交流合作 感受节日文化	
	节日活动的参与度		
	解决问题的能力和方法		
效果与体验	对传统节日的了解和热爱	达成活动目标 传承传统节日文化 激发创新精神	
	幼儿特长与作品展示		

六、推行"出新之旅"，促进家园共育

幼儿园以"出新之旅"为主题开展了系列研学旅行活动。该课程不拘泥时间和地点，丰富的学习资源和开放的学习场域为学生提供了多元、快乐的实践体验。

(一)"出新之旅"的具体操作

1. "出新之旅"主要内容。出新之旅包罗万象，包含自然、历史、人文、科技、爱国主义教育等内容，由班级教师与家长共同组织，充分利用社会、家庭资源，通过收集资料、参观访问、亲身体验等形式，着力落实课程实施，做活"出新之旅"，做到旅之有获，行之成长。具体如下（见表 7-16）。

表 7-16 出新幼儿园"出新之旅"课程设置表

主题	地点	目的
自然之旅	人民公园、八一公园、象湖湿地公园、艾溪湖湿地公园、瑶湖公园	亲近大自然、了解大自然、激发幼儿对大自然的热爱之情
书香之旅	江西省图书馆、南昌市图书馆、新华书店、几何书店、童书馆、绘本馆	感受书香气息，培养阅读习惯。

续　表

主　题	地　点	目　的
红色之旅	八一广场、八一起义纪念馆、革命烈士纪念馆、方志敏纪念广场、新四军军部旧部、贺龙指挥部	接爱红色教育,激发幼儿的爱国情感。
人文之旅	博物馆、滕王阁、江西书院博物馆、赣剧博物馆、南昌瓷板画艺术博物馆	感受家乡的历史文化,激发幼儿对家乡的热爱及自豪感。
科技之旅	科技馆、东湖区科普安全宣教中心、防震减灾科普教育基地、江西省地质博物馆、江西省消防教育博物馆	感受科学的魅力,激发对科学的热爱。

2. "出新之旅"的主要方式。活动前:教师做好规划,设计活动方案,根据教师提供的方案,家长与幼儿共同查阅相关资料,做好准备工作,交流共享。活动中:教师、家长根据活动计划,精心组织,让幼儿在活动中善于观察和思考,学会记录和整理,在活动中体验感悟和内化。活动后:进行成果收集、整理、展示,教师撰写心得体会,幼儿相互分享感受。

(二)"出新之旅"的评价要求

"出新之旅"的课程评价具有开放性、体验性、综合性三大特点,我园以评价为导向,从教师、幼儿、家长三个层面开展评价。具体如下(见表7－17)。

表7－17　出新幼儿园"出新之旅"课程评价表

评价维度	评价内容	评价标准	评价方式
过程性评价	幼儿参与活动过程的积极性	积极参与活动,认真观察、感受,尝试记录整理资料	1. 根据幼儿在活动中的表现,对积极性、主动参与性等进行记录。 2. 根据活动方案,对活动组织的各个环节进行评价。 3. 举办活动成果评比展示,记入幼儿成长记录袋中,其结果纳入综合评价体系。
过程性评价	教师、家长、幼儿在活动过程中的资料收集、记录和整理情况	积极参与活动,认真观察、感受,尝试记录整理资料	
目标性评价	活动完成的情况	教师的工作以及幼儿的活动完成能符合活动方案制定的目标	
目标性评价	对活动开展的有效评价	教师的工作以及幼儿的活动完成能符合活动方案制定的目标	

续 表

评价维度	评价内容	评价标准	评价方式
发展性评价	幼儿参与活动后的感想感悟	激发幼儿热爱大自然、热爱家乡的情感,初步感知家乡的人文历史,丰富知识,积累经验	4. 通过问卷调查和座谈等方式,向参与的幼儿、家长、教师等针对活动效果进行有效评价。
	活动认知体验及情感体验		

七、建构"出新游戏",拓展主题活动

游戏是幼儿教育活动的重要组织形式,幼儿在游戏中丰富知识、积累经验,各项能力得到提升。"出新游戏"以主题活动为依托,延伸主题内容,丰富幼儿的游戏生活,寓教于乐。

(一)"出新游戏"课程实施

1. 游戏内容选择要贴近幼儿生活,遵循以幼儿为主体的原则,体现游戏的自主性,切忌教师高控下的游戏。

2. 充分利用户外场地,根据幼儿基本动作发展规律,注重结合上下肢动作和运动量适中的原则,科学合理制定场地与器械安排表,以保证幼儿运动、快乐和健康。

3. 设计游戏活动时,教师应减少活动过渡环节,避免幼儿过长等待,以保证幼儿充足的游戏时间。

4. 游戏过程中,教师应注意观察,多重角色转换介入游戏,以推动情节发展或解决幼儿在游戏中遇到的困难。交流分享时,多以幼儿为主,教师为辅,避免教师说教式讲评。

5. 不可随意减少幼儿游戏时间或取消游戏活动。

(二)"出新游戏"课程的评价要求

"出新游戏"课程的评价要求见表 7-18:

表 7-18　出新幼儿园"出新游戏"课程评价表

项目	评价指标	教师自评	小组评价
活动内容	活动内容是否符合本班幼儿发展需要,是否能丰富幼儿知识、提升经验。		
	活动内容是否紧密结合主题,有效延伸主题内容,生成新的内容。		
材料投放	材料投放是否注重丰富性、层次性、情感性、自然性、探索性。		
	是否能根据幼儿实际情况及时调整材料。		
教师观察与指导	尊重幼儿意愿,自主选择游戏,并给予适当的引导。		
	观察分析幼儿游戏,进行针对性指导。		
	引导幼儿专注、持续地游戏,培养幼儿良好的游戏习惯。		
	为幼儿提供讨论、分享、交流的机会,帮助幼儿梳理和提升经验。		
	根据游戏开展情况,及时记录、反思、调整。		
幼儿表现	自主选择游戏内容,情绪愉快。		
	正确操作材料,探究玩法,获得经验并乐于分享。		
	有始有终完成某项活动。		
	遇到困难尝试解决。		
	遵守游戏规则,不影响同伴活动。		

八、挖掘"出新故事",生成园本课程

以《幼儿园教育指导纲要》为依托,结合幼儿园园本特色开展"出新故事"课程,打造校园历史故事软环境。课程设置紧紧围绕园歌、园诗、园旗、园徽等园所标识开展认知活动,结合"老奶奶讲述出新故事"、"叔叔阿姨的出新故事"、"我的出新趣事"、"参观园史墙"等活动,帮助幼儿感知园史,了解幼儿园的园所文化,激发幼儿的爱园之情。

(一)"出新故事"课程实施

"出新故事"课程实施见表 7-19：

表 7-19　出新幼儿园"出新故事"课程设置表

家乡故事	① 了解地方人文文化； ② 具有传统地方领域的简单知识和基本文化素养； ③ 能对自己了解的地方人文知识进行讲解和社区宣传。	南昌的特产美食 我们的"八一" 豫章十景 绳金塔庙会 南昌的风景名胜 参观万寿宫 南昌名人 中国红歌会
民族故事	① 理解和珍视民族传统文化，接纳和尊重多元文化； ② 初步了解民族传统文化方面的基本知识； ③ 能对民族传统文化进行简单的交流和分享。	瑞昌剪纸 萍乡皮影戏 傩舞赏析 采茶戏欣赏 民间故事会 亲近古诗词 经典咏流传 世界文化

(二)"出新故事"课程评价

"出新故事"课程评价包括对幼儿学习和教师教学两方面的评价。对幼儿学习的评价包括运用学习作品、课堂表现和家长调查等方式考量幼儿对园所文化、地方文化、民族文化的兴趣和态度、表现和创造的能力。对教师教学的评价包括运用课程教学、案例反思、课程成果展、教师自评和他评表等方式评量教师的课程生成能力和文化修养。具体如下(见表 7-20)。

表 7-20　出新幼儿园"出新故事"课程评价表

项　目	评　价　指　标	自评	师评	家长评
兴趣态度	幼儿对园所文化、地方文化、民族文化的代表事物表现出兴趣和探究的愿望			
	幼儿能理解和尊重不同民族的多元文化			
鉴赏	幼儿能初步欣赏不同种类的传统艺术			

续 表

项目	评价指标	自评	师评	家长评
学习	幼儿初步了解传统文化的简单知识			
	幼儿能运用简单的艺术形式表现传统文化			
	幼儿能对传统事物提出自己的看法,并在教师的帮助下尝试探究发现的方法。			
交流	幼儿能对自己了解的传统文化进行讲解和社区宣传			

总之,幼儿园课程以创新课程理念为先导、以师资培训工作为基础、以转变教师角色为突破口、以改变教师教学方式和幼儿学习方式为重点、以建立新的评价机制为导向,大力推进幼儿教育创新,在课程管理过程中强调操作性、适宜性和可行性,同时结合不同年龄阶段幼儿的身心发展规律、学习特点、兴趣与发展需求,将育人目标、课程目标贯彻到具体的教育活动过程中,真正落实到幼儿的发展上,有效促进了幼儿园可持续发展。

第八章

保护天真：学校课程的人文启蒙

杜威指出，人的成长是各种能力慢慢成长的结果，儿童天性的发挥、能力的成长都是有一定的程序的。当"让儿童回归本真生活"成为学校课程的生态聚焦，不仅会使儿童过一种有意义的生活，而且也使儿童的生活充满教育学意蕴，进而让儿童踏上幸福之路，为儿童终身发展积蓄力量。

陈鹤琴曾言：自然就是一个过程。大自然大社会是活教材，儿童的健康发展离不开大自然的教化。杜威也指出，人的成长是各种能力慢慢成长的结果，儿童天性的发挥、能力的成长都是有一定的程序的。① 在此意义上可以说，重视儿童的天性，儿童将会诗意地栖居在现实的大地上，他们的童年才是有价值的。可以预言，当"让儿童回归本真生活"成为学校课程的生态聚焦时，不仅会使儿童过一种有意义的生活，进而提升、改善儿童生活的内在品质，而且也使儿童的生活充满教育学意蕴，进而让儿童踏上幸福之路，为儿童终身发展积蓄力量。

好的课程是好的教育的保障。西方哲学家卢梭的"自然教育论"主张要通过顺应天性的方式发展"自然"赋予人的一切才能，从而培养人全面发展而且不受任何压制的个性。② 小萌娃课程以培养健康、聪慧、可爱、活泼的"小萌娃"为目标，将儿童视若一颗珍贵的种子，理解种子成长的需求，尊重其成长特性与规律，为其提供最适宜的环境与条件，将尊重呵护的理念作为清新空气，将自然本真的环境作为肥沃土壤，将全面平衡的课程作为灿烂阳光，努力构建了互联网时代的幼儿课程生态圈，实现了"种子"的茁壮、美丽、自由成长。

➡ 育人坐标
南昌市东湖幼儿园

南昌市东湖幼儿园创建于 1955 年，是江西省首批省级示范幼儿园，隶属于南昌市东湖区教育科技体育局。园所占地面积 2 000 m² 左右，建筑面积近 3 000 m²，户外活动场地面积 2 000 m²。现有 12 个教学班，400 余名幼儿，70 位教职工，师生比配置每班不低于两教一保。2014 年东湖区委区政府为东湖幼儿园进行整体改

---

① 邱磊.杜威教育箴言[M].上海：华东师范大学出版社,2015：155.
② 卢梭.爱弥尔：论教育(上)[M].李平沤,译.北京：人民教育出版社,2001：206.

造,园舍条件大有改观,设施设备基本符合教育要求。近些年来,幼儿园添置了多媒体设备、电子大屏等,五年内初步实现了幼儿园内外网站通,健全了电脑视频监控系统、一键式报警系统,每班配备了触摸屏一体机、钢琴等。幼儿园致力于把五大领域的基础课程与园本课程进行系统化整合,形成了结构合理、逻辑清晰、架构完整的课程体系,旨在不断提升课程育人品质。

第一节 让每一个孩子萌萌地与世界相遇

一、幼儿园教育哲学

根据60多年的办园传统与经验,基于幼儿自身发展特点,遵循教育规律,坚持从幼儿立场出发,让孩子回归本真,我园结合当今教育发展趋势和对未来人才的要求,提出"萌教育"哲学。"萌教育"就要向教师和家长传递这样一种观念,强调"孩子就要有孩子的萌样,不要过早成人化",扼制成人拔苗助长的倾向,让孩子在童年时期尽情玩耍、大胆想象、自主发展;通过萌教育,让幼儿健康、快乐、自在地度过幼儿园里的每一天。我们认为:

——"萌教育"是顺应天性的教育。活泼好动是幼儿的天性,幼儿园应遵循教育规律,顺应孩子年龄特点,坚持儿童立场,重视全面发展。西方哲学家卢梭的"自然教育论"也主张要通过顺应天性的方式发展"自然"赋予人的一切才能,从而培养人全面发展而且不受任何压制的个性。[1] 为此,萌教育不光注重对孩子智力的教育,更注重孩子全方位能力的发展,帮助孩子认清人生的意义,明白人为什么活在这个世界上。让我们的教育培育出生活的强者,这个强者不是物质上的强者,而是道德上的强者。

——"萌教育"是生动活泼的教育。《幼儿园教育指导纲要(试行)》中明确指出:幼儿园要"以游戏为基本活动"。[2] 游戏对孩子来说是非常严肃认真的活动,他们喜欢玩游戏,他们玩的时候会很开心。萌教育就以生动活泼的各类游戏为基础,

---

[1] 卢梭.爱弥尔:论教育(上)[M].李平沤,译.北京:人民教育出版社,2001:206.
[2] 中华人民共和国教育部.幼儿园教育指导纲要(试行)[M].北京:北京师范大学出版社,2001:1.

让孩子们尽情玩耍，在玩耍中，他们学会了尊重与合作；在玩耍中，他们试图消化获得的信息，内化成新的知识经验。对3—6岁的孩子来说，游戏就是他们的生命，他们在游戏中生活、学习；只要给他们充足的时间和空间，和简单的东西呆在一起，他们就会非常认真地玩，游戏是孩子成长的内在需要。

——"萌教育"是童趣盎然的教育。孩子们眼中的世界，就像是童话一样新奇而诱人，一朵小花、一株小草、一只飞虫、一抹晚霞，都会让他们惊喜半天，那些在我们成人眼里的寻常事物，在他们眼里都蒙上了一层诗意的浪漫。面对神奇的世界，他们的小脑袋中总是藏着那么多的问题：天上的云朵哪里来？小兔子的耳朵为什么那么长？蚯蚓为什么能钻到泥土里？他们拥有天马行空的想象力，不断有精彩的想法诞生；他们喜欢做实验，什么都想亲自动手去试一试；他们喜欢自己做决定，长大的感觉让他们充满自信；他们喜欢和老师在一起，老师就是他们的玩伴，从老师那里能得到支持和肯定。如果能够经常和大自然呆在一起是最好不过的事情，大自然是一个穷无尽供孩子们嬉戏的地方。

——"萌教育"是回归本真的教育。孩子们率性而动、自然不伪，所有行为皆出自本真。他们有时候不太"乖"，还会闯点"小祸"，但他们活泼灵动、生机勃勃。看到他们，你就会想起天上的飞鸟、水里的游鱼、含苞的花蕾、枝头的嫩芽……他们有的热情、有的沉静、有的温顺，能力各异、喜好不同，就像是一树的绿叶，摇曳多姿却又各不相同，充满活力地按自己的方式在空中舒展。

基于此，我们提出如下办园理念：让每一颗"种子"生机勃发。童年是人生最自由舒放的时光，我们将儿童视若一颗珍贵的种子，每一颗种子都会发芽，每一位儿童都会成长。"萌教育"重在深刻领会"儿童种子"的内涵，理解种子成长的需求，尊重其成长特性与规律，提供最适宜的环境与条件，将尊重呵护的理念作为清新空气，将自然本真的环境作为肥沃土壤，将全面平衡的课程作为灿烂阳光，实现"种子"的茁壮、美丽、自由成长。根据"萌教育"哲学，我们将其凝练成"健康、活力、存真、向善"的园训，使之成为全园师生共同的价值取向和目标追求。

我们的教育信条

我们坚信，

每个孩子都是珍贵的种子；
我们坚信，
享受萌萌的教育生活是最美的；
我们坚信，
有一个生机盎然的地方叫幼儿园；
我们坚信，
每一颗种子都会蓬蓬勃勃地露出芽尖；
我们坚信，
让每一颗种子生机勃发是教育的神圣使命；
我们坚信，
让孩子萌萌地与世界相遇是教育最舒展的姿态。

二、幼儿园课程理念

基于上述教育哲学与办学理念，我们提出"让每一个孩子萌萌地与世界相遇"这一课程理念，其具体内涵如下：

——**课程即文化相遇**。《荀子·劝学》中曾说："蓬生麻中，不扶而直。"一个孩子进入幼儿园，集体生活和游戏固然重要，但更重要的是能受到文化上的熏陶和浸润。随着时代的发展，互联网的兴盛、出版业的繁荣使现在孩子获取知识越来越便捷，古今中外的知识纵横交融。我们的课程就是要根据孩子的年龄特点和兴趣水平，将《幼儿园建构式课程》《江西省幼儿园主题式课程》《幼儿多元能力实践课程》等多种课程相结合，"取其精华，去其糟粕"，有针对性地让孩子了解一些粗浅的多元文化。

——**课程即蓬勃生长**。萌教育的核心是理解并满足"种子萌芽"的需要，我们坚信幼儿具有生长自觉性——每颗种子都蕴含着巨大的自觉生长潜能，他们会主动认识周围未知的世界；生长发展性——每颗种子萌芽后便蓬勃生长，每位儿童也有着让人惊叹的生命力，具有发展的无限可能；生命唯一性——每颗种子都带着各自的遗传特性完成生命传承，每位儿童带着特有的基因，伴随不同的家庭早期教养，形成了自身特有的性格与气质、优势或不足、兴趣和爱好。

——课程即个性滋养。每一个孩子都是一颗独一无二的种子,幼儿园为孩子们提供的课程,首先能帮助幼儿更好地认识自己,发现自己的优势,同时,课程也为种子勃发提供所需的多种营养。由于幼儿的个体差异,其所必须的营养也是因人而异的,他们有自主选择营养的权利和机会。丰富多彩的课程如春之雨露、夏之骄阳、秋之清风、冬之白雪,为每一颗种子的破土而出、蓄势待发、生机勃勃提供养料。

——课程即生命绽放。我们以静候花开的心态做园本课程的建构与推进,将其表现为一种唤醒、一种坚守、一种激发,让"萌教育"沿着"种子萌发——尖芽初露——拔节伸展——茁壮生长——花蕾含苞——蓓蕾绽放——硕果累累"这条生命的轨迹一路成长,最终绽放出与众不同的人生。

所有的儿童都希望用自己的方式来学习,因此,我们要在适当的时候提供适合的课程。"萌教育"重在启迪萌发,带着这样的理念,我们以自然、平衡的方式实施课程,一方面遵循孩子的成长和发展规律,另一方面顺应自然四季的变化,尽量让课程发生在生命真实的体验中,映入眼帘,映入心里,映入内在世界,让幼儿的经验看得见,让幼儿的需求看得见,真正遵循幼儿身心发展规律和学习特点。我们以幼儿的生活、运动、游戏、学习串联起所有的课程,让我们的课程尽力坚守孩子内在生命的自然天性。为此,我们确立了"小萌娃课程"的课程模式。

第二节 让每一个孩子成为快乐的"小萌娃"

一、幼儿园育人目标

我们致力于培养健康、聪慧、可爱、活泼的"小萌娃",让每一个孩子成为快乐的"小萌娃",培养的每一个萌娃都具有"四爱"精神,具体表现为:

——健康:爱锻炼,有自信;

——聪慧:爱学习,善思考;

——可爱:爱助人,懂礼貌;

——活泼:爱动手,会创造。

二、幼儿园课程目标

课程是幼儿园育人目标有效达成的重要载体,为了实现培养目标,我们把"健康、聪慧、可爱、活泼"的育人目标进行细化,结合教育部制定的《3—6岁儿童学习与发展指南》[①],根据幼儿不同的年龄段划分了小班、中班、大班的课程目标,具体如下(见表8-1)。

表8-1 东湖幼儿园"小萌娃课程"目标表

具体目标表现 \ 年龄段	小 班	中 班	大 班
健康 (爱锻炼, 有自信)	1. 能在较热或较冷的户外环境中活动。 2. 为自己的好行为或活动成果感到高兴。 3. 愿意参加运动,发展基本动作,动作协调,具有一定的平衡能力。	1. 能在较热或较冷的户外环境中连续活动半小时左右。 2. 知道自己的优点和长处,对自己感到满意。 3. 喜欢运动,动作灵活,具有一定的力量。	1. 能在较热或较冷的户外环境中连续活动不少于半小时。 2. 做了好事或取得了成功后还想做得更好。 3. 热爱运动,动作敏捷、协调,姿势正确,具有一定的耐力。
聪慧 (爱学习, 善思考)	1. 喜欢接触大自然,对周围的很多事物和现象感兴趣。 2. 经常问各种问题,或好奇地摆弄物品。 3. 能用多种感官或动作去探索物体,关注动作所产生的结果。	1. 喜欢接触新事物,经常问一些与新事物有关的问题。 2. 常常动手动脑探索物体和材料,并乐在其中。 3. 能根据观察结果提出问题,并大胆猜测答案。	1. 对自己感兴趣的问题总是刨根问底。 2. 能经常动手动脑寻找问题的答案。探索中有所发现时感到兴奋和满足。 3. 能用一定的方法验证自己的猜测,积极动手动脑寻找问题的答案。

---

① 中华人民共和国教育部.3—6岁儿童学习与发展指南[M].北京:首都师范大学出版社,2012:5-61.

续　表

具体目标／年龄段／表现	小班	中班	大班
可爱 (爱助人, 懂礼貌)	1. 想加入同伴的游戏时,能友好地提出请求。 2. 在成人指导下,不争抢、不独霸玩具。 3. 身边的人生病或不开心时表示同情。 4. 能在成人的提醒下使用恰当的礼貌用语。	1. 会运用介绍自己、交换玩具等简单技巧加入同伴游戏。 2. 对大家都喜欢的东西能轮流分享。 3. 能注意到别人的情绪,并有关心、体贴的表现。 4. 能主动使用礼貌用语,不说脏话、粗话。	1. 能想办法吸引同伴和自己一起游戏。 2. 活动时能与同伴分工合作,遇到困难能一起克服。 3. 能关注别人的情绪和需要,并给予力所能及的帮助。 4. 能依据所处情境使用恰当语言。如在别人难过时会用恰当语言表示安慰。
活泼 (爱动手, 会创造)	1. 喜欢自然与生活中美好的事物,喜欢观看艺术作品。 2. 经常自哼自唱,喜欢模仿有趣的动作、表情和声调。 3. 经常涂涂画画、粘粘贴贴并乐在其中。	1. 能够专心地观看自己喜欢的文艺演出或艺术品,有模仿和参与的愿望。 2. 经常唱唱跳跳,喜欢参加歌唱、律动、舞蹈、表演等活动。 3. 喜欢用绘画、捏泥、手工制作等方式表现自己的所见所想。	1. 愿意和别人分享、交流自己喜爱的艺术作品和美感体验。 2. 能用多种工具、材料或不同的表现手法表达自己的感受和想象。 3. 艺术活动中能与别人相互配合,也能独立表现。

第三节 生机勃发的"小萌娃"课程体系

一、幼儿园课程逻辑

我园基于"萌教育"的教育哲学以及幼儿园课程目标,设置了"小萌娃课程"体系,涵盖小健将课程、小巧嘴课程、小天使课程、小博士课程、小达人课程五大类。以下是"小萌娃课程"逻辑示意图:

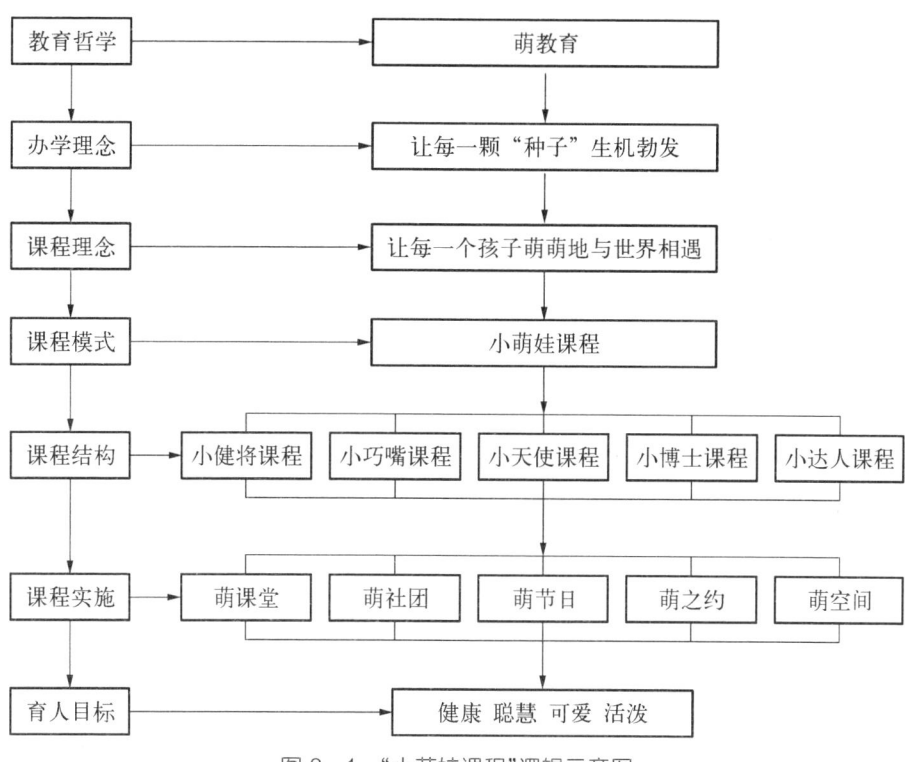

图 8-1 "小萌娃课程"逻辑示意图

二、幼儿园课程结构

图 8-2 "小萌娃课程"结构图

三、幼儿园课程设置

我园全日制招收 3—6 岁幼儿，按年龄设置小班(3—4 岁)、中班(4—5 岁)、大班(5—6 岁)三个年龄段，并根据幼儿的年龄、身心特点及发展水平设置相应的课程(见表 8-2)。

表 8-2 东湖幼儿园"小萌娃课程"设置表

内容类别	年龄段	小班		中班		大班	
		上学期	下学期	上学期	下学期	上学期	下学期
小健将课程	健康宝典	1. 排排队 2. 洗洗小手讲卫生 3. 这是我的 4. 小脚找朋友 5. 学穿衣服 6. 滑滑梯真好玩 7. 手足口病的预防 8. 我的小手帕	1. 爱护五官 2. 宝宝笑了 3. 不跟陌生人走 4. 尝尝看特别香 5. 红灯停绿灯行 6. 开开关关的门 7. 地震来了 8. 多喝水身体好	1. 地球的生日 2. 预防龋齿 3. 阳光、空气真正好 4. 动物，我们的朋友 5. 保护好自己 6. 不挑食，营养全 7. 迷路了怎么办 8. 火灾逃生	1. 有营养的乳制品 2. 预防诺如病 3. 家居安全 4. 家用电器小心用 5. 不随便和陌生人说话 6. 交通标志 7. 坐车的时候 8. 受伤了怎么办	1. 换牙注意什么 2. 远离传染病 3. 让自己高兴 4. 尖锐的东西 5. 常见的安全标记 6. 燃气与安全 7. 生活中的防盗 8. 不去这里玩	1. 预防接种好处多 2. 人不可缺少的微量元素 3. 禁烟小卫士 4. 调节情绪很重要 5. 灾难来临时 6. 食品包装上的标志 7. 游泳的安全 8. 雾霾
	畅快运动	1. 儿歌操 2. 滚大球 3. 过独木桥 4. 跳圈圈 5. 爬爬乐 6. 钻山洞 7. 亲子趣味运动会	1. 吹泡泡 2. 走小桥 3. 运果果 4. 巧玩小布球 5. 彩虹伞 6. 跨越障碍物 7. 户外混班活动	1. 徒手操 2. 好玩的篮球 3. 风火轮 4. 拍皮球 5. 玩沙包 6. 飞盘 7. 爸爸来了运动会	1. 高飞篮球 2. 勇敢跳跳跳 3. 齐心协力 4. 小伞兵 5. 看谁投得远 6. 摘果子 7. 户外混班活动	1. 器械操 2. 投准 3. 踩高跷 4. 跳绳 5. 跨栏 6. 巧玩空气棒 7. 合力加油	1. 高飞篮球 2. 拍球行进 3. 两人三足 4. 投标靶 5. 踢毽子 6. 勇敢者乐园 7. 户外混班活动
小巧嘴课程	伶俐语言	1. 儿歌大汇集 2. 故事欣赏 3. 手指游戏	1. 儿歌荟萃 2. 看图说话 3. 谈话	1. 故事剧场 2. 优美诗歌 3. 说相反	1. 故事演艺场 2. 听说游戏 3. 看图讲述	1. 小小朗读者 2. 散文诗欣赏 3. 看图讲故事	1. 绕口令 2. 传话游戏 3. 文学作品欣赏 4. 词语接龙
	萌娃国学	1. 弟子规 2. 中华德育故事 3. 古诗《悯农》	1. 弟子规 2. 中华德育故事 3. 古诗《咏鹅》	1. 三字经 2. 中华勤学故事 3. 古诗《望庐山瀑布》	1. 三字经 2. 中华勤学故事 3. 古诗《春晓》	1. 千字文 2. 中华名人故事 3. 古诗《静夜思》	1. 千字文 2. 中华名人故事 3. 古诗词《江南好》

续表

内容类别		小班		中班		大班	
	年龄段	上学期	下学期	上学期	下学期	上学期	下学期
小天使课程	迷你社会	1. 中秋月儿圆 2. 文明餐桌 3. 认识新朋友	1. 妈妈,辛苦了 2. 好东西要分享 3. 我会守班规	1. 读书日活动 2. 老师,我爱您 3. 重阳祖孙乐	1. 学习雷锋好榜样 2. 家长义工进课堂 3. 端午粽香	1. 幼小衔接系列活动 2. 感恩的心 3. 消防宣传月主题活动	1. 安全宣传月主题活动 2. 清明节忆故人 3. 家长助教
	萌宝礼仪	1. 孝亲小使者 2. 站有站相 3. 文明坐姿	1. 谦让的美德 2. 物品放整齐 3. 我会轻声细语	1. 仁爱小精灵 2. 微笑的力量 3. 好宝宝学好样	1. 做文明的中国游客 2. 好宝宝有爱心 3. 背着伙伴去上学	1. 社会小公民 2. 热心服务,乐于分享 3. 中国四大发明	1. 热热闹闹过元宵 2. 光荣的志愿者 3. 遵守规则
小博士课程	科学探索	1. 蔬菜大家族 2. 了不起的轮子 3. 水果宝宝	1. 奇妙的变化 2. 朋友对对碰 3. 让纸飞得更远	1. 有趣的指纹 2. 树朋友 3. 种子的旅行	1. 沉与浮 2. 有趣的叠加与叠套 3. 奇妙的声音	1. 不一样的我 2. 下落百分百 3. 快乐转动	1. 有趣的自然现象 2. 光与影 3. 神奇的力
	趣味数学	1. 东西放哪里 2. 1和许多 3. 积木回家	1. 和数字宝宝做朋友 2. 感知匹配 3. 圆形和三角形	1. 数的形成 2. 比较物体 3. 了解单双数	1. 按量分类 2. 常见的平面图形 3. 相邻数	1. 数的分解组成 2. 按物体特征排序 3. 整点和半点	1. 数的加减 2. 常见的立方体 3. 口编应用题
小达人课程	创想美术	1. 手指点画 2. 撕贴 3. 宝贝涂鸦 4. 泥工	1. 手掌印画 2. 欣赏美丽的鲜花 3. 团纸粘贴 4. 拼贴画	1. 拓印画 2. 剪贴 3. 炫彩油画棒画 4. 神奇的刮画	1. 折纸 2. 大师画作欣赏 3. 装饰画 4. 线描画	1. 中国水墨画 2. 剪纸艺术 3. 立体手工 4. 装饰纸袋	1. 多彩水粉画 2. 中国艺术欣赏 3. 创意设计 4. 泥塑
	萌韵音乐	1. 节奏练习 2. 律动 3. 音乐游戏 4. 童谣萌唱	1. 节奏练习 2. 音乐欣赏 3. 音乐游戏 4. 童谣萌唱	1. 打击乐 2. 音乐游戏 3. 韵律活动 4. 童心童唱	1. 打击乐 2. 音乐欣赏 3. 韵律活动 4. 童心童唱	1. 音乐游戏 2. 打击乐 3. 萌娃演唱会 4. 舞动精灵	1. 音乐欣赏 2. 音乐游戏 3. 萌娃演唱会 4. 舞动精灵

第四节　为儿童创造快乐的成长天地

课程实施就是幼儿快乐成长、形成自我的过程,也是教师享受幸福教育的历程,还是学校彰显育人特色的过程。我园从"萌课堂、萌社团、萌节日、萌之约、萌空间"五个方面入手实施"小萌娃课程"。

一、建构"萌课堂",提升保教质量

(一)"萌课堂"的内涵与操作

"萌教育"是充满生机活力和希望的教育,是让每一个生命都像种子萌芽般灵动地生长和发展的教育,是激发孩子灵性与智慧的教育。建构"萌课堂",不仅是建构知识的空间,更是健全人格和培养品德的场所。

——"萌课堂"是自由的课堂。陶行知先生曾说过:教育要给孩子"六大解放"。[①]"萌课堂"紧密围绕"以幼儿为主体"的思想,将课堂自主权还给幼儿,倡导个性化、多样化学习,通过自主发现、合作探究、多元互动、和谐共生的多种学习方式,让幼儿做课堂的小主人。同时,注重解放幼儿的头脑,使他们能想;解放幼儿的双手,使他们能干;解放幼儿的眼睛,使他们能看;解放幼儿的嘴,使他们能谈;解放幼儿的空间,使他们能到大自然、大社会中去学得更丰富的学问;解放幼儿的时间,使他们做自己喜欢做的事。

——"萌课堂"是灵动的课堂。爱玩是孩子的天性,游戏是孩子最感兴趣的活动。教育家克鲁普斯卡娅说过:"对于孩子来说,游戏是学习,游戏是劳动,游戏是最重要的教育形式。"[②]从这个意义上讲,游戏是一种能形成强大力量的心灵沐浴。因此,教师要根据幼儿的年龄特点,善于把游戏引进课堂,把知识融合在游戏中,使孩子在游戏中掌握知识,开发智力,从而实现生命的发展,促进保教质量的提升。

——"萌课堂"是美好的课堂。"萌课堂"的学习过程如同一次师幼共历的旅

---
① 陶行知.陶行知文集[M].南京:江苏教育出版社,2008:231.
② 克鲁普斯卡娅.克鲁普斯卡娅教育文选[M].卫嘉,译.北京:人民教育出版社,1959:185.

程,如何让这趟旅程美好而精彩,需要教师的教学智慧。在这里,美好是一种追求,孩子的好奇心能最大程度地得以满足,奇思妙想可最大程度地得到尊重。这里有快乐,有收获;这里有故事,有传说;这里还有无限可能……

——**"萌课堂"是生长的课堂。**生长课堂主张让孩子全身心投入学习,要创造一切可能,让孩子在师生互动、生生互动中进行体验式学习。同时要关注孩子的兴趣点,以孩子感兴趣的问题入手,即时生成一些活动,教师和孩子在活动中共生共长,共同进步。为此,教师应踏实地和孩子说好每一句话;认真地组织好每一个游戏;用心地陪伴孩子度过每一天。幼儿园的一日生活皆教育,而教育蕴含在生活里。

(二)"萌课堂"的评价要求

"萌课堂"评价包括对幼儿"学"和教师"教"两方面的评价(见表8-3)。

表8-3 东湖幼儿园"萌课堂"教学评价表

评价主体	评价项目	评 价 要 点	效果
教师	教学目标	1. 目标明确、具体,符合幼儿年龄特点、已有经验和发展需要,能体现领域(学科)活动的特征。	
		2. 能关注教育的多重价值,有机整合情感、态度、能力、知识技能等方面的发展需求,避免目标空而大。	
		3. 目标体现以幼儿为主体,目标表述完整、清晰。	
	教学内容	1. 内容清晰,突出重点,突破难点。	
		2. 从领域(学科)的特点和幼儿的学习特点相结合的思路来选取教学内容,内容价值取向好。	
		3. 选材贴近幼儿生活,具有一定的挑战性。	
	教学过程	1. 结构严谨,组织有序,层次清晰,过渡自然、流畅,张弛有度,时间安排合理。	
		2. 能充分发挥幼儿的主动性、参与性和操作性。	
		3. 因材施教,既面向全体,又注重个体差异,尊重幼儿发展的差异性。	

续表

评价主体	评价项目	评价要点	效果
教师	教学过程	4. 注意观察幼儿,并根据实际情况作出恰当的反馈,灵活把握教育契机。	
		5. 方法手段运用合理、恰当有效,突出科学性和可行性。	
	教学基本功	1. 能以亲和的态度和灵活的活动形式建构安全、平等、温馨、丰富的学习环境。	
		2. 语言生动活泼、简洁流畅,富有启发性和感染力,有利于激发幼儿主动学习的兴趣和热情。	
		3. 能恰当运用多元化的教学方法和手段,采用适当的指导策略,形成有效的师幼互动、幼幼互动。	
		4. 教具制作美观、实用,运用恰当,适合教学内容的需要。	
		5. 弹唱、绘画、舞蹈等基本功扎实,能较好地辅助教学活动地开展。	
幼儿	活动态度	1. 轻松、愉快、积极、有序、乐于参与活动。	
		2. 情绪稳定,有安全感,注意力集中。	
	活动表现	1. 各种能力在活动中得到展现:语言表达能力、动手操作能力、创新能力、思维活跃水平、想像力、用多种形式表现的能力等。	
		2. 会利用老师所提供的环境和资源进行学习,对学习感兴趣,能主动参与探索、操作、讨论、表述等,愿意与同伴合作、分享。	
	活动成效	1. 活动中有自信的表现,能获得满足感和成功感。	
		2. 获得与活动内容相关的新经验和新体验,在经验、能力和智慧等方面有所发展,有属于个体的新收获。	

二、创建"萌社团",发展兴趣爱好

为进一步推进素质教育,促进幼儿全面、富有个性地发展,我园将立足本园实际,把幼儿个性化特点与课程内容有机结合,组织开展丰富多彩的萌社团活动,为幼儿园文化注入新的活力。

(一)"萌社团"的意涵与操作

——**"萌社团"满足需求**。我们的萌社团活动根据各个年龄段的幼儿特点设计活动内容和形式,满足各个层次的需求。例如:体操社团主要针对大班有一定基本功的幼儿开展,通过基本体操的普及,让孩子们拥有聪明的头脑、健美的身躯、坚强的意志、果敢的精神。篮球社团则面向中大班幼儿全面招募,旨在让幼儿爱上篮球运动,训练幼儿的手眼协调能力和动作灵敏度,让幼儿体能得到发展。朗诵表演社团以汉秦语言活动为载体,坚持每周一次高质量的语言表演课程,让幼儿在有趣的故事、诗歌中进行情感的宣泄,通过故事、诗歌表演锻炼肢体协调能力,提高孩子的逻辑思维能力,培养语感,增强口语表达能力。而手工、剪纸、泥塑、绘画等社团,让幼儿通过参与创意设计等内容来进行美工活动,发展想象力,提高审美素质、审美心理,挖掘潜在艺术能力。

——**"萌社团"关注兴趣**。萌社团活动以《3—6岁儿童学习与发展指南》《幼儿园教育指导纲要》为指导,以幼儿的兴趣爱好为基础,注重幼儿的特长培养和潜能开发。社团形式多种多样,有艺术类的陶泥馆、国画班、立体手工班、合唱团、舞蹈团、非洲鼓;有体育类的高飞篮球队、武术队、体操队;还有语言类的诗词社团,等等。这些社团打破年龄的界限,集结兴趣爱好相近的幼儿,发挥他们在某方面的特长,开展有益于幼儿身心健康的活动。

——**"萌社团"发展个性**。每个孩都是独立的个体,由于所处的发展阶段、教育环境、生活经验不同,都有自己的发展特点和独特的兴趣。萌社团活动作为课程的补充,更好地将幼儿个性化的特点与课程内容有机整合,让孩子们的爱好有所展示与发挥,同时获得进一步的提高。

——**"萌社团"注重落实**。每一个社团都有专门的教师负责开展,有的是外聘的专业教师,有的是本园内有特长的教师,还有的是两者并有,活动有固定的时间和场地,保教组对实施的活动设计进行把关,当天总值日巡班查看,确保社团活动落实到位。

萌社团活动作为我园课程建设的重要载体,以其思想性、艺术性、知识性、趣味性、多样性兼具的活动吸引广大幼儿积极参与其中。幼儿园经过精心筹划及招募组建,决定每周开展一次幼儿混龄社团活动。根据幼儿兴趣爱好及各年龄特点,精心打造了艺术类、健体类、益智类、语言类等多个社团,较好地满足幼儿自主选择和个性发展的需求,使幼儿在社团里展示特长、挖掘潜力、感受快乐、体验乐趣、增强自信。具体如下(见表8-4)

表8-4 东湖幼儿园"萌社团"课程设置表

名称类型 \ 年级	大班	中大班混龄		
国粹社团	武术队	围棋社	陶泥馆	国画班
萌娃社团	体操队	舞蹈团	诗词社团	高飞篮球队
	立体手工	合唱团	非洲鼓	科探社团

(二)"萌社团"的评价要求

"萌社团"的评价主要以定期的社团活动开展情况与每学期末幼儿为主体的社团汇报展演为内容,主要评价社团活动的管理与保障、组织与实施等。具体如下(见表8-5)。

表8-5 东湖幼儿园"萌社团"实施评价表

评价维度	评价项目	评价要点	效果
管理与保障	时间保障	每周一次活动,每次活动1课时,活动计划表上有明确安排。	
	场所保障	有相对固定的活动场所,有满足幼儿活动所需的器材。	
	机构保障	社团有明确的指导教师若干名,职责明确。	
		社团人数适合,规模适度,建立了花名册。	
组织与实施	成员考勤	社团成员相对稳定,每次活动都记录幼儿考勤情况。	
	活动内容	制定的社团课程符合幼儿年龄特点,有利于发展和锻炼幼儿多方面的素质,每次活动前都有教案,活动后有反思。	
	活动形式	活动形式健康、有创意并能反映社团特色。	
	活动过程	组织有序、记录完善,活动中突出幼儿的主体性和创造性,使幼儿在社团活动中发展特长、健康成长。	
	活动展示	每学期能组织1次面向师生或家长的开放活动。	

三、创设"萌节日",丰富文化生活

在幼儿园生活中,节庆活动深受幼儿的喜爱。我们将传统节日与创意节日有机整合,有效开展"萌节日"课程。

(一)"萌节日"的内涵与操作

——"萌节日"聚焦文化。我园结合传统节日,弘扬中华民族优秀文化,挖掘传统文化的丰富内涵,通过形式多样的教育活动,对幼儿进行传统节日的启蒙教育,感受节日带来的快乐;创意节日凸显幼儿园的人文底蕴,让幼儿在活动中张扬个性。如:棕香飘溢的端午节,幼儿只知道端午节要吃粽子,但对端午节的由来和习俗并不清楚,我们通过讲故事、看视频等方式,帮助幼儿了解端午节的由来和习俗,知道端午节不仅要吃粽子,还要挂艾草、赛龙舟、栓五色丝线。在中秋节时,让幼儿与亲人共同赏月、吃月饼,讲述嫦娥奔月故事,幼儿进一步了解中国的传统文化。读书节里,孩子们身着漂亮的道具服装,头戴各种头饰,和爸爸、妈妈、老师一起演绎他们充满幻想而美好的绘本故事。

——"萌节日"拥有快乐。"六一"国际儿童节,是属于孩子们自己的节日,旨在让幼儿感受到童年的乐趣。为此,我园组织孩子、家长和老师们欢聚一堂,共同开展"趣益游园 六一嗨翻天"亲子游园活动。孩子们先在班级老师的带领下,向家长们展示自己的才艺。随后,家长和孩子们进行有趣的游园活动,他们手拿"游戏卡"自主选择游戏场地,到处可见孩子们活泼可爱的身影。亲子游园活动丰富多彩、热闹非凡,融趣味性、科学性、竞技性为一体,包括"户外大冒险"、"密室逃脱"、"词语接龙"、"珠行万里"、"乒乒乓乓乐"、"不倒森林"、"背起书包去上学"、"小螃蟹运球"、"踩气球"、"套圈圈比赛"等 20 多个形式多样的游戏,让家长和宝贝们在比赛中感受活动的乐趣,在合作中感受活动的快乐。一张张阳光灿烂的笑脸,一阵阵清脆爽朗的笑声,孩子们个个满载而归,家长们也像回到了童年,大家充分享受着节日的快乐与幸福!

——"萌节日"触摸社会。在国庆节前夕,为了激发幼儿的爱国情感,通过集体观看视频"天安门前的升旗仪式",认识国旗、国徽,让他们深入了解国庆节;还组织幼儿制作献给祖国妈妈的贺卡,让幼儿大胆说出对祖国妈妈的热爱,从小树立幼儿爱祖国、爱社会的意识。

每逢幼儿园开展传统节日与创意节日庆祝活动时,孩子和家长都积极参与其中。在活动中,幼儿大胆探索、敢于创新,用自己喜爱的方式庆祝每一个节日,充分调动幼儿的积极性与主动参与性,同时也增进了父母与子女的情感。具体如下(见表8-6)。

表8-6 东湖幼儿园"萌节日"课程设置表

内容类型\年级	小班	中班	大班	全园
传统节日	中秋月儿圆	端午粽香 重阳祖孙乐	清明节忆故人	快乐迎新年 热闹的元宵节
创意节日	亲亲妈妈(三八节) 饕餮美食节	学习雷锋好榜样(学雷锋日) 我爱读书(读书节) 老师,我爱您(教师节)	炫丽中国节 感恩的心(感恩节) 再见了,幼儿园(毕业季)	音乐节 舞蹈秀 运动总动员

(二)"萌节日"的评价要求

"萌节日"的评价要求见表8-7:

表8-7 东湖幼儿园"萌节日"实施评价表

评价项目	评价要点	效果
主题	1. 主题鲜明、立意新颖。	
	2. 能根据幼儿特点和发展需求确定主题。	
目标	1. 目标明确,有针对性、教育性。	
	2. 能促进幼儿情感、态度、价值观的发展。	
内容	1. 贴近社会现实,贴近幼儿实际生活,符合幼儿身心发展规律。	
	2. 紧扣主题、定位准确、重点突出。	
实施	1. 实施方案设计合理,操作性强。	
	2. 采取多种形式开展,能引导幼儿体验和感悟。	

续 表

评价项目	评 价 要 点	效 果
实施	3. 面向全体幼儿,关注幼儿的个性差异,注重培养幼儿的实践能力,教育作用明显。	
	4. 师幼互动有效,参与面广,能充分体现幼儿主体、教师主导的新课程理念。	
	5. 活动设计有特色、有创意,体现课程的实践性、自主性、综合性、创造性和趣味性。	
方式	1. 新颖、独特、多样,幼儿有充分展示自我的机会。	
	2. 注重幼儿的感悟和体验。	
	3. 重视活动的群体性,引导幼儿合作学习。	
	4. 能创设生动、活泼、有效的节日氛围。	

四、推进"萌之约",融洽亲子关系

(一)"萌之约"的内涵与操作

在幼儿的成长过程中,融洽的亲子关系是非常重要的,开展丰富多彩的亲子活动有利于亲子感情的加深,对幼儿本身的发展也有着积极的影响和促进作用。为此,我园积极吸引家长参与幼儿园的各项活动,了解孩子的发展情况,了解幼儿园的最新教育理念,在亲子活动中获得正确的育儿方法。

——"萌之约"重在参与。我园每年会创设形式多样的运动会,吸引爸爸和幼儿共同参与,让平日里忙碌的爸爸们能和孩子们好好玩一天。体育项目的设计彰显爸爸们的强壮和力量,运动游戏不但锻炼了孩子们奔跑、跳跃、钻爬的动作能力,同时也考验了父子默契合作的精神及勇往直前的胆量,这不仅仅让身体得到锻炼,也使意志和性格得到锻炼,对孩子的人际关系发展有很大作用。而在春暖花开的三月,我园则会邀请妈妈、奶奶等女性家长和孩子一起走进八一公园、去到艾溪湖畔,和孩子一起寻找春天,开展环保小卫士等踏青活动,增进亲子感情的同时,也进行了环保教育。

——"萌之约"凝聚亲情。祖先们为我们留下了很多关于感恩的教诲:"滴水之恩,当涌泉相报"、"谁言寸草心,报得三春晖"。现在的孩子都是独生子女,过着衣来伸手饭来张口的日子,认为这些都是理所当然的事情,不懂得感恩。我们以国学社会课堂为抓手,通过知行合一环节,让幼儿为父母家人做一件力所能及的事情,通过照顾家人,知道要感恩父母,感恩关心和帮助过自己的人,从小将感恩的种子播撒在孩子的心田。家长在感恩节、母亲节、父亲节等系列活动中也深切体会到孩子更懂事、更会关心体谅人了。

——"萌之约"亲近自然。随着季节的变换,自然景象也会发生很大的变化。孩子们与小伙伴、爸爸妈妈们一起,在大自然的怀抱里游览美景、玩耍游戏,细心观察树木花草的萌芽凋零,感受花开花谢、云卷云舒的奇妙;爸爸妈妈们仿佛也找回了童年,与孩子们尽情地奔跑和欢笑。或是大家一起来到动物园里,孩子们在爸爸妈妈们的指导下,学习看指示牌寻找自己想要去的目的地。看到了前几天刚画过的国宝熊猫忘我吃竹叶的萌样,孩子们直呼好可爱;来到了长劲鹿的身边,拿起画板用画笔记录下长劲鹿的身影;欣赏可爱的明星海豚展示它优美的舞姿,高超弹跳能力。幼儿走近大自然,亲身去看、去体验,切身感受、寻找大自然的变化,激发了幼儿对周围事物的关心和好奇。

(二)"萌之约"的评价要求(见表8-8)

表8-8 东湖幼儿园"萌之约"实施评价表

评价项目	评 价 要 点	效 果
方案设计	1. 目标明确、具体,主题鲜明、新颖。 2. 能促进亲子关系,充分发挥家长、社区的教育资源,具有活动价值。	
方案设计	3. 方案设计合理,操作性强。 4. 准备充分(包括物质准备和经验准备),人员分工合理,配合紧密。	
实施过程	1. 采取多种形式开展,能引导幼儿和家长去体验和感悟。 2. 积极引导幼儿和家长在真实的场景下去感受,从而获得多方面的成长。 3. 注重幼儿良好习惯的养成,注重家长和幼儿关系的融洽,教育作用明显。 4. 参与面广,能充分吸引家长、社区积极参与。	

续 表

评价项目	评价要点	效 果
安全保障	1. 做好安全方案和应急预案,以确保活动的顺利进行。	
	2. 安保人员明确职责,责任到人。	

五、建设"萌空间",浓郁园本文化

(一)"萌空间"的内涵与操作

环境创设的过程是幼儿与教师共同参与合作的过程。教育者要有让幼儿参与环境创设的意识,认识到幼儿园环境的教育性不仅蕴含于环境之中,而且蕴含于环境创设的过程中。为此,我们积极吸引幼儿、家长与教师共同参与环境创设,营造与课程相适宜的环境氛围。

——"萌空间"引发探究。良好的环境能有效地促进幼儿发展,幼儿通过参与环境布置,提高了动手操作能力和美的表现力。例如:创设与课程教学相适宜的主题墙,带领幼儿制作手工装饰环境等等。幼儿在环境中学习、探索,发挥幼儿的主体性,激发他们的学习兴趣和不断求知的欲望,进一步感受浓浓的园本文化。环境创设不仅注重趣味性,更具教育性。

——"萌空间"浓郁氛围。为了凸显我园国学特色,我们在主教学楼设计了三个主题的国学墙面,即德育故事墙、百家姓墙、幼儿德育剪纸系列墙。德育故事墙制作了司马光砸缸等古代德育故事;百家姓墙面上张贴了由老师亲手制作的几十个常见姓氏;幼儿德育剪纸墙创设了"爱自己"、"爱植物"、"爱动物"、"爱长辈"、"爱伙伴"、"爱祖国"六个剪纸单元。我园还创设了三个国学公共活动区域,二楼阅书吧里有孩子们喜爱的故事绘本;三楼的采艺坊则为孩子的美术创作提供了充分的民间艺术资源材料,如,姿态各异的民族娃娃、精巧别致的陶制品、绚丽多彩的傩舞面具、剪纸、画京剧脸谱、印染等制作素材;四楼的蒙棋社,引导孩子们在棋艺的博弈中感受中华棋类文化的魅力……这些极具国学特色的环境创设现在已成为园内的环境亮点。

——"萌空间"彰显文化。中国民间艺术所包含的美术形式以其造型和色彩的张扬、夸张,刺激着幼儿的视觉;以其独特多样的工艺,刺激着幼儿的知觉,再配合动感丰富的风俗活动和欢快的民间音乐,这一系列感官刺激和在城市中从未感受过的美感,会引起幼儿所有感官的共同参与,对手、眼、脑的配合发展有极大的帮助。在"我爱家乡"这一主题活动中,孩子们学会了青花瓷的绘画方式,这种蓝白对比强烈的视觉冲击以及有规律的图案排列方式被孩子们运用得很自如,许多孩子创造性地运用到了人物服饰上,走一场"青花瓷"服装秀;运用到葫芦、马勺、扇面等设计上,来一场"江西民间工艺"博览会。整个过程中孩子的民族自豪感、审美能力、创造力都得到了较好的提升。

(二)"萌空间"的评价要求

"萌空间"的评价要求见表8-9:

表8-9 东湖幼儿园"萌空间"实施评价表

评价项目	评 价 要 点	效 果
墙面设计	1. 围绕每月主题活动设计主题墙面环境,有特色、有新意。	
	2. 能体现主题知识脉络,具有教育意义。	
	3. 有幼儿作品展示的板块,体现幼儿学习的过程。	
区域创设	1. 区域布局合理,实用性、操作性强。	
	2. 材料投放丰富,有一定数量的自制材料供幼儿操作。	
	3. 有体现主题内容的区域活动。	
班级空间	1. 班级装饰风格鲜明,墙面装饰、吊饰都围绕该风格开展,形成班班有特色、处处是亮点的格局。	
	2. 班级空间能体现以幼儿为主的原则,充分利用墙面、地面、橱柜等设施,让幼儿进行游戏、操作、学习,充分发挥环境的隐性教育作用。	
	3. 能引导幼儿和家长共同参与班级空间的布置。	

总之,"小萌娃课程"全面贯彻"萌教育"的教育哲学,全力践行了"让每一个孩子萌萌地与世界相遇"这一课程理念,将其融入课程建设的方方面面,落实到每一个环节中。全园教师达成共识,坚持以幼儿的发展为本,结合不同年龄阶段幼儿的

身心发展规律、学习特点、兴趣与发展需求,将育人目标、课程目标贯彻到具体的教育活动过程中,充分利用幼儿园、家长和社会的资源,优化课程结构,不断推进教育改革,促使幼儿园课程能为幼儿发展服务,促进幼儿全面、健康地发展。

后 记

　　为全面贯彻落实《教育部关于全面深化课程改革　落实立德树人根本任务的意见》和《中共中央国务院关于深化教育教学改革全面提高义务教育质量的意见》精神，南昌市东湖区始终坚持把课程作为立德树人的主要载体，着力提高学校课程领导力，构建目标准确、思路清晰、内容完善、特色鲜明、指向核心素养培育的学校课程体系，推动学校文化发展，深化学校课程改革，切实落实立德树人根本任务，扎实推进义务教育优质均衡发展，积极构建新时代东湖课程育人体系，形成了区域课程建设的"东湖经验"，为进一步全面提高义务教育质量，办好人民满意的教育提供有力的支持和保证。作为亲历东湖品质课程的建设者，我们非常荣幸地承担《育人目标与课程逻辑》一书的编辑与整理。

　　《育人目标与课程逻辑》一书，从创意到架构、从修改到成书，是一个百炼成钢的过程。我们先后阅读了区属学校的各类课程建设材料，检读了各类背景资料，并全程参与了东湖区品质课程改革，和一线老师一起亲历了课改所带来的点点滴滴。从最初的迷茫困惑，到过程中的逐渐清晰，再到后来的坚定从容，这一路走来，颇感品质课程建设的不易，更深感当下学校迫切需要通过提升课程品质来促进高质量发展。当看到我们东湖的校长老师一个个站上舞台自信、娴熟、专业地推介品质课程，看到我们东湖的学子通过享受品质课改的成果，在各级各类竞赛以及学业质量测评中绽放独特的精彩时，内心着实被深深地震撼。没有哪一种活动会像品质课程建设这样从内至外全面系统地推进学校教育改革，进而提升整个区域的育人品质。

　　课程是学校教育的核心领域，从知识价值取向、活动经验取向，到"五育并举"的育人取向，学校教育已进入课程品质提升的新阶段，在这一积累、积淀、实践、创新的动态过程中，各中小学积极探索，认真回答了"为什么培养人"、"培养什么人"和"怎样培养人"的根本问题，在育人目标的定位和课程逻辑的架构上，不断思考学校课程的整体育人方向，增强了课程的适应性与个性化，集中呈现了品质课程的建设成果。

在此，我们要深深感谢以这些课程研发实践团队为代表的广大学校校长和教师，是你们顺应了新时代发展和学生实际需求的主流价值，展现了时代责任、历史担当、卓越才能与创新智慧，努力让课程为每一个儿童创造了更多的发展机会与可能。我们也要真诚感谢杨四耕教授团队对我区课程改革和学校品质课程建设的倾心指导、帮助和支持。我们更要感谢各级领导的关心和帮助，是你们的远见卓识和鞭策鼓励给了我们方向和信心。我们还要感谢我们的学生与家长，一直以来的理解、认同、支持，形成了良好的课程改革与创新氛围，凝聚了推动高质量发展的巨大力量。

目前，伴随品质课程的深入推进，我们东湖教育正处于持续上升的通道，或许我们前进的模式不是乘坐固定通道的电梯，而是需要切换到自主探索的攀岩模式，积极回应课改复杂场景中的各种真实挑战，围绕真实挑战组织一个又一个的项目组，发扬我们东湖教育人创先争优的精神，发挥我们东湖教育人独有的创造力与明辨力，不断精进奋斗，让课程对接真实世界的挑战，把每一位师生都连入一个繁荣的网络之中，以贡献为指引，不忘教育初心，牢记育人使命，努力成为教育的点灯人，大力推进东湖教育的高质量发展。

真诚期待与大家交流分享，也期望得到大家的指教，提出宝贵的意见和建议，共同促进课程建设水平的提高。

2020 年 2 月

书名	ISBN	定价	出版时间
教师专业发展的理论与实务	978-7-5760-0721-3	42.00	2021年1月
课堂教学的30个微技术	978-7-5760-1043-5	52.00	2020年12月
教学诠释学	978-7-5760-0394-9	42.00	2020年9月
原点教学：提升区域育人质量的策略研究	978-7-5760-0212-6	56.00	2020年8月
聚焦学科核心素养的课堂教学	978-7-5675-8455-6	36.00	2018年11月
指向学科核心素养的课堂教学范式	978-7-5675-8671-0	54.00	2019年6月

学校课程发展丛书

书名	ISBN	定价	出版时间
数学学科课程群	978-7-5675-9445-6	58.00	2019年8月
科学学科课程群	978-7-5675-9593-4	34.00	2019年9月
核心素养与课程设计	978-7-5675-9462-3	46.00	2019年9月
语文学科课程群	978-7-5675-9441-8	56.00	2019年9月
品牌培育与学校课程	978-7-5675-9372-5	39.00	2019年9月
英语学科课程群	978-7-5675-9575-0	39.00	2019年10月
体艺学科课程群	978-7-5675-9594-1	34.00	2019年10月
跨学科课程的20个创意设计	978-7-5675-9576-7	34.00	2019年10月
学校课程与文化变革	978-7-5675-9343-5	52.00	2019年10月

品质课程实验研究丛书

书名	ISBN	定价	出版时间
学校课程框架的建构：HOME课程的旨趣与架构	978-7-5675-9167-7	36.00	2019年9月
聚焦育人目标的课程设计：红棉花季课程的愿景与追求	978-7-5675-9233-9	39.00	2019年10月

书名	ISBN	定价	出版日期
核心素养导向的课程设计：花园式课程的文化与聚焦	978-7-5675-9037-3	48.00	2019年10月
学校课程文化的实践脉络：百步梯课程的逻辑与架构	978-7-5675-9140-0	48.00	2019年11月
学校课程发展策略：SMILE课程的逻辑与深度	978-7-5675-9302-2	46.00	2019年12月
聚焦内涵发展的课程探究：芳香式课程的理念与实施	978-7-5675-9509-5	48.00	2020年1月
以儿童为中心的课程：欢乐谷课程的旨趣与维度	978-7-5675-9489-0	45.00	2020年1月
学校课程体系的建构："小螺号课程"的架构与创生	978-7-5760-0445-8	45.00	2020年9月

特色学校聚焦丛书

书名	ISBN	定价	出版日期
每一个孩子都是一棵树	978-7-5675-6978-2	28.00	2018年1月
教育不是一个人的事："众教育"36条	978-7-5675-7649-0	32.00	2018年8月
不一样的生命，一样的精彩	978-7-5675-8675-8	34.00	2019年3月
童味正醇：特色学校的文化图谱	978-7-5675-8944-5	39.00	2019年8月
特色普通高中课程建设探索	978-7-5675-9574-3	34.00	2019年10月
儿童是天生的探索者：360°科学启蒙教育	978-7-5675-9273-5	36.00	2020年2月
做精神灿烂的教师：教师自我成长的5个密码	978-7-5760-0367-3	34.00	2020年7月
让教育温暖而芬芳	978-7-5760-0537-0	36.00	2020年9月
快乐教育与内涵生长	978-7-5760-0517-2	46.00	2020年12月

| 故事教育与儿童发展 | 978-7-5760-0671-1 | 39.00 | 2021年1月 |

跨学科课程丛书

大情境课程：主题设计与创意评价			
	978-7-5760-0210-2	44.00	2020年5月
社会参与素养的培育模型与干预机制			
	978-7-5760-0211-9	36.00	2020年5月
大概念课程：幼儿园特色主题活动设计			
	978-7-5760-0656-8	52.00	2020年8月

核心素养导向的课堂教学丛书

漾着诗性智慧的课堂教学	978-7-5675-9308-4	39.00	2019年7月
转识成智的课堂教学：核心素养导向的历史教学			
	978-7-5760-0164-8	40.00	2020年5月
学导式教学：学会学习的教学范式			
	978-7-5760-0278-2	42.00	2020年7月
高阶思维教学的关键技术	978-7-5760-0526-4	42.00	2021年1月

特色课程建设丛书

教师，生长的课程	978-7-5760-0609-4	34.00	2020年12月
学校课程发展的实践范式	978-7-5760-0717-6	46.00	2020年12月
丰富学习经历：如歌式课程的愿景与深度			
	978-7-5760-0785-5	42.00	2020年12月